尽 善 尽   弗 求 弗 迪

SDBE管理实践丛书

SDBE
战略六力

将战略做实的6个关键

|胡荣丰 辛栎 杨雨晴|著|

电子工业出版社
Publishing House of Electronics Industry
北京·BEIJING

内容简介

本书作者基于华为的管理实践，以及给众多企业做咨询的总结和提炼，并借鉴 IBM、三星等知名企业在从战略到执行的闭环管理上的系统方法和实践经验，总结了一套可以落地企业战略规划的能力体系。这是企业每个业务团队实现业务成功所需要的能力地图，作者将它命名为 SDBE 六力模型。

SDBE 六力模型包含业务战略落地中的领导力、战略力、洞察力、运营力、执行力和协同力六大能力。本书系统、全面地介绍了该模型的框架、流程和实操方法，旨在通过深入解析将战略做实的关键措施，最大限度地呈现该模型的主要内容、工具、方法及管理细节，并配以具体的案例和场景，帮助读者正确认识、理解和学习这一有效帮助企业实现从愿景使命到战略高效执行的管理工具。

未经许可，不得以任何方式复制或抄袭本书之部分或全部内容。

版权所有，侵权必究。

图书在版编目（CIP）数据

SDBE 战略六力：将战略做实的 6 个关键 / 胡荣丰，辛栎，杨雨晴著. —北京：电子工业出版社，2023.8

（SDBE 管理实践丛书）

ISBN 978-7-121-45838-5

Ⅰ. ①S… Ⅱ. ①胡… ②辛… ③杨… Ⅲ. ①通信企业－企业战略－战略管理－研究－深圳 Ⅳ. ①F632.765.3

中国国家版本馆 CIP 数据核字（2023）第 115608 号

责任编辑：黄益聪
印　　刷：天津善印科技有限公司
装　　订：天津善印科技有限公司
出版发行：电子工业出版社
　　　　　北京市海淀区万寿路 173 信箱　　邮编：100036
开　　本：720×1000　1/16　印张：17.5　字数：333 千字
版　　次：2023 年 8 月第 1 版
印　　次：2023 年 8 月第 1 次印刷
定　　价：79.00 元

凡所购买电子工业出版社图书有缺损问题，请向购买书店调换。若书店售缺，请与本社发行部联系，联系及邮购电话：（010）88254888，88258888。

质量投诉请发邮件至 zlts@phei.com.cn，盗版侵权举报请发邮件至 dbqq@phei.com.cn。

本书咨询联系方式：（010）57565890，meidipub@phei.com.cn。

前言

华为是作者服务并奋斗过整整 20 年的企业,作者对之充满着感情。华为同时也是中国优秀企业的代表,在 20 世纪 80 年代中后期的简陋条件下,从当时深圳这个小渔村艰难起步,发展成为拥有全球影响力的商业巨头,一路走来,艰辛困苦异常。

华为是一个始终信奉"惶者生存"且充满着危机感的企业。从摆脱了最基本的生存问题之后,以任正非为代表的核心管理层整日居安思危、殚精竭虑、孜孜不倦地为企业的长治久安进行着各种建设。20 世纪 90 年代末,在国内确立了通信行业的领先地位之后,华为就坚定地开启了全球化的道路,因为靠封闭注定是无法成为业界最佳的。只有开放、学习和包容,向全球最佳标杆借鉴和学习,不断成长和进化,才能持续健康成长,从而实现华为"活得久"与"活得好"这两大核心经营宗旨。

为此,华为坚持不渝地以 IBM、合益集团、埃森哲等卓越公司为师,斥巨资进行长达 20 余年的不断学习,全力吸纳西方的经营管理智慧和经验。华为的文化和价值观主要是中式传统的,但华为具体的管理理念、方法和工具主要是美式的。因此,在美国政府打击华为、危及华为生存的时候,任正非在接受外媒采访时曾说过:"本来华为公司是一家很亲美的公司,华为今天之所以这么成功,绝大多数管理都是向美国学习的。"

以 IBM 为代表的美国领先公司,全面而系统地教会了华为在战略规划、生产运营、组织人才、研发创新、采购供应、品牌营销、财经风控、交付服务、公共关系、国际合规等各个环节的各种能力。华为公司很虔诚,也很好学,经常青出于蓝而胜于蓝。根据各大咨询公司事后的评估,华为在引进了各种管理理念和体系之后,所锻炼和优化出来的体系化能力,经常比原方法或体系更强。也就是说,如果说华为截至目前算是成功的话,那么这种成功也是中国本土商业思想与全球先进管理体系及实践相结合的产物。

关于如何闭环一个企业或者业务的战略，需要进行哪些方面的重大思考和举措，作者已经在前期出版的专著《华为闭环战略管理：从战略到执行的 SDBE 领先模型》中有过较为详尽的叙述。倪光南院士和万华化学的华卫琦博士还专门为此书写序推荐，感兴趣的读者可以参考。

SDBE 领先模型脱胎于 IBM 战略专家与哈佛商学院联合开发的 BLM，框架先进且逻辑完备。经过华为的管理实践和优化，补足了战略解码、KPI 和 TOP N 管理体系、组织、人才、流程、绩效、激励、预算等方面内容。众多客户对于 SDBE 领先模型的反馈是热烈的，也纷纷在不同程度上引进和应用该模型来指导企业从战略到执行的管理实践。

有人讲过，世界上最远的距离，是横亘于"知道"与"做到"之间的距离。精准而到位地贯彻和实施 SDBE 领先模型中的理念和举措，本身是需要能力支撑的。相同的方法和措施，由拥有不同经验和技能水平的团队或主管来执行，其结果将千差万别。很多企业家在交流中感慨，"看到了巨大的商机和蛋糕的存在，但缺乏办法和能力去切这个蛋糕"，或者说"看得到，但做不到"。从本质或根源上来讲，所有企业在既定业务赛道的成功，都是在"看准方向，搭对团队，分好钱财"这三个核心动作上形成了闭环。

诚然，SDBE 领先模型创造性地打造了一个脉络清晰、语言高度简洁统一、便于理解传播、极端注重管理闭环思维的管理框架，但究竟应该如何贯彻这些理念和措施，很多读者向作者建议，希望能再出一本书，系统而全面地介绍企业应该如何去建设核心能力，才能完成从战略规划到高效执行的闭环。从这个意义上来讲，本书是《华为闭环战略管理：从战略到执行的 SDBE 领先模型》的姊妹篇，结合企业或业务的生命周期模型，从能力组成要素集合角度来阐述 SDBE 领先模型。

越来越多的企业选择 SDBE 领先模型作为能力升级的蓝图和模型，本质上就如同华为一样，选择了以 IBM 为老师的美式管理工程方法来提升自身的核心竞争能力。美国引领了第二次、第三次工业革命，成为强盛的现代化国家。人类近现代以来，诸多的工业产品和商业模式发端于美国。同时，美国也盛产优秀的大企业，以及与之相匹配的企业管理思想和实践总结，这些都不是偶然的。

作者把华为管理层多年以来坚持的熵减理念引入了 SDBE 领先模型。熵减理念告诉我们，所有实体、所有企业都会因为熵增逐步而必然地走向死亡。不变革、不创新，是慢性自杀；管理的变革方法不对，节奏把握不好，很大概率将猝死。因此，作者在授课时经常讲，SDBE 领先模型的实质是通过对华为这个管理样本的剖析和借鉴，提供美式、渐进改良的管理变革办法，科学而有序地对准业务价值进行变革，在保持业务稳定发展的同时，逐步改变自己的行为模式和行动能力，提升自己的核心竞争能力，这是成功概率比较高的有效方法。

在本书中，作者结合自己的思考和工作实践，并且结合大量客户的反馈，在团队的配合下，总结形成 SDBE 六力模型。本书总结了为贯彻和落实 SDBE 领先模型，一个组织或团队必备的六大能力，包括领导力、战略力、洞察力、运营力、执行力和协同力。其中每种能力，作者又根据华为多年的实践，拆分出多个细分要素，以供读者在实践中能够进行参考和对照。

任何企业在进入新业务领域前，都应该详尽而客观地评估自身能力状况，以此来决定战略路径和把握正确节奏。我所在的德石羿咨询团队在辅导客户时，一般会详尽地基于 SDBE 六力模型对客户团队和关键岗位的能力胜任度进行评估。实践证实，SDBE 六力模型具备较强的科学性，企业家群体对其也有很好的评价。虽然一定的主观因素影响没法避免，但本书提出的 SDBE 六力模型对企业各级业务团队的能力评估和提升，有较强的指导和实践意义。

为避免把本书写得枯燥乏味，作者尽量用简洁明了、通俗易懂的语言，配合直观的图表和示例，结合企业或业务的生命发展周期来系统而全面地介绍 SDBE 领先模型和六力模型所用的实操方法，帮助读者正确认识、理解和学习这套管理方法和工具。

本书的整体框架、写作思路以及绝大部分文稿是由本人完成的。团队其他成员帮助收集相关资料，审阅文稿，为本书的顺利完成提供了协助。在此表示感谢！

企业管理博大而精深，虽然作者及团队已尽最大努力来避免错误，但书中也难免会有错误和遗漏之处。敬请读者不吝批评、赐教及指正，作者及团队将感激不尽。

胡荣丰
2023 年 6 月

目录

第1章 企业持续发展与战略领先模型

1.1 企业的战略领先模型 2
1.1.1 企业生命周期及发展"S"曲线 2
1.1.2 SDBE领先模型及第二曲线 3
1.1.3 案例：华为发展历程 5

1.2 "活得久"与"活得好"是企业经营的两大宗旨 9
1.2.1 企业熵增，必然走向死亡 10
1.2.2 企业如何"活得久""活得好" 12
1.2.3 案例：华为活力引擎模型 16

1.3 用确定性管理应对不确定性 19
1.3.1 尊重常识，尊重科学 19
1.3.2 用内部的确定性应对外部的不确定性 21
1.3.3 案例：华为系统且持续的管理变革 22

1.4 战略领先模型与六力支撑 27
1.4.1 华为管理实践与BLM的结合与优化 27
1.4.2 打造从愿景、使命到经营结果的管理闭环 30
1.4.3 战略领先模型的六大能力要素及其组合 33

第2章 领导力：点燃自己，带领队伍前进

2.1 文化与价值观是基础 39
2.1.1 文化是企业生存和发展的灵魂 39
2.1.2 价值观是企业经营的最基本准则 40
2.1.3 正确的假设引导正确的行为 43

2.2 业务的领导力是根本　45
- 2.2.1　领导力贯穿整个战略过程　46
- 2.2.2　激发他人工作热情和创造力，实现熵减　47
- 2.2.3　带领团队从成功走向成功　50

2.3 干部是成功的决定因素　52
- 2.3.1　明确干部的使命与责任　52
- 2.3.2　干部领导力标准与应用　55
- 2.3.3　干部梯队建设和后备干部培养　57

2.4 领导干部要拥抱变革　60
- 2.4.1　变革是企业管理中永恒的不变　60
- 2.4.2　领导力是变革管理的核心　62
- 2.4.3　要掌握好变革的烈度和节奏　64

2.5 数字化转型下的领导力发展　65
- 2.5.1　数字化不是信息化的简单升级　66
- 2.5.2　管理者需具备数字领导力思维　68

第 3 章　战略力：从价值洞察到商业设计

3.1 战略是驶向商业成功的导航仪　73
- 3.1.1　战略承接的是企业愿景和使命，指明未来方向　73
- 3.1.2　战略的本质是选择，选择的关键是放弃　74
- 3.1.3　战略规划环节四要素概述　76

3.2 价值洞察，确定作战主战场　77
- 3.2.1　通过"五看"，发现战略机会和发展点　78
- 3.2.2　评估战略机会，确定作战主战场和作战沙盘　82

3.3 设计清晰的战略构想　85
- 3.3.1　确定清晰的愿景和使命　85
- 3.3.2　明确中长期战略目标与阶段里程碑　87

3.4 打造更具优势的创新组合，提升核心竞争力　88
- 3.4.1　对不同业务进行组合，兼顾市场及格局　89
- 3.4.2　创新业务模式，提升企业竞争力　92
- 3.4.3　通过创新的技术、产品和服务，持续创造市场　93

3.5 商业设计是战略制定的落脚点　95
3.5.1　确定目标客户，传递价值主张　95
3.5.2　明确盈利模式，选择经营范围　98
3.5.3　构建战略控制点，做好风险管理　100

第 4 章　洞察力：在变化中找准最佳赛道

4.1 树立与分析标杆，寻找并弥补差距　107
4.1.1　根据标杆内容选择标杆对象　107
4.1.2　分析标杆对象，寻找差距　109
4.1.3　制定实施行动方案，弥补差距　111

4.2 做实行业洞察，完成精准踩点　112
4.2.1　运用技术成熟曲线，识别行业技术走向　113
4.2.2　选定企业最佳技术路线，实现客户需求　114
4.2.3　洞察技术发展程度与节奏，完成精准踩点　115

4.3 深刻洞察市场，把握客户需求　117
4.3.1　市场洞察决定企业未来的走向　117
4.3.2　深入洞察市场，识别客户需求　118

4.4 剖析竞争对手，知己知彼，百战不殆　120
4.4.1　正确识别竞争对手，发现机会点　120
4.4.2　扬长避短，制定有效的竞争策略　122

4.5 知识引导行动，行动产生新知　124
4.5.1　知识管理是组织与战略的沉淀和发展　124
4.5.2　知识管理是对价值的传递　126

第 5 章　运营力：化战略为年度经营计划

5.1 战略解码是从战略规划到执行的衔接点　130
5.1.1　战略解码的概念和作用　130
5.1.2　战略解码遵循的基本原则　132
5.1.3　工欲善其事，必先利其器　133

5.2 BSC 解码，导出 KPI 和年度关键举措　137
5.2.1　遵循平衡计分卡原则，解码导出 KPI　137

5.2.2　识别并提炼年度关键举措　139
5.2.3　对年度关键举措进行项目化管理　141

5.3　组织绩效指标设计　143
5.3.1　上下对齐，层层支撑到位　143
5.3.2　部门绩效指标要拧麻花，形成合力　145
5.3.3　组织绩效指标要有挑战性且可达成　147

5.4　卓越的战略运营管理　149
5.4.1　构建战略闭环管理团队　149
5.4.2　企业商业成功与持续发展的关键驱动因素　150

5.5　持续改进，追求完美　152
5.5.1　流程是业务最佳实践的总结　152
5.5.2　建立规范的业务流程体系　154
5.5.3　全面质量提升，水滴石穿　157

5.6　高效协同的项目化运作　160
5.6.1　组建高效运作的项目团队　160
5.6.2　团队内部责任分配与高效协作　162
5.6.3　打造协作型项目管理模式　163

第 6 章　执行力：将能力建在流程性组织上

6.1　未来企业间的竞争是组织能力的竞争　169
6.1.1　战略落地要依靠有力的组织能力　169
6.1.2　组织能力缔造华为的成功　171
6.1.3　加强群体作战，构筑更强大的"护城河"　172

6.2　作战部门聚焦"多打粮食"　173
6.2.1　品牌服务于市场目标，对准商业成功　174
6.2.2　聚焦客户需求，定制有竞争力的产品解决方案　176
6.2.3　全心全意做好客户服务，维护品牌形象　177

6.3　支援保障部门生产充足的"弹药"　179
6.3.1　做"工程商人"，工作以商品化为导向　179
6.3.2　围绕客户需求创新，领先市场半步　180
6.3.3　生产制造与智能化　182

6.4 后端及时为一线提供服务支撑　184
6.4.1　采购与供应商管理　184
6.4.2　行政支撑基础与体系建设　187
6.4.3　财经预算与内控管理　188

6.5 打造协同作战的流程型组织　191
6.5.1　没有完美、只有合适的组织　191
6.5.2　分析组织结构与流程的匹配性　194
6.5.3　设计以客户为中心的流程型组织　195

6.6 构建流程 IT 系统　197
6.6.1　打造流程信息化平台　197
6.6.2　保障流程数据信息采集的效果　198

第 7 章　协同力：发挥人才主观能动性

7.1 华为人力资源管理理念　203
7.1.1　"炸"开人才金字塔　203
7.1.2　将军是打出来的　205
7.1.3　用优秀的人培养更优秀的人　207

7.2 人力资源管理与业务需求相匹配　208
7.2.1　人力资源管理角色的演进　209
7.2.2　更新 HR 制度，精准匹配业务需求　211
7.2.3　HRBP 作为业务伙伴，要"眼高手低"　213

7.3 个人绩效管理　215
7.3.1　基于岗位价值，差异化设计个人绩效目标　216
7.3.2　分层分级实施绩效考核　217
7.3.3　绩效结果强制分布与结果应用　220

7.4 薪酬体系设计　223
7.4.1　薪酬体系设计要以薪酬策略为指导　223
7.4.2　构建更具竞争力的薪酬，强化对人才的吸引力　225
7.4.3　规范薪酬结构，分类分级设计薪酬结构　227

7.5 多元化激励机制　229
7.5.1　打通持续激发组织活力的价值创造链　229

7.5.2 价值分配要向奋斗者倾斜　232
7.5.3 以贡献定薪酬，牵引员工持续创造价值　233

7.6 塑造具有激发性的组织氛围　235
7.6.1 组织氛围是复杂的综合体　235
7.6.2 营造良好的组织氛围　237

第 8 章　熵减下的企业领先周期循环

8.1 突破企业成长的生命规律　240
8.1.1 企业在周期曲线上的位置　240
8.1.2 各阶段的预测及风险管理　242
8.1.3 利用管理科学助力企业领先　243

8.2 成熟度模型的认知与应用　245
8.2.1 企业成熟度模型的认知　245
8.2.2 企业成熟度与 SDBE 领先模型的匹配　247
8.2.3 企业发展阶段与管理体系的匹配　248

8.3 六力模型的建设与应用　250
8.3.1 发展阶段、战略行为与管理建设　251
8.3.2 领先模型六力框架的应用场景　253
8.3.3 马克利曲线与变革时机　256

附录

附录 A　专业术语　258
附录 B　图表索引　260

参考文献

第 1 章
企业持续发展与战略领先模型

在外界眼里,华为擅长用一流的战略加一流的执行来达成经营目标,且无论面对何种不确定性因素,华为进入各种新产业都有较大的成功概率。这种稳定而卓越的能力,本质上就是华为强大的战略规划和高效执行的闭环管理能力,即我们经常讲的"看得准,理得清,做得来",它帮助华为实现了一个又一个新的业务目标,成功形成了"锅里有饭,仓中有米,田里有稻"的良性发展局面。

基于对华为及众多企业"初创、成长、成熟、衰退"发展全过程的梳理,以及IBM和三星等公司从战略到执行体系的剖析,作者及团队在华为战略管理成功实践的基础上,总结了SDBE领先模型,提出了SDBE六力模型,为中国本土企业提供战略管理落地执行的方法论,以及战略能力打造的框架和路径。

1.1 企业的战略领先模型

把不同企业所处的环境和行业特性进行抽象化，我们会发现，企业的成长虽然是一个漫长的且看起来没有终点的航程，但企业成长阶段是有高度周期性的，很多行为及相关特点，是可以预期并把握的。

在不同发展阶段，各类企业的业务表现和经营管理上应关注的重点是不一样的，这就为 SDBE 领先模型的应用和实践提供了指导方向。

1.1.1 企业生命周期及发展"S"曲线

管理学界认为，市场、行业、企业、技术及产品的发展轨迹，不是平滑曲线上升的，而是呈 S 形、跳跃式的。体现这种轨迹的曲线被称为 S 曲线。根据生命周期理论，企业的发展过程经历从平稳开端、快速增长、达到高峰，然后增长缓慢、停滞，最后下滑，形成一个周期。

综合借鉴国内外各学者对于企业生命周期的理论研究，我们通常可以将企业生命周期划分为初创、成长、成熟、衰退四个阶段（见图 1-1）。在不同的阶段，组织的特征、面临的风险、管理的重点都有所不同。

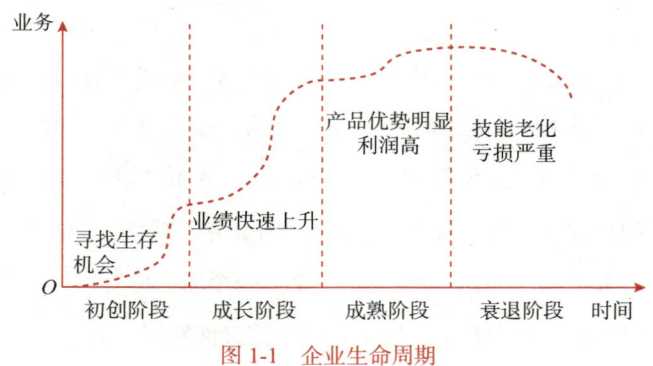

图 1-1　企业生命周期

第一阶段是初创阶段。企业在初创阶段的主要任务是寻找与探索生存的机会，需要构建核心创业团队，制定基础的组织规则，在找准用户需求、反复打磨产品、获取市场资源等方面谋求发展。

第二阶段是成长阶段。当企业创业成功之后，接下来会进入快速成长阶段。通过快速扩张，企业在内部形成一股强劲的上升势头，人员和业绩也随之进入上升通道。成长阶段的企业可能会遇到很多问题，需要在巩固业务模式的同时，集聚关键资源以构建关键能力和管理机制。

第三阶段是成熟阶段。企业在成熟阶段是发展最平衡、最充分的，用户规模大、组织效率高、产品优势明显、市场能力强，企业的运营模式和盈利模式都走向成熟和稳定。但成熟阶段企业面临的最大挑战，是如何保持成熟的状态，避免快速进入衰退阶段。因此，成熟阶段的企业要想实现再成长，需要进行战略重构，包括探寻新的市场机会，选择新的业务领域，对商业模式进行创新，对组织架构进行重组等。

第四阶段是衰退阶段。进入衰退阶段的企业，往往是由于把战略眼光从企业外部转移到企业内部，把关注的重点从一线员工转移到企业高层，忽略了企业的持续成长。

企业或企业内各种业务的生命周期就像一只无形的手，始终左右着企业的发展轨迹。虽然不同企业在每个阶段经历的时间有长有短，不同企业所在的行业和所面临的问题也各不相同，但各种具体商业及其组织发展的规律是有共性的。

1.1.2　SDBE 领先模型及第二曲线

企业发展的熵减理念告诉我们，无论企业当前的业务多么兴旺，都有衰退的时候。企业本身会衰退，企业中的各类业务也会有生命周期，也会必然衰退，这是必然规律。

现代管理大师查尔斯·汉迪认为，任何一条增长曲线都会滑过抛物线的顶点，即增长的极限，而一家企业想要跳出"生命周期"的定律，保持持续增长，就必须不断迭代创新，在第一曲线消失之前找到第二曲线。只有当企业的各类具体业务都能够有序地迭代和新生，不断找到第二发展曲线，企业在整体上才能不断发展壮大，配合着战略、业务甚至文化价值观的不停更新，实现基业常青。

如图 1-2 所示，第二曲线是从第一曲线接近顶峰时开始的，因为在这个时期，企业有足够的时间、资源和活力进行研发和创新，确保在第一曲线到达极限点、即将开始下降前，让新的曲线走出探索挣扎期。

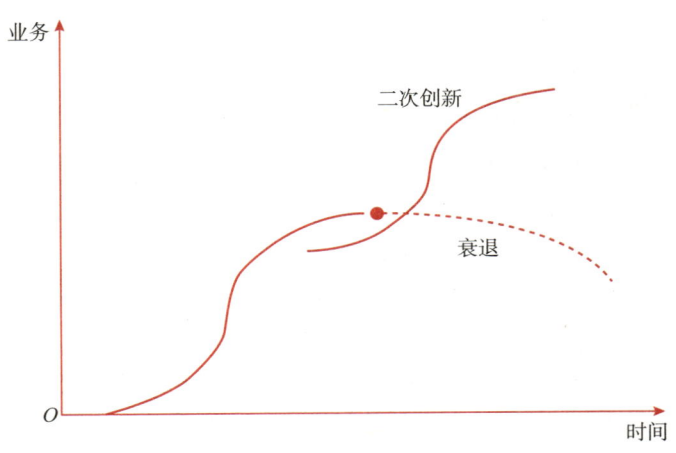

图 1-2　企业"第二曲线"

【案例】令人扼腕叹息的诺基亚手机

在功能手机广泛应用的时期，诺基亚手机连续保持了14年的行业领先地位，但在智能手机时代，诺基亚手机却迅速衰落。诺基亚手机由盛转衰的极限点出现在2007年，那一年是诺基亚最辉煌的收获之年：市值1500亿美元，当年手机出货量4亿部，全球市场占有率高达40%，是其整个手机发展历程中的顶峰期。同时外部环境也已开始发生转变，2007年恰好也是苹果公司联合创始人史蒂夫·乔布斯发布iPhone和iOS操作系统，谷歌发布开源的安卓操作系统的一年。其后诺基亚实际上也开展了智能手机业务，只不过内部并没有看到它未来的发展可能性，并未加以重视，而是将智能手机业务合并在功能手机业务中。在坚持了6年之后，2013年9月，诺基亚被迫将手机业务以区区72亿美元的价格卖给了微软，一代手机霸主在智能手机时代彻底败下阵来，惨淡收场。

结合案例可知，企业的成功建立在一组独特的竞争技能上，而这些技能往往经过多年的积累，因此多数企业强调"核心竞争力"，并深耕自身核心专业领域，不会轻易转到新的领域。这种战略在成长期及连续性周期之内都非常正确，但是任何企业都会达到极限点，如果不在极限点之前进行二次创新，寻求转型，就有可能像案例中的诺基亚手机一样，遭遇非连续性断层期，最终导致迅速衰落。

绝大多数企业在经历了一定的高速发展时期之后，都会因为环境的日趋严峻和复杂的竞争状况而发展放缓甚至开始走下坡路，那么究竟该如何找到第二曲线，实现非连续性的跨越，实现企业的二次发展？

在这种情况下，企业必须精心设计战略规划，精准区分不同业务的价值链，选择良好的、高成长性的赛道，并通过良好的业务设计、高效的组织结构、运营和绩效的闭环管理，逐步建立新的竞争优势，在复杂的竞争环境以及众多竞争者中脱颖而出。

而战略管理的高级阶段，不仅要求企业采用系统的方法进行战略规划，还需要逐层逐级将战略规划进行解码，转化为企业年度计划与行动，最终通过战略执行系统贯彻落地，即战略—解码—计划—执行（SDBE）的闭环管理过程。

在拙著《华为闭环战略管理：从战略到执行的SDBE领先模型》中，较为完整地阐述了企业从战略规划到高效落地的PDCA循环，以及相关管理要素。我们也较为系统地说明了企业从愿景、使命、价值观到基本措施的"道、势、术"的基本图景。图1-3说明了SDBE领先模型的基本工作过程，有兴趣可以参考相关著作。

第 1 章　企业持续发展与战略领先模型

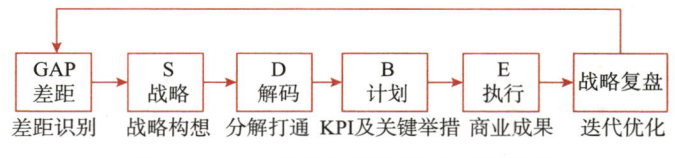

图 1-3　SDBE 战略闭环管理基本工作过程

完整的 SDBE 战略闭环管理由六个基本工作过程组成，并且也是一个不断迭代优化、循环上升的周期性管理过程。

"花无百日红，人无百日好。"企业的战略和业务是一个动态调整的过程。开拓、守成，激进、保守，创新、振荡，企业的经营管理不可能是静态和谐的，而应该是在解决一个又一个问题的过程中不断向上发展的，核心竞争能力的建设永远在路上。

1.1.3　案例：华为发展历程

1987 年，在深圳南油新村的居民楼里，43 岁的任正非创立了深圳华为技术有限公司。由于国内企业的自主研发能力很弱，当时的中国通信市场长期被海外厂商和产品占据，形成了"七国八制"[①] 的局面。华为做的是香港一家公司的 PBX 交换机（用于企业内部固话分机）代理，主要销售对象是国内的一些企事业单位。

初创成长期：华为从倒买倒卖到自主研发

基于任正非的诚信与销售手段，华为的代理业务很快赚到了第一桶金。但是越来越多代理公司的进入，导致交换机供不应求、经常断货，华为的代理利润也大幅下滑。任正非意识到必须从源头上解决问题，才能长久地生存下去。于是 1991 年 9 月，华为租下了深圳宝安县蚝业村工业大厦的三楼，集中全部力量研发自己的技术和产品。

华为自主研发的第一款通信产品是 HJD48 交换机，这是一款小型模拟空分式用户交换机，由郑宝用全权负责。凭借这款产品，华为 1992 年销售收入首次突破了 1 亿元。

1992 年，华为再次推出一个 JK1000 局用机项目。然而这个项目由于研发人员对技术路线判断失误，产品刚问世就面临淘汰，几乎赔光了华为的家底。任正非孤注一掷，四处借钱甚至借高利贷，将全部资金投到数字交换机的研发上。

---

① "七国八制"指的是 20 世纪 80 年代的中国通信市场上共有 8 种制式的机型，分别来自 7 个国家：日本的 NEC 和富士通、美国的朗讯、加拿大的北电、瑞典的爱立信、德国的西门子、比利时的 BTM 和法国的阿尔卡特。

1993 年年初，在李一男和团队的艰苦奋斗下，华为 2000 门的大型数字程控交换机 C&C08 研发成功。9 月，万门机型研发成功。为了迅速抢占市场，任正非一方面采取"农村包围城市"的市场策略，重点主攻外资企业看不上的农网市场；一方面与 17 家省市级电信局合资成立莫贝克通讯实业公司。

通过莫贝克，华为不仅带动了产品的销售，还通过募集参股解决了资金困难。1995 年，中央提出的"村村通"计划成为华为又一宝贵契机，华为当年实现销售收入 15 亿元。

发展壮大期：华为战略转型

随着数字程控交换机的普及以及更多厂商的进入，国内电信设备市场规模逐步缩小，总体发展大幅减速，利润空间也不断下降。为此，任正非对华为的产品和市场战略进行了调整。

产品多元化发展

1996 年，华为成立新业务部，主要做会议电视系统、光传输和数据通信。1996 年至 2006 年十年间，数通产品和光传输产品一直都是华为最重要的利润来源。另外，华为还看准无线通信的发展潜力，开始对 2G/3G 相关技术进行研究。1997 年，华为正式推出了 GSM（全球移动通信系统）的解决方案。

市场全球化布局

1996 年，华为与长江实业旗下的香港和记电讯签订价值 3600 万元的综合性商业网合同，首先突破了香港市场。1997 年 6 月，华为成立子公司贝托华为，进军东欧的俄罗斯等国家市场。到 2003 年，华为成为这一市场最大的通信设备供应商。1998 年华为进入巴西市场，1999 年华为全面进入中东、北非、东南亚市场，并因此积累了丰富的项目经验。2000 年之后华为首先从欧洲偏远、落后的国家入手，通过低报价和细致全面的服务逐步打通低端市场。2004 年 12 月，华为获得荷兰运营商 Telfort 价值超过 2500 万美元的 W-CDMA[①] 3G 合同，成功切入欧洲高端市场。2006 年，华为销售收入达到 656 亿元，海外销售额占比突破 65%！

剧烈振荡期：华为的冬天，孕育国际新市场和诸多新业务

进入 21 世纪之后，全球经济发生剧烈的动荡，大量的科技企业倒闭，整个

---

① 宽带码分多址（Wideband Code Division Multiple Access，W-CDMA）是一种 3G 蜂窝网络，使用的部分协议与 2G GSM 标准一致。具体一点来说，W-CDMA 是一种利用码分多址复用（或者 CDMA 通用复用技术，不是指 CDMA 标准）方法的宽带扩频 3G 移动通信空中接口。

行业进入寒冬。2001年3月,任正非在企业内刊上发表了《华为的冬天》一文,预示即将到来的危机,并号召员工做好准备。

除了外部环境的严峻形势以及华为对CDMA[①]和小灵通的错误判断,华为内部也接连遭受重大打击。

【案例一】港湾事件

2000年左右,华为启动了内部创业计划,鼓励入职两年以上的员工申请内部创业,成为华为的代理商。

李一男通过股份回购,拿到了价值1000万元的设备,创办了港湾网络。他凭借自己的技术能力带领团队自研数通产品,并在市场上大获成功。此后他还从华为挖人,补充自己的研发团队,全方位地和华为竞争。

2002年,华为收回了港湾网络的代理权,李一男则正式向华为宣战。2003年,港湾网络收购华为光传输元老黄耀旭创立的深圳钧天科技,触动了华为的根基。

2004年,华为成立"打港办",誓言不惜一切代价打压港湾网络。

2006年6月,港湾网络被华为收购。

【案例二】思科事件

2003年1月22日,美国思科公司正式发起了针对华为的知识产权侵权诉讼。诉讼事件发生后,很快给华为的市场带来冲击。很多合作伙伴暂停了与华为的业务往来,持观望态度。

当时,华为委派郭平全权负责诉讼事宜并开始反击。

2003年,华为与思科的竞争对手3Com公司合作,成立了一家合资公司——华为3Com(华为三康公司),专注于企业数据网络解决方案的研究。3Com公司CEO专程作证,华为没有侵犯思科的知识产权。

2003年10月1日,华为与思科达成了初步协议,双方接受第三方专家审核,并将官司暂停6个月。后来,调查结果表明,华为并不存在侵权行为。

2004年7月28日,双方签署了一份协议,达成和解。

为了能够平安度过这个"冬天",华为进行了几次重大的业务调整。

2001年,华为以7.5亿美元的价格将最大的子公司安圣电气(前身即莫贝克公司)卖给了全球能源巨头艾默生;2006年,华为以8.82亿美元的价格将华为3Com的49%股份悉数出售给3Com公司。此后,华为凭借国际3G市场回

---

① 码分多址,指利用码序列相关性实现的多址通信。

到正轨，华为重点投入的 3G W-CDMA 和 4G LTE[①] 开始为华为带来巨额的利润回报。

2011 年，华为在经营结构上完成了一次重大裂变：在以往运营商 BG（Business Group，业务集团）的基础上，变成了运营商 BG、企业 BG、消费者 BG 三块。其中消费者 BG 是之后 10 年华为最成功的 BG。

早在 1994 年，华为就成立了一个终端事业部，专门负责固定电话机终端的开发。不过当时华为的电话机质量不过关，任正非也大受挫折。2003 年 11 月，华为二次起步终端业务，成立华为终端公司，然而依旧没有什么起色。直到 2011 年，华为消费者 BG 成立。在余承东的带领下，华为终端业务不断取得突破，华为的终端产品手机成为安卓智能机领头羊，有力地支撑了华为公司过去 10 年的业绩增长。

与此同时，华为芯片业务也顺势崛起。2004 年，华为成立了全资子公司——深圳市海思半导体有限公司（华为海思）。华为海思不仅研发手机芯片，还研发移动通信系统设备芯片、传输网络设备芯片和家庭数字设备芯片等。

成熟领先期：华为的"5G 时代"领先和进入新无人区

2016 年，华为主推的 Polar Code（极化码）方案标志着中国首次在通信的高科技领域取得制定标准的话语权。为了扭转通信领域的被动局面，美国政府自 2019 年以来，对华为发起多轮制裁和打压。

2019 年 5 月 16 日，美国特朗普政府对华为实施了第一轮制裁：将华为及其 70 个关联企业列入"实体清单"，禁止它们在未经美国政府批准的情况下从美国企业获得元器件和相关技术。

2020 年 5 月 15 日，美国特朗普政府对华为实施了第二轮制裁：宣布对华为等公司的供应链禁令延期一年，所有使用美国软件工具和技术为华为提供支持和服务的企业，都必须事先获得美国政府的许可。

2020 年 8 月 17 日，美国特朗普政府再次公布了针对华为新一轮的制裁措施：进一步限制华为采购外国制造商使用美国技术制造的芯片，同时将 38 家华为子公司列入"实体清单"。

2021 年 3 月，美国拜登政府开展了对华为的第四轮制裁：华为的器件供应商只要涉及美国技术的产品，就不允许供应给华为。

[①] 一般指 4G。4G 通信技术是第四代的移动信息系统，是在 3G 技术上的一次更好的改良，其相较于 3G 通信技术来说一个更大的优势，是将 WLAN 技术和 3G 通信技术进行了很好的结合，使图像的传输速度更快，让传输的图像看起来更加清晰。

在此外患之下，华为一方面加大对研发以及根技术的投入，增强创新能力，拓展新业务，着重发展云计算和 AI 领域；另一方面开启业务重组、组建军团，"打破现有组织边界，快速集结资源，穿插作战，提升效率，做深做透一个领域，对商业成功负责，为公司多产粮食"。

华为的经历和过往，恰如 2015 年推出的那个芭蕾舞脚广告一般（见图 1-4），一边是穿着漂亮舞鞋在舞台上大放异彩的脚，另一边是被挤压变形、在练习室流血的脚。它们一只代表了前台的鲜花与掌声，一只代表了背后的艰辛与坎坷。

图 1-4　华为 2015 年芭蕾舞脚广告

在华为及其核心管理层眼里，鲜花和掌声是暂时的，沉迷于此是有害的。在企业竞技场上，只有不断改进自己运作基线的惶者，才能较好地服务客户，才能有旺盛而持续的生命力。"痛，并快乐着"，应该是一种常态。

1.2　"活得久"与"活得好"是企业经营的两大宗旨

"夫君子之所取者远，则必有所待；所就者大，则必有所忍。"高楼大厦要想建得高、立得稳，地基就要打得深。

如果说"活下去"是企业经营的目标纲领的话，那么"活得久"与"活得好"则是企业经营的两大宗旨。"活得久"是指企业的寿命，取决于企业的核心竞争力；"活得好"是指企业生命的质量，在于企业所取得的利润和财富。

1.2.1　企业熵增，必然走向死亡

科学文明的今天，宇宙和社会的发展规律告诉我们：所有的事物都必然走向死亡。坚硬的岩石会风化，肥沃的土地会沙化，江河湖泊会干涸，生命会死亡；朝代会更迭，民族会衰败，就连文明也终有一天会消亡……科学家把这一自然规律和现象称为熵增定律，用来描述一个系统的混乱度，以及从有序到无序的自发过程。

1865年德国物理学家鲁道夫·克劳修斯首次引入熵的概念用以定量表述热力学第二定律。该定律表明：热量总是自发地从高温热源流向低温热源，而不能自发地从低温热源流向高温热源。

1877年，奥地利物理力学家玻尔兹曼提出用熵来量度一个系统中分子热运动的无序程度，并且派生出一个新的重要概念"负熵"，并将带负号的熵值（负熵）用于度量系统内部的有序程度。

1943年，薛定谔发表《生命是什么》，从熵变的观点分析生命有机体的生长与死亡，并提出生命"赖负熵为生"的论断。此后，熵理论被各国学者广泛应用，逐渐渗透拓展到信息学、生物学、工程学乃至社会科学和人文科学领域。

简而言之，熵增定律就是指在一个孤立系统里，实际发生的过程总是向着熵值增大的方向进行，从有序走向无序。如果没有外界向其输入能量（外力做功）的话，那么这一自发过程是不可逆的，并且会在最终达到熵的最大状态，系统就此陷入混沌无序，即热力学提到的"熵死"。

英国化学家阿特金斯曾将熵增定律列为"推动宇宙的四大定律"之一，因为宇宙作为一个封闭的系统，最终也会慢慢达到熵的最大值，从而出现物理学上的热寂，变得像沙漠一样。因此，熵增定律也被认为是有史以来最令人绝望的物理定律。

对于人类个体而言，随着年岁的增长，人的身体组织细胞功能会逐渐退化，思维也会逐渐固化。例如，多数人年少时候充满活力、热情奔放、对未知积极探求，而到了中年却变得观念僵化。企业管理也不例外，随着公司规模的不断扩大，组织架构会逐渐变得臃肿，人浮于事，整体工作效率和创新意识都会降低。

生命系统和组织系统的混沌程度增加，导致生命和组织的功能减弱失效，这是"熵增"的本质。因此，作者在授课中经常总结道，"国家熵增，导致王朝兴衰更替；家庭熵增，导致'富不过三代'；企业熵增，导致百年老店不常有"。

很多王朝或高门望族，开创者雄心勃勃，或开疆拓土，或积累起庞大的家产，但很多王朝或家族短命，如流星划过世间。因为贪婪和恐惧作为人性密码，不断推动人们在创新和保守中交替，从而导致了组织或个人的周期性兴衰。

企业生命亦是如此！根据美国《财富》杂志2012年报道，世界500强企业平均寿命为40～42年。在美国的企业中，大约有62%的企业寿命不超过5年，仅仅只有约2%的企业存活达到50年。如今十几年过去了，当时还在榜的企业又剩下多少？全球华人家族企业寿命平均为10.3年，中国500强企业寿命平均为10年，中国民营企业寿命则只有2.9年。

针对这种现象，华为的前顾问、中国人民大学彭剑锋教授曾指出：这些企业大多是死于熵增。

1998年，任佩瑜将熵理论引入管理科学中，提出了管理熵和管理效率递减的规律："任何一个组织管理系统的组织、制度、政策、方法、文化等管理，在孤立的组织运动过程中，总呈现出做功的有效能量逐渐减少，而无效能量不断增多的趋向。"因而其管理效率必然不断降低，组织系统也将从有序向无序演变，最终趋向衰亡。

2011年，任正非将熵理论应用于企业经营管理中并公开阐述，认为企业发展的自然法则也是熵由低到高，逐步走向混乱并失去发展动力。2015年的"花园谈话"中，他表示："封闭系统内部的热量一定从高温流到低温，水一定从高处流到低处，水流到低处不能再回流，那是零降雨量，那么这个世界全部成为超级沙漠，最后生命就会死亡。"

在任正非看来，在企业这个封闭系统中，熵增定律是很难被打破的。但是只要华为存在一天，就必须对抗熵增。根据熵增原理，企业经营规模扩大以后，其内部管理的复杂度更高，历史进程中冗余的东西、不创造价值的东西会越来越多，导致企业混乱度逐步增加；再加上外部的技术进步、新商业模式层出不穷、产业周期规律等因素对企业构成种种威胁，最后就表现为企业创造价值的功能彻底失效，最终进入熵死状态。

我们把企业熵增的一些具体表现列出，如表1-1所示。

表 1-1　企业熵增表现

层面	具体表现	后果
企业层面	组织松散、懈怠； 部门画地为牢，沟通不畅； 流程僵化，缺乏灵活性，效率低下； 业务固定守成； 技术创新乏力； 企业文化落后等	导致组织活力和创造力不断下降
个人层面	管理者各谋私利，不顾集体； 员工贪婪懒惰，安逸享乐； 团队缺乏使命感，没有责任感	导致员工压力与动力不足，学习技能止步不前，创业激情衰减，不愿持续艰苦奋斗

既然企业熵增必将会导致企业走向死亡，那么管理者能做的就是对抗熵增。正如管理学大师彼得·德鲁克所说的，企业家视变化为健康的标准。通常，企业家自己并不引发变化。但企业家总是寻找变化，对其做出反应，并将其视为机遇而加以利用。事实上，作者与很多企业家交流后得出的共识是："创新和变革，是实现熵减的重要手段。"

自律总是比懒散痛苦，吃喝玩乐总是比艰苦奋斗舒服，变坏也总是比变好更容易。熵增定律很好地诠释了"由俭入奢易，由奢入俭难"这一朴素哲理。想要维持美好的状态是需要能量的，企业如果想要活得好、活得久，实现可持续的长远发展，只有引入各种负熵，逆着"熵增"去做功，用"熵减"来对冲。

1.2.2　企业如何"活得久""活得好"

熵理论在各个学科领域的应用相当广泛，除了天文学、物理学、生物学、环境学等自然科学，如今更大量应用于人文科学和社会科学，如企业管理。

任正非曾经说过，企业家不是企业管理学者，目的不是做企业管理理论创新，而是要实践。华为 99% 以上的管理方法和工具都是向西方领先企业学来的，如果有一点创新，那就是在企业管理中，华为系统性地使用了"熵减"的理论，致力于在华为建立耗散性结构，以维持华为的长治久安。

那么，一个企业该如何对抗熵增，实现活得好、活得久的目标？除了掌握熵增定律本身，作者认为还有必要了解熵理论在以下四个方面的规律。

规律一：开放系统才能熵减

任何一个组织系统，只要在封闭环境下，就会发生熵增，并且不可逆。因此，系统只有处于开放的环境中才能与外界进行能量交换，引入活力，实现熵减。

规律二：负熵打破平衡，促成熵减

熵增的过程，就是系统趋向于平衡状态和稳定结构的过程，引入负熵就是要打破这种平衡和稳定，促成系统实现熵减。例如，美国就通过移民政策主动做功，吸引外来移民，促进社会发展。

负熵一般包括物质负熵、心理负熵、信息负熵三种形式（见表1-2）。

表1-2 负熵的三种形式

形式	具体表现	结果
物质负熵	吃、喝、呼吸、休眠和运动等，与外界进行物质或能量交换	延缓熵增
心理负熵	学习、交流、思考、总结等，与外界进行信息交换或思想碰撞	
信息负熵	通过各种有效方式或措施，对实体内的信息进行整合或协调	

规律三：引入负熵要适量、高品质

适度地引入高品质的负熵能促进系统的熵减。暴饮暴食、进食过量对身体有害，只有适量均衡才更健康。华尔街和硅谷独占全球化和技术进步红利，利益分配过度失衡，导致阶层割裂。

规律四：熵增与熵减的对抗消长

就像人有积极向上、理性、成就感、被价值感驱动的一面，也有贪婪、自私、安逸、不思进取的一面，宇宙、组织、生命的无序与有序都在并行开展，对同一个事物，熵增和熵减可能体现为矛盾的主要方面和次要方面。

在理论上，在一个孤立封闭的系统内，熵将永远向着熵增的方向发展，最终或快或慢地死亡。

但在现实中我们不难发现，生命体能够从伤病中恢复，有些企业也能够从衰老或振荡中走向新生，这是因为现实中绝大多数的系统都可以被视作处在开放环境中。在企业经营中，如果我们有意识地通过构建耗散结构，与外界交换物质与能量，就能够达到引入负熵流、远离平衡态，产生系统熵减的效果。

1967年，比利时物理学家、诺贝尔奖得主普里戈金提出了耗散结构。他认为："耗散结构是在开放和远离平衡条件下，在与外界环境交换物质和能量的过程中，通过能量耗散过程与系统非线性动力学机制，能量达到一定程度，熵流可能为负，系统总熵可以小于零，则系统通过熵减就能形成新的有序结构。"

他的理论并不违反热力学第二定律。因此其耗散结构理论被广泛应用于社会学、政治学、经济学、管理学等社会科学研究中，因为社会系统、经济系统以及生物系统、精神系统等都可被看作远离平衡态的开放系统。

为了对抗华为的熵增，任正非认为关键是要引入各种负熵，激活组织活力，延缓熵增，并表示要将公司发展成具有开放、不平衡、非线性特征的耗散结构，实行熵减管理。在2011年的华为市场大会上，任正非指出，华为长期推行的管理结构就是一个耗散结构，有能量就一定要把它耗散掉，通过耗散使企业获得新生。同时，任正非还对耗散结构进行了通俗易懂的解释：

"什么是耗散结构？你每天去跑步锻炼身体，就是耗散结构。为什么呢？你身体的能量多了，把它耗散了，就变成肌肉，变成有力的血液循环了。能量消耗掉，不会有糖尿病，也不会肥胖，身材苗条，人变漂亮了，这就是最简单的耗散结构。那我们为什么需要耗散结构呢？

"大家说，我们非常忠诚于这家公司，其实就是公司付的钱太多了，不一定能持续。因此，我们把这种对企业的热爱耗散掉，用奋斗者和流程优化来巩固。奋斗者是先付出后得到，这与先得到再忠诚，有一定的区别，这样就进步了一点。我们要通过把潜在的能量耗散掉，从而形成新的势能。"

管理耗散对于企业能够不断发展起着决定性作用，耗散结构是企业实现熵减、延长寿命、实现竞争能力不断提升的系统解决方案。作者有很多的企业家客户，他们求知若渴、求贤若渴，从不居功自傲，不是躺在历史功劳簿上坐井观天，而是胸怀宽广、格局高远，努力向更卓越的企业学习和看齐。这是越来越多的企业能够不断做强做大的必然原因，也是SDBE领先模型把领导力和文化价值观作为核心战略支撑因素的关键原因。

企业通过建立耗散结构，对内激发活力，对外开放交换，将新理念、新思想、新人才、新技术等有利于增强负熵的若干因素引入企业管理系统中，不断提升企业发展势能，并根据发展需要对企业进行管理变革、组织流程再造以及管理创新，使企业自主有序度的增加大于自身无序度的增加，从无序混乱的状态重新回归到有序发展，从而促进企业效率的增加。

【案例】微软的"再生"：封闭带来隐患，开放带来繁荣

作为PC时代的巨擘，微软却没能对移动互联网的到来有清醒的认知。在萨提亚·纳德拉上任之前，微软正处于前所未有的低谷：在智能终端、社交、搜索引擎、电商等业务上纷纷陷入失语状态，不仅落后于时代，也落后于苹果、谷歌和Facebook等竞争对手。

2014年，萨提亚·纳德拉出任微软CEO，他上任后最重要的决定，就是调整核心业务，放弃对存量市场的执念，让微软不再过分依赖 Windows 的盈利，而是找到其他新的盈利点。依据充分的分析，萨提亚判断云端可能重新定义下一个互联网时代，于是下注打造了微软云计算业务 Azure。即使当时亚马逊云服务 AWS 已经抢占先机，但是微软依然凭借自身的硬实力与决心抢占市场，与亚马逊的 AWS 瓜分市场份额。

与此同时，萨提亚还致力于改造微软的企业文化，不再把客户和合作伙伴当作可以榨取利润的对象和竞争对手，而是变得更加包容，以开放的姿态将开发者吸引到 Azure 云服务平台。例如，微软前任 CEO 史蒂夫·鲍尔默曾将 Linux 操作系统和基于 Linux 的开源软件称为"癌症"，因为它是 Windows 的竞争对手。而现在，微软在 Azure 云计算上使用的操作系统，更多的是基于 Linux，而不是自家的 Windows。

微软曾经的衰落源于过分依赖旧有的理念与产品，耗散结构的缺乏使得一切新兴的事物即便萌芽，也很快被系统内部的固有生态秩序扼杀，导致熵增。而微软的"再生"也指出一个道理："封闭带来隐患，开放带来繁荣。"

写到"封闭与开放的系统"这个例子，不由让作者想起秦国历史上的一个典故。秦王嬴政十年时，战国七雄之一韩国，派遣水利工程师郑国，通过相国吕不韦，建议修建一条长 300 多里的水渠，来解决秦国关中地区农业发展面临的缺水问题。这项工程，耗费时间长，消耗财力大，且效果不明。吕不韦顶住压力，同意了郑国的提议。后来，随着吕不韦事发身败名裂，人们发现郑国渠一事根本就是韩国的阴谋，目的就是削弱秦国的国力、民力和财力。

秦王嬴政震怒，下令驱逐外来人士。大意就是外客居心叵测，"非我族类，其心必异"，不论是谁，一律都驱逐出境。这就是历史上非常有名的"逐客令"。在这关键时刻，李斯大笔一挥，写下一篇千古名文，挽狂澜于既倒，扶大厦之将倾，这正是《谏逐客书》。

文中写道："泰山不择细土，故能成其大；河海不择细流，方能成其深。"秦国要想持续强大，必须要汲取一切有益的物力和人才，特别是外来的。嬴政收到此文后，感到十分震撼！他不愧是千古名君，从谏如流，火速停止驱客，并且采用更多的措施，加强开放，从而与李斯交相辉映，成为明君和贤相的典范，也成就了大秦帝国一统春秋战国，结束了长达 800 年的混乱历史，奠定了中华统一霸业的基石。

这个例子，与中国的改革开放一样，都说明了封闭守旧是没有前途的。一个企业、一个实体，只有不断地开放自身，加强学习和进化，才能不断成长和进化，进而实现"活得久"与"活得好"的经营目标。

1.2.3 案例：华为活力引擎模型

作为中国民营企业发展的标杆，华为的经营管理之道值得众多企业研究和借鉴。基于我们在前文中论述的熵减理念，华为管理部门通过系统总结，提出了基于耗散结构的活力引擎，这大大地促进了华为系统的熵减管理，是华为对抗企业熵增、取得成功的独特奥秘之一。

2019 年华为大学创作的《熵减：华为活力之源》一书，在总结任正非思想和公司管理实践基础之上，提出了华为活力引擎模型（见图 1-5）。

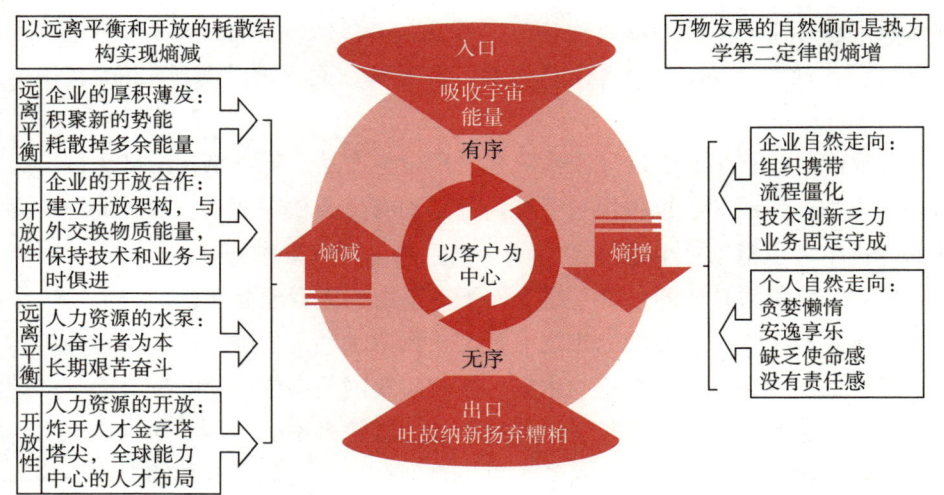

图 1-5　华为活力引擎模型

模型的右边表示的是企业与个人发展的自然走向，遵从热力学第二定律的熵增；模型的左边则是企业通过建立远离平衡和开放的耗散结构逆向做功，从而实现熵减。熵增定律指出封闭状态下的系统必然走向熵死，因此活力模型的上方是开放入口，代表企业从外界吸收宇宙能量；下方则是出口，用以吐故纳新、扬弃糟粕。

四方综合，即通过内外部能量的交换，吸纳有用的资源与能量，舍弃糟粕与垃圾，拓宽企业的作战空间和生存空间，并且对内激发组织和个人活力，促进企业发展势能的提升和积累，从而能够由内到外长期保持企业生命活力，对抗自然熵增，延迟或避免企业熵死。

华为的活力引擎模型是一个宏观与微观循环往复的系统，它主要通过企业宏观和个人微观两个层面，远离平衡和开放性两个维度来促进企业进行熵减。

企业宏观层面

一个企业系统在发展过程中会逐步出现组织怠惰、流程僵化、技术创新乏力、业务固化守成等熵增问题,因此宏观层面就是要从企业整体运作的战略高度进行熵减。华为活力引擎模型主要从两个方面采取措施。

(1)企业的厚积薄发

一方面,华为在科技研发领域进行大量且密集的投资,根据华为 2021 年财报,过去 10 年累计投入研发费用超过 8450 亿元!物质财富的投资转化,不仅为华为的发展积聚了新的势能、强化了内生动力,还帮助华为避免因过度的财富积累而失去危机感、变得怠惰,进而失去发展动力。

另一方面,从 1997 年开始,华为不断引进 IBM、埃森哲、合益集团、波士顿咨询等公司的管理经验,推动内部 IPD(集成产品开发)、IFS(集成财经服务)等多方面的持续变革。

一般而言,当一个组织的成长变得迟缓,内部不良问题频出,无法对外部环境变化做出良好响应的时候,企业有必要对内部层级、工作流程以及企业文化进行调整与改善,推动组织变革。"变革是企业管理中永恒的不变",是企业进行熵减的核心措施,而管理变革则是企业变革的核心。推动管理变革,有利于企业积累组织能力方面的势能,促进内生动力的循环往复。

(2)企业的开放合作

华为从战略到企业文化建设,都遵从开放合作的理念,建立开放架构,与外部交换物质与能量,从而保持理念、技术以及业务的与时俱进。

一定要开放,不开放就是死路一条。对于我们公司来说,如果我们的软件不开放,就跟中国自给自足的农民情况一样,收益率非常低,再怎么折腾就是一亩三分地。如果我们不掌握核心技术,开放也是埋葬自己。但是我们光拥有了核心技术,却没有开放,就不会带来附加值,肯定没有大的效益。所以我们既要拥有核心技术又要走向开放,这样核心技术的作用才得到体现,开放周边能够使我们的核心价值再次得到升值。

——任正非,《只有开放,才有出路》(2001)

个人微观层面

组织由若干的个体组成,如何激发个体生命的活力,解决员工的贪婪懒惰、安逸享乐、缺乏责任感等问题至关重要。因此,华为活力引擎模型在个人微观层面上着重从人力资源管理的角度来探讨如何激发员工活力,促进个体熵减。

（1）人力资源的水泵

任正非认为，"企业红利除了来自目标的牵引，来自机会的迁移以外，很大程度上是受利益的驱动的。"只有用合理的价值分配系统，让真正为企业做贡献的人才得到合理的回报，企业才能具有持续的活力。因此，华为引入了"人力资源水泵"来激活员工活力。

人力资源水泵的工作原理即用价值分配驱动价值创造。

如何实现用价值分配驱动价值创造？

其一，100%员工持股是基础，让物质—能量—物质的转化损失最小；

其二，让劳动者获得更多价值分配，打破平衡，把最佳时间、最佳角色、最佳贡献匹配起来，激发奋斗活力。

以利益的分配为驱动力，给火车头加满油，价值分配向奋斗者倾斜，从而激发员工积极创造价值，同时保持其劳动所得与资本所得的比例大致在3∶1，如此一来，就能够在一定程度上避免员工因为股票积累过多生成怠惰。华为这种以奋斗者为本的分配结构，充分体现了耗散结构不平衡的特点。

（2）人力资源的开放性

华为人力资源的开放性体现在炸开人才金字塔塔尖，形成开放的人才系统和组织架构。任正非曾评价华为的人才结构"是一个封闭的人才金字塔结构，而金字塔本身也是封闭的系统，限制了组织模型并造成薪酬天花板"。在工业时代，人才金字塔结构有秩序、有层级、分工明确、效率高；但是放在知识、数据、信息日新月异的数字时代，它的封闭性、严密性就不利于企业创新性发展。

"金字塔塔尖那么小，只能站下少数人，容不下更多人才"，因此，华为炸开金字塔塔尖，无限扩大平台外延，在全球能力中心进行人才布局，吸纳国内外的优秀人才，让华为内部辈出的领军人物能够与外部的各领域专家、科学家、国际组织、标准组织、产业组织进行广泛交流；同时在人才组织结构上，加强跨部门人员流动，并且实行末位淘汰制，吐故纳新，通过战略预备队培养未来领袖，打开各类人才的上升通道，引导华为的未来发展。

最后也是最重要的，就是不能忽视该活力引擎的核心是"以客户为中心"。为客户服务是华为存在的唯一理由，也是华为生存下去的唯一基础，因此是否以客户为中心、为客户创造价值是判断华为有序无序、熵增还是熵减的标准与方向。

诚然，熵减的过程是痛苦的，但是企业的前途是光明的。华为基于耗散结构构建的活力引擎模型，是一个兼具理论和实践意义的确定性模型，能够有效地对抗企业熵增，促进企业更长久、更有质量地活着。

1.3 用确定性管理应对不确定性

自然界任何生命或组织都难逃熵增定律，在这一自然法则下，企业必然走向死亡。为了延缓或者解决熵增给企业带来的问题与危害，企业唯有引入负熵，构建耗散结构，开启管理变革，保持组织活力，用内部管理的确定性来应对外部的不确定性。

物是死的，人是活的。但凡一种社会科学或企业管理理论，如果把它推到极致，都是错误的。在这个层面上，企业管理更像一门艺术，而非科学。

我们总结 SDBE 领先模型，目的是希望企业家或职场精英了解企业经营管理，具备一些规律性的常识。很多本质性的规律会一而再、再而三地出现，我们希望读者能够客观地抓住这些确定性的东西，聪明地加以应用，使自己管理的企业、组织或业务，尽量少踏坑，避免可以避免的错误，尽快进入成熟领先阶段。

1.3.1 尊重常识，尊重科学

我们经常讲，新陈代谢是最有效的对抗熵增的手段。对于人的个体来讲，所有细胞，每八年要重新换一遍。因此，理论上讲，八年后你将是一个全新的个体。

对于企业而言，企业家或管理者要做的只有一件事情，就是如何利用管理来激活组织，增加企业的生命力和创造力。好的管理不仅能够延缓组织的死亡，更能使组织从系统外输入能量和信息，大大地改变组织的生存和生产能力，从而具有更旺盛的生命力。

企业管理中有很多常识，能不能把这些常识用到位，做到极致，关系到企业能否在激烈的市场竞争中胜出。所谓常识就是那些被时间反复验证的规律和方法，它广泛存在于我们生活中，构建了整个世界的运转体系。

柯林斯在《再造卓越》一书中，通过分析 11 家由辉煌走向衰落的企业，揭示了企业衰落的五个阶段：狂妄自大，盲目扩张，漠视危机，寻求救命稻草，被人遗忘或濒临死亡。其中，狂妄自大本质上就是蔑视管理常识。

我们经常讲，很多企业学华为，本质上就是伪命题，方法也是错误的。华为的管理体系和流程，是为了满足华为的需求，解决华为的问题而建立的，它的存在是为了管理 20 万人，管理近万亿元的有效营收。没有两个企业是完全相同的，从这个意义上来讲，华为的成功是不可复制的，所以形式上抄华为的企业，活得都不太好。只有借鉴华为在不同时期解决问题的基本理念和思路，学华为的"精髓"，才能取得真正的成功。

在作者看来，华为的成功原因在于：在以任正非为首的核心管理层坚持下，华为始终没有忘掉，并长期坚持和遵循了一些朴素的管理常识。任总曾经说过，华为人其实都比较傻，不走捷径。在构建管理体系的过程中，华为坚持把一些最朴素、最简单的常识，通过千万次重复做到了极致，才取得今天的成绩。

第一，商业常识。商业常识是指"以客户为中心"。客户是企业唯一的商机，企业必须找到自己的客户在哪里，知道客户的需求是什么，企业创造的价值要有客户买单，才能发展下去。华为强调，为客户服务是公司存在的唯一理由，并将以客户为中心写入核心价值观。

第二，人性常识。人性常识是指"以奋斗者为本"。员工是企业价值创造的主体，也是企业价值创造的根本动力。不论他们是本科生还是博士生，都需要生存，而且也都想过得更好，所以在管理他们时，要注意顺应人性，满足大家的欲望。

第三，组织常识。组织常识是指坚持群体奋斗。人是群居性动物，喜欢在一起，而且协同起来的力量也更大。但是一群人如果没有规则地组在一起，那就是乌合之众。用流程和制度把他们连接起来，就会变成一个组织。企业的制度、激励以及流程越好，组织内耗越少，人们就能越好地团结在一起为客户创造价值。

"以客户为中心，以奋斗者为本，坚持群体奋斗"，这三大常识构成了华为管理思想的基础，也是德石羿创立的 SDBE 领先模型的根本所在，作者和团队把它称为"天道、商道和人道"的统一。

探寻常识、敬畏常识、遵循常识、坚守常识，以商业常识来经营管理企业，这是华为 30 多年来在管理上所坚守的最基本底线，也是我们总结华为能获得持续成功的关键所在。

除了尊重常识，在华为的成功秘诀中还有尊重科学。华为尊重的科学主要包括三大科学理论，分别是：

第一，物理学。在华为，经常可以听到"压强原则""聚焦战略""针尖战略"等，其实这些都来自物理学中的概念。例如，"针尖战略"实际上是物理学中的压强原理，即在相同的力作用下，面积越小压强越大，应用于企业的经营管理中，其含义是集中优势资源实现重点突破。

第二，进化论。物竞天择、适者生存等都来自进化论。作为一个有机体，如果企业的组织、流程、管理体系不能随着市场环境的不断变化而进行相应的调整，那么它很大可能是短命的。为了构建先进的管理体系，华为从 1998 年开始拜师 IBM，在内部构建专门的变革组织，将变革常态化，不断更新企业的流程和组织，支撑企业实现持续性发展。

第三，系统论。华为用到很多系统论的方法和术语，比如熵减，从混沌到清晰，以及"开放、妥协、灰度"文化等。系统只有开放才能够不断更新，一潭死水很快会腐败，所以才有一杯咖啡吸收宇宙能量、组织要靠熵减等理念和说法。

数十载砥砺耕耘，华为已经成长为中国企业的经营管理的标杆，无数国人都在探寻华为成功的秘诀，剖析华为的内在基因，学习华为经营的精髓。但华为人自己的总结却很简单："看准方向，管好团队，分好钱。"

华为成功的秘诀其实很简单："尊重常识，尊重科学。成功就是把简单的事情通过大量重复做到极致！"

1.3.2 用内部的确定性应对外部的不确定性

未来形势扑朔迷离。我们要用规则的确定来对付结果的不确定，这样不管形势发生什么变化，我们都不会手忙脚乱，沉不住气，没有主意。

——任正非

华为在发展过程中，也有过不少幼稚期，走过不少弯路，交过不少学费。尝试着民主制，引入过管理上的明白人，也构建过强人政治，有时到了业务溃败，甚至公司崩溃的边缘。

后来，痛定思痛，华为在构建自身管理体系时，逐步遵循了一个基础逻辑：即以规则的确定应对结果的不确定，构建一个不依赖个人、不依赖技术的管理框架，来应对外部环境动荡、企业竞争变化和技术更新发展带来的不确定。用任正非的话说就是"即使有黑天鹅，也让黑天鹅在咖啡杯中飞"，这个咖啡杯就是端在企业家手中的确定规则。

大多数企业缺乏的其实并不是战略格局，而是与战略匹配的体系化运营能力。但这种能力，并不能依附在某一个或多个领导者身上，也不能通过仅仅几个月的变革就可以轻易形成。这些体系化的运营能力，应该是建立在一整套反映最佳业务实践的规则系统上的、长期实施管理变革而自然形成的变革成果。也就是说，这种所谓的内部确定性能力，应该是建立在企业组织上，构建在企业流程之上，并且能够随着外界环境、客户需求和竞争形势而动态调整的。

传统的职能型组织结构只有纵向的目标分解系统和业绩汇报系统，缺乏横向的端到端的运营能力，对于业务复杂的企业而言，如果没有一套清晰的流程规则系统，就会衍生出大量的请示和报批流程，这种低效的运营模式不仅会使企业丧失竞争优势，还会导致内部越来越官僚化，员工只对领导负责，而不是对客户负责。

因此，我们德石羿咨询团队在推介 SDBE 领先模型时强调，一个有追求的企业，其管理变革的目标要坚持以客户为中心，构建流程型组织，才能以内部战略、组织和流程的一定程度的确定性，即以确定性的组织和流程能力，来有效应对外界经营的不确定性。

为什么我们要搞 IFS？实际上我们要做一件事，我们要以规则的确定来对付

SDBE 战略六力

结果的不确定。我们对未来公司的发展实际上是不清晰的，我们不可能非常清楚公司未来能走到哪一步，因为不是我们可以设计这个公司，是整个社会和环境同时都来设计这个公司。所以我们不可能理想主义地来确定我们未来的结果是什么，但是我们可以确定一个过程的规则，有了过程的规则，我们就不会混乱。由规则的确定来对付结果的不确定，这就是我们引入 IFS 的原因。

——任正非

为什么华为这么多年都能保持稳定增长？原因就在于华为不是靠人来领导公司，而是用确定性的规则来管理公司的。为了实现战略目标的体系化运营，早在业务发展最快速的时期，华为就启动了一系列业务流程变革和 IT 化。时至今日，华为仍在持续推进管理变革，每年除了 SP（战略规划）和 BP（业务计划），还有变革的 SP 和 BP。这种持续不断的常态化、动态化的变革管理，让华为即使在今天这么庞大的业务体量下，仍然能保持有序高速的成长。

华为目前正在运作的从战略到执行（DSTE）的战略管理流程就是其在战略管理上的"确定性规则"，它帮助华为实现战略目标从制定到执行的体系化运营。

作者前面提到的 SDBE（战略—解码—计划—执行）的战略闭环管理模式也是一样的，要求企业管理层必须集中力量解决关键问题，缩小与标杆对象的差距。以业绩结果为导向，已识别的差距不消失，企业战略规划和执行动作就不能停止，新规划就不能启动。如此周而复始、复盘优化、持续改进的动态管理过程，能够有效保证战略目标的正确执行和落实，从而实现战略管理闭环。

1.3.3　案例：华为系统且持续的管理变革

回顾华为发展历程发现，尽管其如今无比辉煌，但背后的经历却无比艰辛。华为一步步从小规模到大规模，从单一业务到多元业务，从行业的跟随者到领先者，虽然几次面临生死困境，但都保持了非常好的业绩增长势头。

这与华为几十年来不放弃任何战略机会，坚持管理变革不无相关。作为中国企业持续成长的典范，华为坚持在发展中解决问题，"在高速上，边开车，边修车"，其稳健而快速的成长始终离不开对西方公司先进管理的借鉴。

削足适履：先僵化，后优化，再固化

华为的核心竞争力体现在一流的技术与一流的管理上，其核心竞争力的提升则依赖于技术与管理的进步。在早期的《华为基本法》第三条中，华为就提出"广泛吸收世界电子信息领域的最新研究成果，虚心向国内外优秀企业学习，在独立自主的基础上，开放合作地发展领先的核心技术体系，用我们卓越的产品自立于世界通信列强之林"，可见技术的进步在于虚心学习。

同理，管理也是如此。但是，不同于学技术时那样虚心，学管理容易产生抵触情绪。作者和团队在咨询中发现，很多企业都有尊重技术但轻视管理的现象。因为很多人认为，管理因人而异，因行业而异，管理存在较大差异性。而且，业务表现越好的团队，越容易故步自封；越厉害的团队，越倾向于总结成功经验，排斥外来经验。因此，有相当多公司的死亡原因，就是自大。

因此，在那个与西方管理存在代差的年代，华为的领导们提出要"削足适履"，在管理改进和学习标杆公司的先进管理方面，采取先僵化，后优化，再固化的方针，从而增强学习的有效性，避免走弯路。

僵化指的是将学习对象的具体做法和背后的假设前提，进行全面系统、毫无遗漏地模仿及复制的过程。这一阶段的目的是将脚上的"草鞋"换成高级的鞋，着重以理解、消化为主，解决流程通畅的问题。虽然可能与组织原有的业务、管理、文化系统存在许多冲突，但是此阶段还不具备条件采取灵活变通的方式，如果盲目地改造、创新，往往将会导致整个学习过程失效。

优化则是在引入的管理系统能够做得规范，并且全面深入地了解管理实践之后，依据自己的发展阶段和公司文化对管理系统进行优化和创新的过程。其目的在于使管理变得更有效和更实用。例如华为对于成熟管理体系所采取的优化原则是改良主义，即在理解与规范的基础上，结合企业的发展阶段与状态进行补充、完善与改良，而不是将西式管理改造成中式管理或华为式管理。

固化则是例行化和规范化的过程。其作用在于夯实管理平台，将僵化和优化两个阶段的成果转变为制度系统和文化系统，对企业的行为方式进行指导和监督，最终固化成思想与意识，是一种持续自我更新与优化的机制。

在先僵化，后优化，再固化的方针指导下，华为坚定不移地启动各项管理变革，努力实现西方公司先进科学管理体系在华为落地。

博采众长：华为管理变革的标杆对象和历程

1995年左右，C&C08交换机的成功，使得华为短期内规模急剧膨胀，员工人数迅速增长，不仅内部管理体系日趋混乱，而且面临着全国各地办事处"诸侯割据"的局面。任正非等核心管理层意识到，华为如果不及时改革，就会像一辆失控的列车，即将脱轨。

为解决管理干部思想观念与业务能力跟不上的问题，1996年任正非首先提出要引入竞争淘汰机制。春节前，华为所有市场部干部集体向公司总部提交两份报告，一份述职报告，一份辞职报告，重新参加竞聘答辩。公司根据组织改革后的人力需求，确定聘用人选。在这场竞聘中，大约30%的干部被替换，很多被替换下来的干部重新回到基层，从零开始。

以此为契机，华为从此开启了大规模的人力资源体系建设，形成了后来"干部能上能下、工作能左能右、人员能进能出、待遇能升能降"的灵活管理机制。

与此同时，为解决内部管理问题，统一员工思想，任正非启动了《华为基本法》的制定。《华为基本法》是一个纲领性的文件，它是对华为组织建设、管理制度化建设以及文化建设思路的概括。自1996年3月成立《华为基本法》起草小组，耗时两年，终于在1998年3月23日审议通过。

《华为基本法》全文共6章103条，长达16 000多字。它不仅帮助华为完成了管理体系的系统思考，详细规定了华为的基本组织目标和管理原则，并明确了企业的发展战略和核心价值观；还帮助华为解决了企业成长的动力机制问题，构建了企业的价值管理体系。它是华为所有管理制度的起源，也是华为后续一系列管理变革的指导大纲。

除了这些变革办法，从1997年开始，任正非还将目光投向国外，大规模与全球最先进的管理咨询公司进行合作（见图1-6），目的是借助国际领先企业的管理经验，帮助华为重塑管理体系和流程，进行更深入的改革。

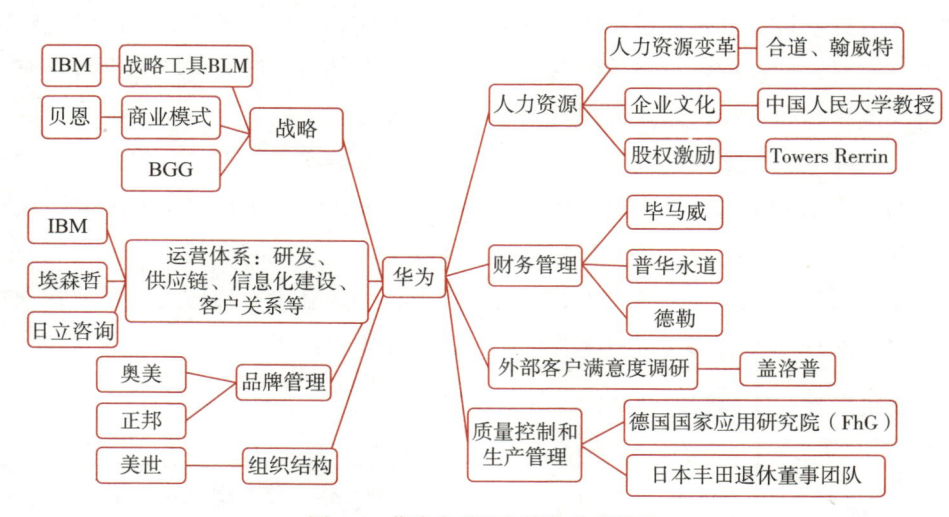

图1-6　华为向世界级咨询公司学习

1998年华为与IBM正式开启ITS&P（Information Technology Strategy & Plan，IT策略与计划）项目合作，内容包括华为未来3～5年向世界级企业转型所需开展的IPD（Integrated Product Development，集成产品开发）、ISC（Integrated

Supply Chain，集成供应链）、IT 系统重整、财务四统一等八个管理变革项目。

其中，IPD 旨在帮助华为进行产品开发模式变革，ISC 则是帮助华为提升供应链管理能力。IPD 变革自 1999 年正式启动，其在华为的持续实践与优化，使华为建立起了一套制度化的研发管理体系，从此基于流程开发满足客户需求的产品，确保了华为持续稳定的高质量产品交付；而其后的 ISC 变革则使华为在供应链的质量、成本、柔性和客户响应速度上取得了根本性的改善，有效地支撑华为业务在全球范围内的发展。

进入新千年以后，IT 泡沫寒冬不期而至，再加上华为在小灵通市场的决策失误，以及港湾事件与思科事件的双重夹击，任正非几乎不堪重负。在经历这般内外矛盾交加的痛苦过程之后，任正非深刻意识到华为应该将战略和运营管理建立在组织上，而不是过度依靠个人决策。

2002 年，华为邀请美国的美世咨询公司提供决策机制方面的咨询。华为首次引入美世公司的 VDBD（Value Drived Business Design，价值驱动业务设计）战略模型，用于公司战略规划与执行。成立了专门的经营管理团队（EMT）、战略部以及市场部，其中，EMT 由任正非和一些高管组成，进行公司战略与日常经营决策，战略部负责落实与执行；市场部重点解决公司产品的发展方向问题，负责研究客户需求。还任命七位常务副总裁轮流担任 COO，每半年轮值一次，这一措施后来逐渐演变成三大轮值 CEO 制度。

2003 年，华为启动战略规划"801"，这是华为第一个真正意义上的比较规范的从上到下制定的战略规划。

为什么叫"801"？

2003 年，华为销售收入为 40 多亿美元。"801"的内涵就是 2008 年实现销售收入 100 亿美元，是比 2003 年翻一番还要多的规划，从此"80×"就沿用下来了。

2005 年，华为启动战略规划"803"。

2007 年，华为开展 IFS（Integrated Finance Service，集成财经服务）变革，构建全球化的财经管理体系，将财经融入业务，在加速现金流入、准确确认收入、项目损益可见和经营风险可控等方面取得了根本性的进步。同年，华为聘用埃森哲启动了 CRM（Customer Relationship Management，客户关系管理），提升公司的运作效率。

2009 年，任正非发表《让听得见炮声的人做决策》，启动 LTC（Lead to Cash）流程再造管理变革，建立起了一种"呼唤炮火"的"三角小组"模式，在一线形成面向客户的"铁三角"作战单元。LTC 是华为的主流程，从发现线索开始，直至收回现金，实现端到端拉通，并在不同的流程环节卷入不同的角色和不同的其他业务流程，例如通过接入 IPD 流程，启动针对需求的开发，把质量、运营、内控、授权、财经等要素放到流程中去，提升公司综合运作效率。

随着各主流程的成功推行，华为也不忘对企业的战略管理进行优化与升级。同年，华为正式花重金从 IBM 引入 BLM（Business Leadership Model，业务领先模型）战略框架作为战略规划的方法论，并且作为中高层战略制定与执行连接的方法。2012 年，华为从拥有三星电子背景的顾问团队引入 BEM（Business Execution Model，业务执行模型），使战略分解与展开工作进入更系统的阶段，尤其是加强了重点工作运营管理。

在咨询行业，IBM 的 BLM，可以和著名的波士顿矩阵、SWOT 分析以及迈克·波特的五力模型相提并论，是企业战略制定与执行连接的方法与平台。通过跟 IBM 咨询部门的合作，如今包括顺丰、TCL 等在内的多数中国企业均在不同程度上采用了 IBM 的 BLM，但是真正把 BLM 融入企业运营过程，并且将企业各个层级的战略和组织管理的年度循环各个环节，变成重复发生的"业务流程"的企业，大概只有华为。

经过十余年坚持实践，华为结合自身的战略管理实践，不断深入发展建立起了自己独特的 DSTE 战略管理流程（见图 1-7），允许各职能部门在统一的框架下，对工作规划管理进行创新，这为华为的持续稳健成长奠定了流程性基础。

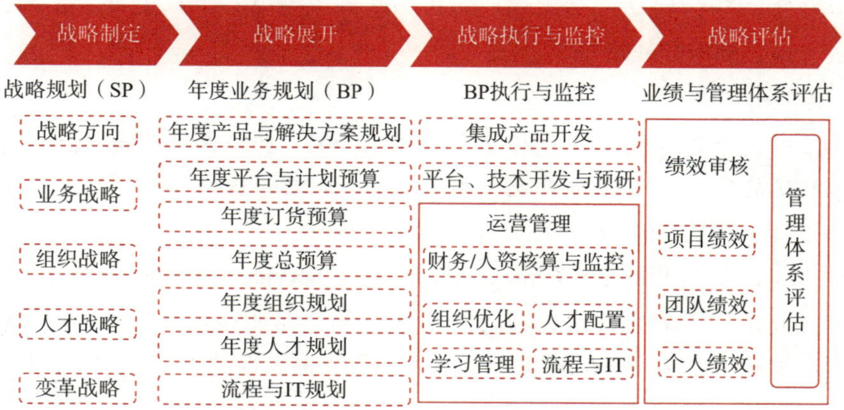

图 1-7 华为 DSTE 战略管理流程

德石羿团队结合 IBM、华为、三星等标杆企业多年的战略实践，在 BLM 的基础上进一步改良优化，提炼出了 SDBE 管理框架；结合企业和业务的生命周期理论和熵减变革创新观念，在此基础上构建出 SDBE 领先模型，指导各类企业打造战略管理闭环，尽快实现在所属细分行业领先的目的。

1.4 战略领先模型与六力支撑

汇聚华为先进理念及 30 余年实践之精华，德石羿团队结合华为等中国企业多年战略实践，锲而不舍地对 BLM 进行改良与优化，进而提出了 SDBE（"S 战略—D 解码—B 计划—E 执行"）模型。该模型适合企业中高层用于战略制定与执行连接，能有效指导企业从战略规划到高效执行的闭环管理。

1.4.1 华为管理实践与 BLM 的结合与优化

BLM（Business Leadership Model）也被称作业务领导力模型或业务领先模型，是 IBM 公司在总结自身多年经营管理经验之后于 2003 年提出的，后成为 IBM 全球从公司层面到各个业务部门共同使用的战略规划方法。

BLM 结构特点

BLM 从市场洞察、战略意图、创新设计、业务设计、关键任务、正式组织、人才、氛围与文化，以及领导力、价值观十个方面，协助管理层进行经常性的战略制定、调整及执行跟踪。

如图 1-8 所示，模型左半部分是战略制定，包括市场洞察、战略意图、创新设计和业务设计四个方面，这四个方面互相作用与影响。

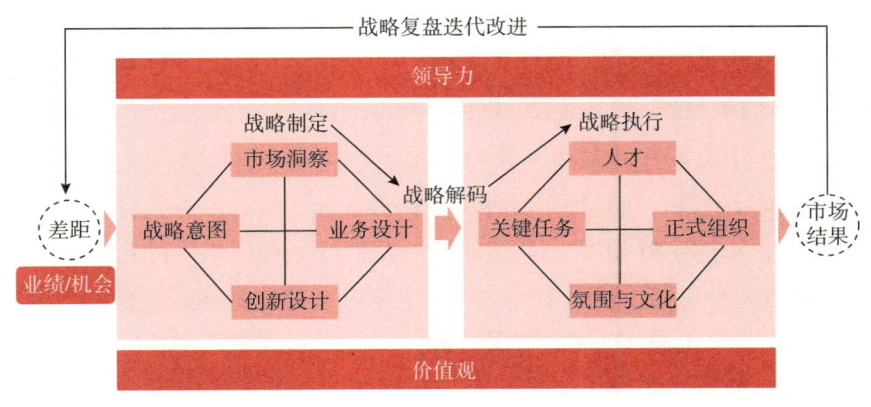

图 1-8　BLM

其中，市场洞察决定了战略思考的深度，其作用在于从宏观形势、市场趋势、客户需求变化等多个维度来理解并解释企业外部环境，让企业对未来的机遇、风险与挑战有一个清晰的认知；战略意图是战略制定的重要输入，它是在市场洞察的基础上决定企业未来做什么和不做什么；创新设计是指企业根据自身的市场定位确定未来的创新焦点，以实现在满足客户需求的基础上构建差异化竞争优势；业务设计是整个战略制定的落脚点，是企业在完成前三项的基础上对目标客户、经营产品/服务范围以及盈利模式的选择和设计。

右半部分则是战略执行，包括人才、关键任务、氛围与文化、正式组织四个方面。关键任务连接战略制定与战略执行，包括战略执行的关键任务事项与时间节点；正式组织是战略执行的组织保障；为保证战略的落地执行，还需要企业有持续的人才输出和文化氛围支持。

领导力与价值观则贯穿战略从制定到执行的始终。其中，领导力是根本，统领战略制定与执行的全过程；价值观是基础，是企业决策与行动的基本准则。除此之外，在战略制定与战略执行之间还有个非常关键的动作，那就是战略解码。战略制定以后，企业需要通过战略解码才能得到关键任务、衡量指标以及相应的目标值，形成关键任务，从而启动战略执行环节。

最后，战略是由不满意触发的，它源于企业对经营现状与期望业绩之间差距的一种感知，包括业绩差距和机会差距。当清楚地意识到自身发展不达预期或者已有业务遇到挑战时，这种"差距"就会激发企业重新审视自己：战略是否需要创新？组织是否需要改进？从而推动企业识别自身的问题并解决问题。

BLM作为战略规划落地的工具，不仅给IBM带来了持续性的业务创新价值，也被积极地推广和应用到了无数其他企业。华为是国内最先引入并实施BLM的企业，其应用深度和广度甚至超过了IBM这个创始者，并且还在持续不断发扬光大BLM的内涵和外延。

BLM的局限和SDBE领先模型的提出

BLM作为中高层战略制定与执行连接的方法与平台，虽然提供了一整套的战略分析和执行思路，但是很多具体的战略方法及工具并没有包含在框架之内，因此很多企业在应用BLM时，虽然能够按照模型进行战略研讨和战略设计，明确相关战略方向和思路，但是最终的具体实施方案却总是落不了地，不知如何将其应用于组织及个人的绩效考核、升迁任用，无法形成管理闭环。

另外，BLM虽然明确了战略制定与执行两阶段的要素内容，却没有提及企业如何进行战略解码，如何将公司层面、业务层面、功能层面的战略规划进行上下对齐、左右拉通；虽然强调了领导力与价值观的重要性，却没有提出干部能力保障机制和价值观建设的具体办法和工具。简而言之，BLM模型在实际操作和应用过程中，还存在着一定的局限性，企业要想实现战略管理的闭环，还得不断地对其进行完善和补充。

针对 BLM 的不完善、不易落地、无法闭环、缺少工具等诸多问题，德石羿团队根据多年在华为从事战略管理实践，以及对外研讨、授课及管理咨询工作的经验总结，在 BLM 的基础上打造出了 SDBE 领先模型。

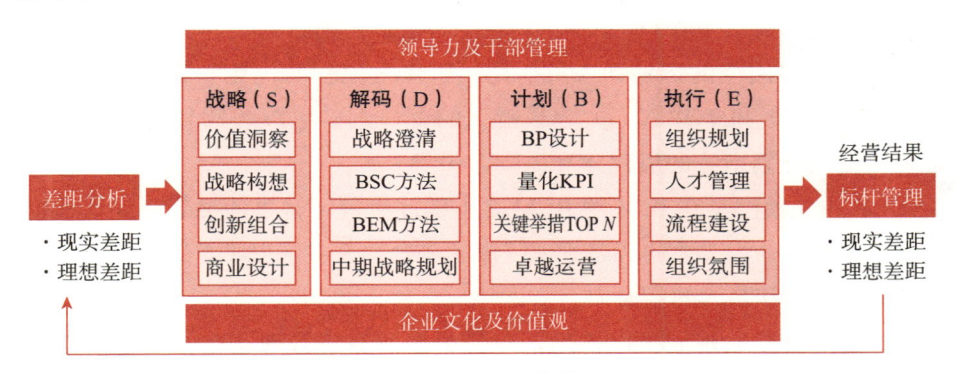

SDBE 领先模型是包括从战略规划、战略解码、经营计划到高效执行的战略执行管理体系（见图 1-9），该模型不仅包含战略规划（Strategic Planning，SP）、战略解码（Decoding）、经营计划（Business Planning，BP）和执行管理（Execution）四大环节，还特别注重领导力和组织协同的作用，是一个能够帮助企业实现从战略规划到业务执行闭环管理的整体战略管理框架。

差距分析	战略（S）	解码（D）	计划（B）	执行（E）	经营结果
	价值洞察	战略澄清	BP设计	组织规划	
	战略构想	BSC方法	量化KPI	人才管理	标杆管理
·现实差距	创新组合	BEM方法	关键举措TOP N	流程建设	·现实差距
·理想差距	商业设计	中期战略规划	卓越运营	组织氛围	·理想差距

（上方：领导力及干部管理；下方：企业文化及价值观）

图 1-9　SDBE 领先模型

战略在于识别关键问题并解决问题。因此，差距分析既是战略管理的起点，也是战略管理的终点。SDBE 领先模型在 BLM 的基础上增加了标杆管理，确定了现实标杆和理想标杆，用以量化评估现实差距与理想差距。其中，现实差距一般可通过战略执行来填补，而理想差距则通过战略重构来解决。

SDBE 领先模型的本质是帮助企业实现从战略规划到高效执行的闭环管理。模型中的四个环节——战略（S）、解码（D）、计划（B）以及执行（E），在标杆管理与差距分析的基础上，实行战略复盘，循环改进，逐步提升。

其中，战略规划（SP）是指通过完整地执行价值洞察（五看）、战略构想（三定）、创新组合（四组合）等标准动作，将落脚点放在商业设计的整个分析过程和结论上。这一环节聚焦的是如何根据战略构想和识别的差距分析，通过认真而系统的分析，决定企业中长期资源分配的方向和重点。

战略解码（Decoding）则是把企业战略转化为各级部门、全体员工可理解、可执行的具体目标和行动措施。开展战略解码比较典型的做法是，企业应用平衡计分卡（BSC）方法进行战略解码，平衡计分卡提出了体现在四个维度（财务、客户、内部运营、学习和成长）的战略实施路径框架，提供直观的战略地图工具，可以帮助企业识别各个层面的策略目标、KPI 指标和战略行动方案。

经营计划（BP）指的是年度经营计划，时间跨度为下一个经营管理的年度（时间跨度可能有不一致的），明确了供公司或各级组织遵照执行的 KPI 及关键举措，是落地战略规划的纲要性作战指导。年度经营计划应包含过去一年本组织的总体运营情况总结，以及未来一年各部门的具体目标、产品策略、区域销售策略、客户拓展策略、服务策略、品牌策略、交付策略、财务预算、人力预算、人员培养、团队氛围建设等内容，是跨度为一年的具体作战方案。

最后的执行管理（Execution）则是部署、落实战略规划和年度经营计划下的日常经营措施。其中涉及如何排兵布阵和非常细致的工作安排，包括组织设计调整、重要岗位的识别和人员任用、工作主流程的优化和调整、每项 KPI（关键绩效指标）和 TOP N（关键举措）的责任人、组织绩效和个人绩效的过程管理、重大计划措施的里程碑和风险考量等。

SDBE 领先模型是在 IBM 的 BLM 之上的改进模型，集各类战略规划和企业管理方法之大成，为企业的战略管理提供了平台，为主管提供了思考框架，具有较好的可裁剪性和强大的生命力。

它的出现使战略规划得以落地，对各类企业战略管理实践具有较大参考价值。它提炼出战略管理的多个核心要素，包括战略、解码、计划、执行、价值观与领导力，对这些元素的协调，将为企业的经营和发展提供动力，具有不可估量的价值。

1.4.2　打造从愿景、使命到经营结果的管理闭环

"你是谁？去哪儿？在哪里？怎么去？"是作者和团队总结出来的 SDBE 领先模型对企业管理的灵魂四问。

"你是谁？"即企业的文化与价值观。

"去哪儿？"即企业的愿景和使命。

"在哪里？"则可以通过"五看"以及标杆管理来发现战略机会和发展点，从而明确自己所处的环境、阶段和位置。

"怎么去？"则涉及多方因素，例如，由谁来做，怎么做，里程碑是什么，会有什么困难，如何化解等。这关乎企业经营过程中的组织与人才结构与配置、流程设计与方法、执行节奏与能力，以及可能的风险与求助。

这四大问题及其相关关键内容，揭示了企业经营过程中的重大思考环节。因此，SDBE 领先模型的目的就在于帮助企业打造从愿景、使命到经营结果的战略执行管理闭环（见图 1-10）。

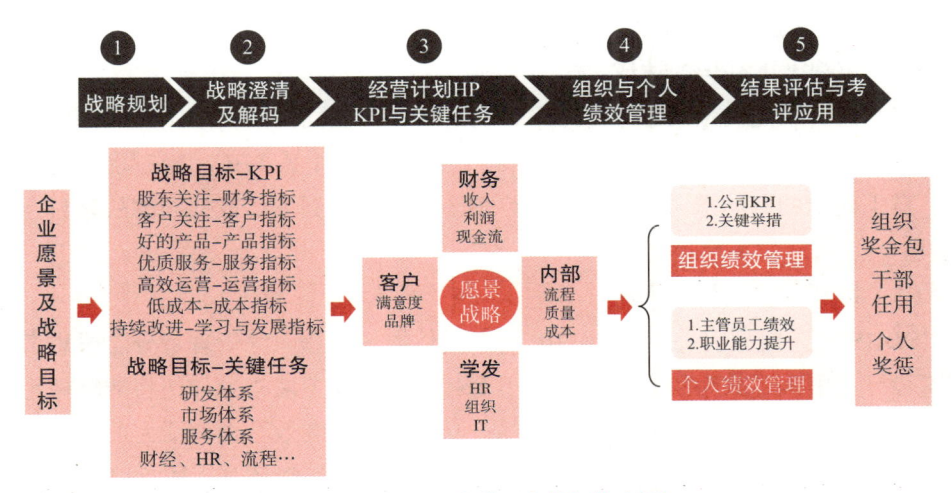

图 1-10 SDBE 领先模型的执行落地框架

SDBE 领先模型从企业的愿景、使命出发，指导企业通过"五看"制定战略规划（SP），通过战略澄清和解码，把 SP 落实为年度经营计划（BP），进而把 BP 转化为下层组织绩效（KPI 和 TOP N）和个人绩效承诺（PBC），并为薪酬激励提供评价和实施依据，从而完成"战略—业务—组织—绩效—激励"的企业管理闭环。

对于企业而言，SDBE 领先模型的价值和意义体现在如下几点。

（1）统一的语言

无论是公司层面，还是部门层面，企业上下在战略管理方面统一使用 SDBE 领先模型，通过这样一套共用的方法将企业上下从战略到执行有效地连接起来，能够统一语言，大大降低各层级、各部门之间的沟通成本。

（2）统一的框架

SDBE 领先模型集各类战略规划方法之大成，为企业的战略管理提供了平台，为各企业家、管理者提供了一个统一的战略规划和执行的思考管理框架，不仅具有较好的可裁剪性，同时也具有普遍的适用性，有利于企业战略制定与执行的有效连接，从而实现企业从战略规划到高效执行的闭环管理。

（3）缜密的逻辑

SDBE 领先模型是基于华为的战略管理实践进行改良和优化的，因此它在

BLM 的基础上，对概念的界定和运作的规范，更注意逻辑的缜密性；在关键的战略解码阶段，有 BEM 和 BSC（Balanced Score Card，平衡计分卡）等多种解码工具和方法一步步地对各层级重点工作、工作目标和计划进行推导，确保了战略执行过程中的严谨性和有效性。

（4）重视上下共识的达成

在 SDBE 领先模型的管理框架下，通过对公司层面的战略意图和业务设计进行层层解码，最终落实到各个部门 KPI，甚至是员工个人 PBC，经过多次自上而下、自下而上的双向探讨与沟通，最终整个企业从上到下形成共同的战略目标和共识。

（5）特别注重执行和落地

SDBE 领先模型引进了 SP 和 BP 两个具体操作流程，为管理者分阶段思考提供了指导；引入了战略解码环节，使用 BSC 或 BEM 方法指导如何将战略构想和模式设计转化为可量化考核的战略目标；同时，还把绩效管理和活力曲线管理等具体的绩效管理方法也涵盖进来，使得整个战略管理的闭环真正成为可能。

（6）重视领导力和价值观的作用

SDBE 领先模型承袭了 BLM 对领导力与价值观的认知，认为在战略制定与执行的过程中，领导力是根本，价值观是基础。在战略执行过程中，特别注重领导力和价值观在日常运营和绩效考核中的落地，包括组织绩效和个人绩效的考核，并提供了相关的操作方法和手段。

SDBE 领先模型通过引入标杆管理、战略解码、KPI 及关键举措、人员胜任力管理、组织和个人绩效管理、领导力和价值观的具体落地的方法等，使得企业战略规划及执行的逻辑更加顺畅，利于多边对齐，以减少组织中战略思考的混乱和执行过程的阻力。

在整个从战略制定到执行的闭环管理过程中，企业还需要遵循以下四大原则。

（1）战略管理不能授权

企业的管理首先是战略的管理，战略关乎企业发展的未来。在战略管理问题上，一把手或最高层必须亲自参与，领导力必须贯彻到整个战略制定与执行的全过程。对于领导者而言，其他事也许可以授权，唯独战略管理不能授权。

（2）必须瞄准差距

SDBE 领先模型的核心概念即"由差距出发的战略规划和高效执行的基本过程"。差距是 SDBE 领先模型框架的起点和终点，也是企业战略管理的起点和终点。为了缩小与各类标杆之间的差距，实现企业目标，战略必须瞄准差距，集中力量，逐个突破。

（3）执行重于一切

战略规划是设计、是布局，有了清晰完善的战略，还必须积极地执行落地，只有当战略真正地落到实处，企业才能不断向前。SDBE 领先模型强调规划与执行密切结合，以商业 BP 成功为目标，为确保战略的切实执行，还非常重视对业务执行过程的监控。

（4）持续迭代优化

战略规划与执行不仅能获得一个结果，还是一个不断周而复始、复盘优化、持续改进、直达愿景的过程。SDBE 领先模型就是一个从战略规划、战略解码、经营计划到执行管理的动态螺旋式上升的闭环机制。

1.4.3 战略领先模型的六大能力要素及其组合

使用 SDBE 领先模型进行战略管理时，会对企业展开领导力、战略力、洞察力、运营力、执行力和协同力这六大能力要素方面的考察和提出要求。

因此，作者团队也称之为 SDBE 六力模型（见图 1-11），这六大能力要素涵盖 SDBE 方法及企业管理全过程。在企业战略管理和执行落地过程中，它能够给各级管理层提供系统的思考和务实分析的框架以及相关工具，对企业战略规划与执行进行有效的跟踪，从而促进企业实现战略端到端落地。

澄清期望	L（领导力）	S（战略力）	D（洞察力）	B（运营力）	E（执行力）	C（协同力）	总结提升
自我认知	· 文化与价值观 · 干部与领导力 · 领导技能 · 变革管理 · 数字化转型	· 战略框架 · 价值洞察 · 战略构想 · 商业设计 · 创新组合	· 标杆管理 · 技术洞察 · 市场洞察 · 竞争洞察 · 知识管理	· 战略解码 · 质量管理 · 流程管理 · 项目管理 · 卓越运营	· 研发创新 · 品牌营销 · 采购供应 · 服务与制造 · 财经与风控 · 行政与客服	· HR管理 · 组织发展 · 绩效管理 · OKR管理 · 薪酬激励	总结提升

图 1-11　SDBE 六力模型

领导力

六力模型中的领导力是指企业以价值观为根本，锻造"有理想、有能力、能打胜仗"的干部梯队的能力。

例如，华为为培养干部梯队，提出了干部标准通用框架。干部标准是华为对干部队伍的核心要求，作为人才管理的重要组成部分，是各项干部管理工作的基础。

该框架包括以下四项标准：
- 品德与作风是底线，是商业行为中的道德操守；
- 核心价值观与使命感是经营一切事业的基础，华为干部必须践行并传承核心价值观，对华为的事业充满热忱和使命感；
- 绩效是干部优劣的分水岭，并且是基于责任结果的持续高绩效；
- 能力与经验是干部的关键成功要素，体现了知行合一的理念。

战略力

六力模型中的战略力是指让企业既能立足本身又能引领行业，既高瞻远瞩又极端务实的筹划能力。

战略承接的是企业的愿景和使命，即企业为什么而存在。企业所拥有的资源是有限的，服务客户的能力也是有限的，因此可以说战略是企业在有限资源下的取舍，一旦做出了选择，也就意味着放弃了其他选项。

战略的制定必须重在结果，只有切实执行，战略的制定才有价值。而战略解码则是战略有效执行的开始，是通过可视化的方式将企业的战略目标分解为公司不同层级、各部门的目标和行动方案以及个人目标，从而令企业上下全体人员取得共识的过程。

洞察力

六力模型中的洞察力是指企业深刻洞察行业内领先标杆及行业整体发展趋势，从而制定发展路径，把握市场节奏和控制风险的能力。

洞察力能够使企业看清三个方面：一是用差距分析看清路线。确定行业领先标杆的作用就在于认清自己的位置，回答"我们在哪里"这个问题，通过识别自身与标杆之间的差距（包括利益差距与机会差距）来思考和改变企业战略，从而弥补差距。

二是看清市场变化。行业的变化使得价值发生了转移，对价值转移进行前瞻性的分析，才能帮助我们做好战略布局。另外，没有夕阳的产业，只有夕阳的思想，企业不能只看自己的行业，还要拓宽视野，以发现更多的发展机会。

三是看清去哪里，即企业的愿景、战略方向和业务目标。

运营力

六力模型中的运营力是指企业在战略解码之后，基于数据对企业战略进行侧重化、精细化、高质量的卓越运营能力。

如图 1-12 所示，高效管理的本质就是打造最简单高效的以客户需求为始，到客户满意交付为止的端到端的价值创造流程。价值创造流程即华为卓越的运营管理体系，一切都是为了客户需求和战略，它是从流程体系、IT 体系、管控体系、运营、质量、组织和绩效七个方面做到高效卓越运营的。

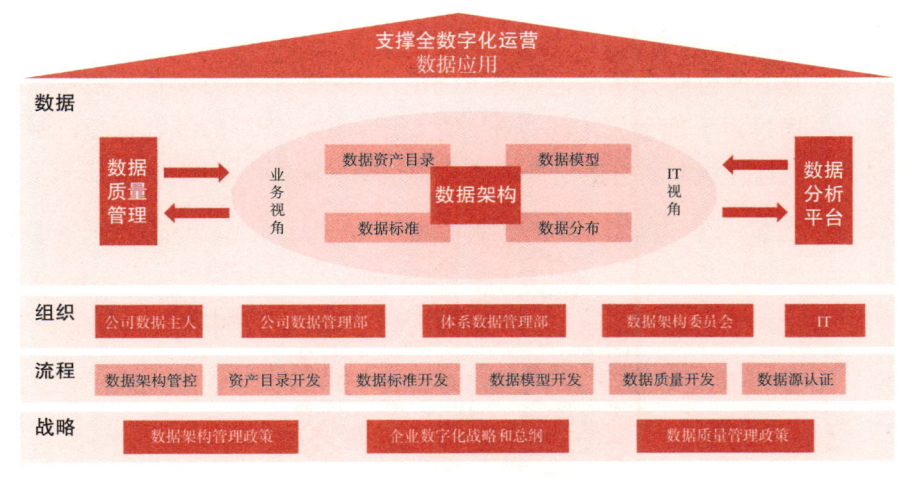

图 1-12 基于数据的卓越运营

执行力

六力模型中的执行力是指企业在战略牵引下，建设各领域的专业能力和流程。华为一共有四大流程，即战略规划与执行流程（DSTE）和 IPD、LTC、ITR 三大业务流程，如图 1-13 所示。

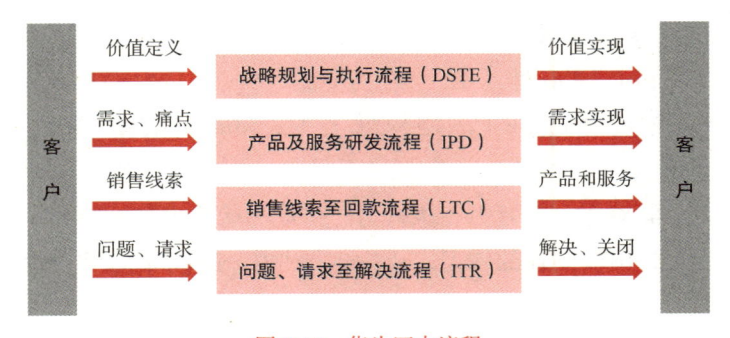

图 1-13 华为四大流程

其中，DSTE 要解决的问题是明确价值和意义。IPD 流程则寻找并发现客户的需求和痛点，在此调研的基础上进行产品与服务的开发，以满足客户需求；LTC 即 L2C（Leads to Cash），体现的是从销售线索到回款的企业运营管理思想，华为的 LTC 流程主要分三大段，即管理线索、管理机会点和管理合同执行，其作用在于实现产品的变现；ITR 流程主攻售后服务，针对产品的问题和客户的需求，不断改进升级产品并解决售后问题。

如果用一句话来概括华为流程体系，即为实现"多打粮食多产出"的业务运营目标所构建的"从客户中来"到"客户中去"的端到端的业务运营系统。

协同力

六力模型中的协同力是指企业通过优化组织和职责权力设置，激发组织和员工活力，通过对干部和人才的"选、育、用、留、管"的综合管理机制，构建高绩效组织运作机制，打造出高绩效卓越组织的能力，如图1-14所示。

- 组织KPI
- 重点工作

战略规划与解码

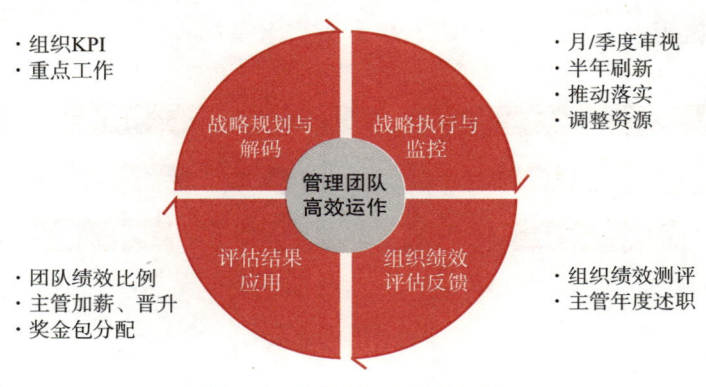

- 月/季度审视
- 半年刷新
- 推动落实
- 调整资源

战略执行与监控

管理团队高效运作

评估结果应用

- 团队绩效比例
- 主管加薪、晋升
- 奖金包分配

组织绩效评估反馈

- 组织绩效测评
- 主管年度述职

图1-14　高绩效组织运作机制

华为通过建立倒装式的组织架构，把客户放在最上面，把产品力、销售力、交付力三者结合，形成一个高效协同的整体，统一面向客户，解决了职能板块难以协同的问题。薪酬绩效管理的根本目的是激励和引导员工贡献于组织的战略目标，实现组织和个人的成长。

SDBE领先模型通过SP（战略规划）、Decoding（战略解码）、经营计划（BP）、执行管理（Execution）等被实践证明的战略和执行流程，加强企业在领导力、战略力、洞察力、运营力、执行力、协同力等方面的建设，一步步指导企业实现从小到大、由弱到强的转型，成为本行业中的领导者，实现企业的愿景和使命。

第 2 章
领导力：点燃自己，带领队伍前进

约翰·科特说："管理者试图控制事物，甚至控制人，但领导者努力解放人与能量。"这句话实际上道出了"管理者"与"领导者"之间的辩证关系："管理者"的工作是计划与预算、组织及配置人员、控制并解决问题、实现战略目标；"领导者"的工作是确定方向、制定战略、激励和鼓舞员工，并带领全体组织成员创造更大的绩效。

中国有很多有哲理的古话，"兵熊熊一个，将熊熊一窝。"又云，"千军易得，一将难求。"任正非在华为的业务管理中，也一再强调，没有合格的主将，不要轻易开启新的业务。因为在企业经营中，"人及其活力，是一切的灵魂！"

概述：领导力

> 领导就是要让他的人，从他们现在的地方，带领他们去还没有去过的地方。
> ——美国前国务卿基辛格博士

"领"是带领；"导"是引导。因此，在中文的语境里，"领导"就是"带领和引导"，这和英文"leadership"的词根"lead（引导、领路、走在队伍的前头）"的含义是一致的。可见，"领导"的本义就是带领大家朝着既定方向前进的行为，而领导的目的则在于为实现组织的目标而努力。

根据《中国企业管理百科全书》对领导的定义，领导是"率领和引导任何组织在一定条件下实现一定目标的行为过程"。

那么，什么是"领导力"？

领导力是社会科学研究最多的对象之一，它频繁出现在东西方经典文献资料中，但鉴于其本质十分复杂，目前并没有一个具体的且被广泛认同的定义，不过从原则上，领导力可以从以下两点来定义：

· 领导者与追随者之间的相互影响过程，以及产生的结果；

· 通过领导者的性格特征与行为、追随者的认知与特质，以及影响过程发生时的情境来解释该影响过程。

【知识点】关于领导力的定义

北京大学国家发展研究院管理学教授杨壮认为："领导力是职场人自身所渗透出的气质，而领导则是外界赋予的权力。当下中国职场人都面临着建立领导力的难题。"

通用汽车副总裁马克·赫根对领导力的描述是："记住，是人使事情发生。世界上最好的计划，如果没有人去执行，那它就没有任何意义。我努力让最聪明、最有创造性的人们在我周围。我的目标是永远为那些最优秀、最有天赋的人们创造他们想要的工作环境。如果你尊敬他人并且永远遵守你的诺言，你将会是一个领导者，不管你在公司的位置高低。"

简单来说，领导力就是指正确地规划个人或组织发展方向，有针对性地整合相关资源，并积极影响相关人员的决策与行为，从而实现个人价值或组织效益最大化的能力。

在战略管理中，领导者能否带领大家对影响公司未来发展的战略问题进行识别，不断进行深入洞察和剖析，并顺利将其解决，并不是取决于组织所赋予权力的大小，而是领导者所拥有的，能够在其管辖的范围内，充分利用人力及客观条件，以最小的成本办成所需之事，从而提高整个团队办事效率的能力——其领导力如何。

作为能有效指导企业战略规划执行闭环管理的模型框架，SDBE 六力模型认为领导力是战略规划和最终执行落地的最关键要素。

2.1 文化与价值观是基础

如果用冰山来比喻企业管理，那么我们所看得见的水面上的 30%，是企业的规章制度；而水面下的 70%，才是真正支撑企业长期生存的部分，即企业的文化和价值观。一个企业的领导集体，其秉承的文化和价值观，是领导力的最根本来源。

对于文化宣传及思想阵地，正确的思想不去占领，错误的思想就会去占领。我们经常讲，卓越企业的文化和价值观必然是强大而健康的。缺失了文化和价值观的牵引，一个组织或企业就如同没有灵魂；而没有正确的文化与价值观进行引导，组织或企业就会偏离方向，走向错误的发展道路。

2.1.1 文化是企业生存和发展的灵魂

资源是会枯竭的，唯有文化才能生生不息。一切工业产品都是人类智慧创造的。华为没有可以依存的自然资源，唯有在人的头脑中挖掘出大油田、大森林、大煤矿……

——任正非

文化是一个企业生存和发展的灵魂，是推动企业发展的不竭动力，是企业核心竞争力的重要组成部分。优秀的企业文化能够营造良好的企业环境，对内能形成凝聚力、向心力和约束力，形成企业发展不可或缺的精神力量，使企业资源得到合理的配置，从而提高企业的竞争力。

管理学家巴纳德曾在一项研究中发现，组织的源动力来自组织成员愿意付出的意愿和能力。而企业文化就是能够引起成员共鸣、凝聚成员信念和力量，让企业员工信任企业并持续投入工作的一套战略执行系统。

企业文化由使命、愿景和价值观组成，是企业在实践中逐步形成的为全体员工所认同、遵守，带有本企业特色的愿景、使命、价值观等理念文化，以及这些理念在生产经营实践、管理制度、员工行为方式与企业对外形象中的体现的总和。

华为企业文化的基本假设：商道、天道、人道的统一

"商道"回答的是企业为什么存在的问题；"天道"解释企业与环境之间的关系；"人道"则解释企业与利益相关者之间的关系。

（1）商道：创造客户

华为认为企业存在的目的在于创造客户，而企业能够存在并长久生存下去，关键在于三点：①客户价值优先于股东价值；②竞争力优先于增值；③利润是经营的结果。

（2）天道：物竞天择

华为对于"天道"的定义是"物竞天择"，是一种自身求变、自行重组、适者生存的变化过程。如果华为有一天出现巨大的经营风险，那它只能通过适应环境的方式实现自救，构建耗散结构，乱中求治，治中求乱，通过无依赖的市场压力传递，在实战中"野蛮"生长。而在这一过程中，不舒适是永恒的，舒适只是偶然的。

（3）人道："人性化"管理

在处理企业与利益相关者的关系时，华为认为，建立一定规则下有利于自私的机制，对组织进行"人性化"管理，激发善意、抑制恶意，有利于激发员工的积极性，通过完成组织目标为企业创造价值，来促使个人目标的达成，从而实现利己与利他的统一。

华为企业文化的核心价值观是"以客户为中心，以奋斗者为本，持续艰苦奋斗，坚持自我批判"。坚持以价值观来领导，是华为的一大特色。

价值观是企业文化的核心，是组织或个人判定是非或人、事、物价值大小的一种思想和观念。统一的企业价值观能够使所有员工和企业成为一个价值共同体，形成目标一致的行动，进而确保企业经营不会发生根本性的偏离。

2.1.2 价值观是企业经营的最基本准则

小胜靠智，大成靠德！作为一家面向全球的公司，华为拥有 20 万名的庞大员工队伍，如何让有着不同文化背景、不同价值取向、不同思维方式和不同行为习惯的 20 万人齐心协力，推动华为乘风破浪、扬帆远航？仅仅依靠制度和利益是不够的，在任正非看来，一个企业要长治久安，继续保持前进的步伐，就必须树立起全体员工共同认可的核心价值观。

华为今天的核心价值观被概括为："以客户为中心，以奋斗者为本，长期坚持艰苦奋斗，持续自我批判。"其中，"以客户为中心"回答了华为的价值从哪里来；"以奋斗者为本"则回答的是谁创造了价值，同时指明要按贡献给予回报；

"长期坚持艰苦奋斗"强调的是要为客户创造价值;"持续自我批判"则是强调不断自我改进、完善的过程。

这样逻辑严谨且成熟的价值观并非一朝一夕之间形成的,而是经历了一个长期传承、发展和优化的过程。

野蛮生长期:1997年以前,粗放管理

这一阶段的华为,尽管还没有形成明确、系统的核心价值观体系,但存在着大量的文化元素——"口号"。

对于企业的愿景,华为采用的是"竞争型企业愿景",这是一种基于竞争对手的愿景,比如:1992年,华为提出的目标是超越四通;1994年,华为提出"十年之后通信行业三分天下,华为必有其一"。而在使命上,华为将企业文化与国家命运结合起来,喊出了"产业报国,科教兴国"的口号。

另外,华为也有一些价值主张型的口号,例如:

研发人员:板凳要坐十年冷。

市场部:胜则举杯相庆,败则拼死相救。

干部管理:烧不死的鸟是凤凰。

价值分配:绝不让雷锋穿破袜子,绝不让焦裕禄累出肝病来。

……

理性成长期:1998—2005年,初步成型

在这个阶段,华为系统地思考自己的企业文化。1998年3月,历时三年,八易其稿的《华为公司基本法》终于定稿,华为终于有了自己系统的核心价值观体系,同时也标志着华为的企业文化从感性走向了理性,由"摸着石头过河"走向了系统的顶层设计。

愿景与使命 华为的追求是在电子信息领域实现顾客的梦想,并依靠点点滴滴、锲而不舍的艰苦追求,使我们成为世界级领先企业。为了使华为成为世界一流的设备供应商,我们将永不进入信息服务行业。通过无依赖的市场压力传递,使内部机制永远处于激活状态。

员工观 认真负责和管理有效的员工是华为最大的财富。尊重知识、尊重个性、集体奋斗和不迁就有功的员工,是我们事业可持续成长的内在要求。

技术观 广泛吸收世界电子信息领域的最新研究成果,虚心向国内外优秀企业学习,在独立自主的基础上,开放合作地发展领先的核心技术体系,用我们卓越的产品自立于世界通信列强之林。

精神 爱祖国、爱人民、爱事业和爱生活是我们凝聚力的源泉。责任意识、创新精神、敬业精神与团结合作精神是我们企业文化的精髓。实事求是是我们行为的准则。

利益观 华为主张在顾客、员工与合作者之间结成利益共同体。努力探索按生产要素分配的内部动力机制。我们绝不让雷锋吃亏，奉献者定当得到合理的回报。

文化观 资源是会枯竭的，唯有文化才会生生不息。一切工业产品都是人类智慧创造的。华为没有可以依存的自然资源，唯有在人的头脑中挖掘出大油田、大森林、大煤矿……精神是可以转化为物质的，物质文明有利于巩固精神文明。我们坚持以精神文明促进物质文明的方针。

社会责任观 华为以产业报国和科教兴国为己任，以公司的发展为所在社区作出贡献。为伟大祖国的繁荣昌盛，为中华民族的振兴，为自己和家人的幸福而不懈努力。

全球化时期：2005—2011年，国际接轨

原来的《华为公司基本法》带有浓重的中国企业特色以及大学学者特色，而随着华为全球化经营实践的发展，对核心价值体系也有了更多新的要求。为了使华为的核心价值主张与国际接轨，使用国际语言，2005年华为重新梳理核心价值观，提出了新的核心价值观体系。

愿景 丰富人们的沟通与生活。

使命 聚焦客户关注的挑战和压力，提供有竞争力的通信解决方案和服务，持续为客户创造最大价值。

战略

· 为客户服务是华为存在的唯一理由，客户需求是华为发展的原动力。

· 质量好、服务好、运作成本低，优先满足客户需求，提升客户竞争力和盈利能力。

· 持续管理变革，实现高效的流程化运作，确保从端到端的优质交付。

· 与友商共同发展，既是竞争对手，也是合作伙伴，共同创造良好的生存空间，共享价值链的利益。

组织变革期：2010年至今，与时俱进

在这个阶段，华为在上一时期核心价值观的基础上，结合对华为文化在新时期的思考，进一步提炼出了"以客户为中心，以奋斗者为本，长期坚持艰苦奋斗，持续自我批判"这四句话。

企业价值观是企业愿景、使命据以建立以及指导企业形成共同行为模式的精神元素，是企业得以安身立命的根本，是企业提倡什么、反对什么、赞赏什么、

批判什么的基本原则。

纵观华为价值观的演变过程,华为每一次核心价值观体系的变化,都是在原来价值观体系的基础上的优化与升级。对于每一个企业而言,价值观的构筑、传承和不断优化、提升,都必须经历一个长期的、循序渐进的演变和完善过程。并且在这一过程中,广大的企业成员甚至客户都会在不断的参与过程中产生了解和认同,进而成为企业大生态的一部分。

2.1.3　正确的假设引导正确的行为

组织文化是一种基本假设——由特定组织在处理外部适应与内部聚合问题的过程中发明、发现或发展出来的,由于运作效果好而被认可,并传授给组织新成员以作为理解、思考和感受相关问题的正确方式。

——艾德·希恩(Edgar Schein)《组织文化与领导力》(*Organizational Culture and Leadership*)

麻省理工学院艾德·希恩教授认为,在一个组织中,文化的精髓是隐藏在组织成员头脑中的假设和价值观,由于这些假设和价值观的存在,组织成员才会依据特定的形式去执行组织的事务,并由此提出了一种十分著名的文化模式,即三层次文化模型,如图 2-1 所示。

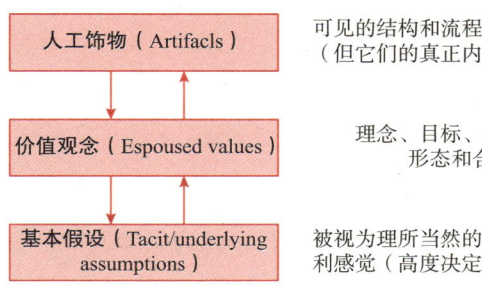

人工饰物(Artifacts)——可见的结构和流程,可观察到的行为(但它们的真正内涵很难被理解)

价值观念(Espoused values)——理念、目标、抱负,意识形态和合理化

基本假设(Tacit/underlying assumptions)——被视为理所当然的、未察觉的信念、观点、思想和感觉(高度决定了人的行为、看法和感觉)

图 2-1　三层次文化模型

在该模型中,企业文化由人工饰物、价值观念和基本假设三个层次组成。前两层是外部人士可以轻易观察和体验到的,其中人工饰物是企业文化的外显部分,包括实物布局、办公环境、着装要求、标语、噪声标准和心理氛围等方面;价值观念则支撑着外显文化,是组织的战略、目标和哲学等。

第三层是早已在人们头脑中生根的不被意识到的假设、信仰、规范等,由于它们大部分处于一种无意识的层次,所以很难被观察到。然而,正是由于它们的存在,我们才得以理解每一个具体组织事件为什么会以特定的形式发生。这些基本假设存在于人们的自然属性、人际关系与活动、现实与事实之中。我们之所以知道第三层的存在，是因为我们自身的内部经验。

结合三层次文化模型以及华为文化实践，SDBE 领先模型认为企业文化一定是源于自身，其内涵即企业上下的共识。只有提出正确的假设（愿景、使命和价值观），才能引导正确的行为（战略和执行），最后产生正确的结果（活得久，活得好）。

如图 2-2 所示，华为文化价值观模型由内到外包括价值标准（MI）、规范体系（BI）、文化外显（VI）三个层次。其中，价值标准层包含了华为文化的基本假设和愿景、使命、核心价值观、管理哲学等；规范体系则是指华为内部行为规范、制度流程等；文化外显即华为所体现出来的文化表象，包括其行事风格、形象、态度、文化氛围等。

文化外显（VI）	行事风格/形象/态度/文化氛围……
规范体系（BI）	制度流程/行为规范
价值标准（MI）	愿景/使命/核心价值观/管理哲学
	基本假设

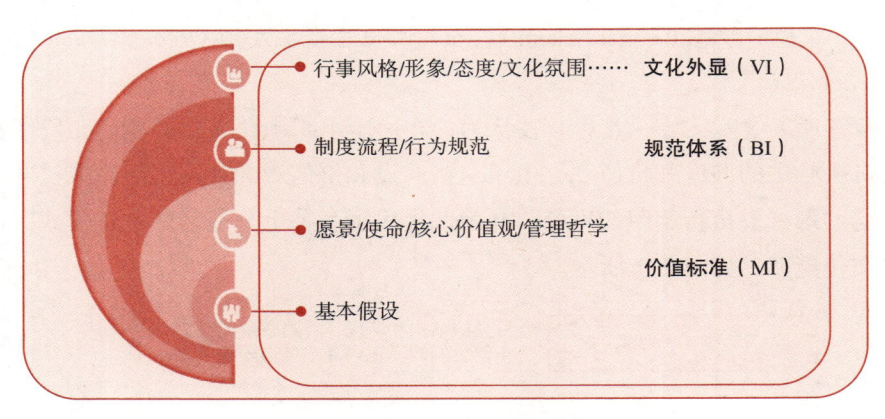

图 2-2　华为文化价值观洋葱模型

由此可知，真正决定一个组织管理模式的就是存在于人们头脑中的价值和信仰。而一个组织的管理者如果能够将头脑中的理念转化为组织共同的价值取向，那么就能建立起统一的行为准则。当组织以同样的原则、同样的标准去做所有的事情的时候，组织的统一性就越来越强，所有人的沟通效率就越来越高，做事越来越容易、协同越来越好。

华为创始人任正非非常善于通过自己的思想鼓动华为人朝着共同的方向行动，从而落实他的思想权和文化权。比如华为内部经常举办的思想文化宣导会议、思想文化培训诸如此类的文化宣贯活动，其中最特别的一种贯彻华为思想文化的方式是辩论赛。通过辩论赛，任正非能够有效地传达他的思想，影响华为人的想法。

【案例】华为新人辩论赛:"艰苦奋斗需要加班吗?"

2022年3月,竹内亮导演的《华为的100张面孔》纪录片第2集发布,里面有一个关于如何理解艰苦奋斗、加班文化的辩论场景。

其中,正方(占30%)认为需要加班,反方(占70%)则认为不需要加班。双方大致辩论思路如下:

正方:据斯坦福最新研究,人们每周工作50小时是最高效的,所以每周可以加班10小时;还有一个研究表明,人在晚上九点左右是最有创造力的。

反方:正方用研究数据来说明可以加班10小时,但是没有这个必要。加班有两个原因,一是你效率不高,二是你能力不够。你觉得你属于哪一种呢?

正方:我们是奋斗者,华为聘请2个人干5个人的活儿,拿3份钱,所以你不加班肯定是完不成任务的。

反方:所谓艰苦奋斗,艰苦是客观环境,奋斗是解决问题的手段;加班是一种手段,但绝非最优的手段;所以我们要发挥自己的主观能动性,提高自己的能力。

实际上,华为举行辩论赛并不是要员工面红耳赤地争论出个高下,而在于通过这样一次次大张旗鼓的、上下都关注的文化宣传活动,将任正非的想法显化出来,让华为人能够更深刻地理解华为文化。就像这次的新人辩论赛,最终也没有一个标准答案,但是却很好地让新人记住了"长期艰苦奋斗"这一核心价值观,同时也在整个辩论的逻辑思考过程中对这句话有了更深刻的理解,而不再是挂在口头上的一句简单的话。

企业文化对于人的约束力远远胜过规章制度。所以,任何一家企业,不仅要把文化价值观彰显出来,而且要实实在在落地。只有确保企业文化价值观正确反映从战略规划到执行中的各个环节,才能真正推动企业长远发展。

企业各级领导者,都必须要在文化价值观的提炼、传承和践行上下苦功,要学会善于使用各种工具和方法,调动非物质激励的作用,使组织或团队中的每个人都能发自内心的行动,这样才是打造高绩效组织的基础。

2.2 业务的领导力是根本

领导力是贯穿整个战略管理过程的关键环节,公司各级管理者均需要一定的领导力来完成各项工作。一般而言,职级越高、影响越大的主管岗位,所需要的领导力越高。

2.2.1　领导力贯穿整个战略过程

领导力并不是组织赋予个人的权力，而是领导者带领大家识别影响公司未来发展的战略问题，不断深入洞察和剖析，并顺利将其解决的能力。

各级主管作为企业文化及价值观的承载者，均需要一定的领导力来确保将企业文化与价值观反映到战略规划和执行中的各个环节。因此，领导力贯穿整个战略规划与实施的全过程。

战略规划

首先，在战略规划与实施的不同阶段，领导力的体现各有侧重。

在这一阶段，公司的最高管理层或者业务板块的总负责团队需要有足够的战略领导力以及战略定力，引导管理层制定战略意图。在这一过程中，不仅要着眼于今年或者明年的销售目标，更要带领公司或者团队突破市场天花板，并且对公司的投入以及进入的目标市场进行取舍，实现企业战略性成长或者转型升级。

其次，管理者需要根据战略意图安排资源开展研究和分析工作，例如：公司所在的行业和计划进入的行业变化及规模情况；现在以及潜在竞争对手（甚至包括来自隔壁行业的竞争对手）情况；国际和国内大环境的变化带来的影响以及对客户现在及未来可能变化的研究和分析。同时，还要有足够的判断力从中得出正确的结论，以指导公司未来发展。

最后，管理者还需要结合现在和未来规划，利用自身的商业规划能力，为公司接下来的发展制定精准的竞争战略，例如成本领先战略、差异化战略、集中化战略等，从而促进公司战略目标的实现。

战略解码

战略解码是战略规划与执行闭环的有效衔接点，在这一阶段，管理者必须有足够的理解力，把战略规划的任务进行层层分解，转化成一系列有定性、有定量、可操作的计划和措施，让全体员工能够充分理解、形成战略共识并且充分执行落地。

同时管理者还需要一定的人际关系连接力，让各关联部门、关键负责人能够认同、承担并执行解码后的任务。

战略执行

在这一阶段，管理者需要理解力去吸收消化战略规划，设计并制定对应的文化制度、关键人才的准备和输送计划以及配套的组织架构及变革方案去支撑战略的执行与落地。

另外，组织中不同层级的管理者，对领导力的要求也各有侧重。

印度裔管理大师拉姆·查兰在《领导梯队——全面打造领导力驱动型公司》中指出："组织中不同层级的领导者都有对应的领导力描述：一是清楚地知道组织对他们所在层级的期望以及他们应该扮演的角色；二是拥有承担这些责任所必需的关键核心能力；三是持续展现组织期望的领导行为并真正扮演好各自的角色。"

如表2-1所示，我们可以看到，在一个组织中，领导力是从集团最高领导人到普通员工都应具备并体现的不同能力的组合。

表2-1 拉姆·查兰：不同层级的管理者需要的能力

层级	能力表现
从管理自我到管理他人	管理者需要兼顾个人与团队，主要工作包括：制订工作计划、合理分配工作、激励下属、进行教练辅导、实施绩效评估等
从管理他人到管理经理人员	管理者做纯粹的管理工作，包括选拔人才、分配工作、评估下属、教练辅导等
从管理经理人员到管理职能部门	管理者开始接触专业外的内容，包括制定战略、跨部门协作、争夺资源和适当授权
从管理职能部门到事业部总经理	管理者的能力主要体现在领导技能、时间管理、工作理念等方面
从事业部总经理到集团高管	集团高管必须擅长战略规划、调配资源、提高核心能力、评估业务和培养下属等工作
从集团高管到CEO	管理者的能力主要集中在制定经营理念上，包括洞察机遇、权衡业务取舍、平衡利益关系和培养领导人才等

在企业的战略管理过程中，战略管理工具只能为企业带来方法论，而战略只有通过企业自上而下的彻底执行才能看到最终结果，而这样的执行力需要领导力去贯彻。因此，领导力贯穿整个战略过程，是战略管理的根本。

2.2.2 激发他人工作热情和创造力，实现熵减

战争打到一塌糊涂的时候，高级将领的作用是什么？就是要在看不清的茫茫黑暗中，用自己发出微光，带着你的队伍前进，就像希腊神话中的丹科一样，把心拿出来燃烧，照亮后人前进的道路。

——任正非

作为华为的创始人，任正非在大的战略目标和企业追求上指引华为前行，用自己的精神和行动聚集并激励无数华为人持续奋斗。这就是领导力的体现。

根据 SDBE 领先模型，领导力在各级组织中具有三大作用：①指明组织方向；②牵引组织前进；③决定组织气质。

领导者能够指明组织方向

一位优秀的领导者最重要的职责就是明确企业发展方向，带好团队。只有给员工清晰地指明了努力方向，领导者才能聚焦于自己的本职工作，解决企业发展过程中诸如发展方向、战略等关键问题。

美国前总统里根认为，带领团队好比划船，有人掌舵，有人划桨。作为管理者，只有掌握好"掌舵"与"划桨"，才能从众多纷繁复杂的事务中抽身处理好大事。如果处理不好各种事务之间的关系，不仅会导致身心俱疲，还会导致"触礁"，造成船体下沉。在里根看来，"掌舵"就是带领队伍，给队伍指明前进方向，而"划桨"等琐碎的事情应该交由其他人去做。

真正掌握好这些技巧的领导者能够带领团队取得巨大成就。在一个企业中，领导者是组织的领路人，面对不确定的未来，领导者要积极创造条件，寻找机会，带领团队努力开创未来。

在艰难时刻牵引组织前进

美国领导力研究中心（CLS）创始人保罗·赫塞博士曾表明："'执行力'本质就是'领导力'问题，企业执行力的获得，要靠推行情境领导，即根据被领导对象的情况来决定自己的领导方式和行为。"有领导力，就需要执行力，组织的前进需要执行力来推进。

世事十有八九不如人意，企业的发展更不可能一帆风顺。从某种意义上讲，管理者解决具体问题，特别是解决难题的能力，决定了员工的执行力。在很多时候，团队整体的高效执行力，就是来源于优秀的领导者；很多卓越的领导者本身就是从优秀的员工开始自己职业生涯的。

此外，麦肯锡合伙人马克斯·兰茨伯格认为，在组织中领导他人的不是计划和分析，而是愿景、感召和动力的统一体，即领导力 = 愿景 × 感召 × 动力。其中，"愿景"是领导者对企业未来和实现目标的途径的准确描述；"感召"是通过领导力使员工产生的一种有所作为的内心力量；而"动力"则是一种支撑组织到达目的地、实现愿景的力量。

愿景：领导者关注的是做正确的事，关注企业将来长期的发展前景，并且致力于寻找必须变革的情景，喜欢冒险，在向员工表达愿景时总是理智夹杂着情感。

感召：领导者依靠信任来联合员工向新的方向前进，告诉员工自己与他们正在为同一个事业奋斗，同时强调整个企业的核心价值观、共同的利益和哲学。

动力：领导者关注工作的效用，总是喜欢问"什么，为什么"，喜欢改革，喜欢运用个人影响力调动员工积极性。

真正有效的领导者会积极运用这三个方面来创造一个坚实强大的统一体，带领大家心往一起想，力往一起使，解决一个又一个发展难题，从而使企业走向更大的成功。

而领导者该如何抓住管理的关键、打造出一个具有强大执行力的团队呢？麦肯锡公司也给出了答案：

·明确管理职能。不同的岗位需要不同的管理职能，管理者的管理职能是和企业的发展相关的。

·明确企业发展的核心问题。不管管理者要做所有的事情还是做关键的事情，其目的都是让企业在良好的轨道上运行。管理者要做出有意义的管理行为，就要知道企业发展的关键。

·管理者要做好监督和指导。员工在任务执行过程中不仅需要主观学习，更需要管理者的监督和指导。

领导者注入热情，决定组织气质

《盐铁论·疾贪》中说道："欲影正者端其表，欲下廉者先之身。"意思是说，要想影子正，就端正个人仪表；要想叫下属廉洁，自身就要先廉洁。简而言之，就是要以身作则。

心理学家发现，企业中的员工总是会自觉不自觉地模仿上司的习惯。由于对自己的职场之路缺乏自信，员工就会下意识地通过模仿、学习某个人的言行来获得成长。而当遇到言行与自己期望一致的领导者时，他们就会向他靠近，不自觉地模仿他，以他为目标和奋斗的榜样。

因此，在企业中，一位领导者的作用不仅仅在于管理员工和制定战略，更表现在以一种良好的表率作用引导团队的积极行为，从而塑造一种向上的组织氛围，进而演变为企业文化的一部分，形成企业形象或者气质。

麦肯锡日本分社的社长大前研一在担任社长的十几年里，公司总是保持一种良好的工作氛围，公司的任务也总是能够出色完成。在被问及自己的卓越领导秘诀时，大前研一说自己采取了一种简单的方法：他将每个任务结果预想为100，并且在下属完成工作后，用100减去下属的工作，剩下的差额，他则会想办法去努力完成。

榜样的感召和示范作用会鞭策员工自发的努力和向上。在企业中，领导者的表率行为就是榜样，但是由于领导者每天的工作十分繁重，在员工面前树立榜样是一件不切实际的事。因此，麦肯锡建议企业领导者可以从两个方面实现以身作则：

·对待自己要比对待员工更严格。特别是可以利用自己的失误，对自己施行更为严厉的惩罚，让员工知道哪些该做哪些不该做。

·在员工当中树立标杆来引导其他员工的行为。一方面是员工之间的接触机会更多，另一方面是能够激发其他员工的竞争心理，"别人能做到的自己也应当做到"。

在一个企业中，领导力是战略管理的根本。它能够有效激发员工的工作热情和创造力，并在有限的资源条件下带领组织朝着战略目标前进，走向成功。

2.2.3　带领团队从成功走向成功

正如企业在不同时期需要作出战略改变一样，领导者也需要通过不断学习来提升自己，以便在企业战略转型时带领团队走向另一个成功。

在这里，我们找到了一个国内持续在对标华为管理的优秀公司的实践，医疗器械领域的迈瑞公司在领导力发展方面的案例。

【案例】迈瑞公司：领导力发展与企业战略匹配

2011年，迈瑞公司开始实施战略转变——从单一的产品供应商向医疗设备整体解决方案的提供商转变。同年，迈瑞公司正式成立管理学院，并构建了迈瑞的国际化领导力培养体系，推出了匹配领导力发展计划，即三大人才发展计划：

·针对公司高管层的领瑞计划。

·针对总监级员工的智瑞计划。

·针对经理层员工的启瑞计划。

为适应企业战略的转变，迈瑞公司逐步推进领导力三大计划，形成了阶梯式发展的领导人才培养梯队。

在领导力发展项目中，为了将高层管理者凝聚在迈瑞公司的战略远景和组织目标中，迈瑞公司给每个高管制定了有效的个人发展计划IDP。迈瑞公司管理学院副院长黎亮强调，"我们推IDP，通过公司的战略方向，结合岗位要求以及个人的领导力发展领域来制定，确保每个管理者的IDP的执行，保证个人领导力的提升与公司战略方向保持一致。"

其中，有两个项目在管理层中做得比较成功：

一个是商业运营模拟项目。在商业运营模拟项目中，可以让经理人清楚认识到自身在业务中的长处和短处，引导他们思考如何进行后续的改善和发展。

另一个是领导力测评和发展项目——"照镜子"。以往很多管理者没有过多地去关注人，而项目结束后，管理者除了关注业务目标外，开始对人更加关注。这个项目的作用在于引导管理者发挥其领导力创造好的组织气氛，带领团队达到或超过原有的业绩。

2012年8月，迈瑞公司成立各大业务事业部，组织架构向事业部制转型。此时，在领导力的培养方向上，迈瑞公司管理学院也进行了调整，尤其是对领瑞计划中的高管。事业部制组织对领导者的全局思维、统筹能力、商业敏锐度有更高的要求，因此在领导力发展项目中，会更加注重培养领导者的这些能力。

根据迈瑞公司的领导力发展案例，我们不难看出，对于企业而言，不同的发展阶段都要求管理者具备特定的思维方式和技能，以保证顺利应对特有的风险和变化。因此，企业应该匹配战略需求，不断提升管理团队的领导力，从而推进企业领导力的持续发展。

领导力发展是帮助被开发者挑战自我、突破极限，成为基于公司价值观的卓越领导者的行为。纵观当今国际大型企业，均是通过整合培训资源，建立企业大学，更新培训理念，创新培训方式等手段来促进企业领导力的发展，从而提升管理者的领导力，进而提升企业核心竞争力，以应对激烈的市场竞争。

【案例】通用电气公司（GE）领导法："克劳顿村"

1956年，GE建立了人类历史上第一所企业大学——"克劳顿村"（杰克·韦尔奇领导力发展中心）。"克劳顿村"是GE培养中高层管理人才的摇篮，其使GE的领导力处于全球企业领先地位，被称为企业界的哈佛商学院。

GE在领导力培养方面，为员工的业务能力和工作表现建立了"员工业绩评估和发展体系（Session C）"，并将员工培训嵌入该体系的流程中。"员工业绩评估和发展体系"是GE年度人力资源绩效评价流程，根据其评价结果，组织可以确定员工在岗位胜任能力评价图中的位置，然后对员工现在和未来的需求进行规划：10%的员工不合格，则急需培训或转岗；70%的员工能够胜任工作；20%的员工是岗位模范，则应该得到更多的培训机会和提拔重用。

在这一套领导力培训体系中，GE将领导力和价值观放在了极其重要的位置，项目和课程会随着公司对领导力要求的发展而更新，从而保持与公司价值观的高度一致。并且推行"以解决问题为目的"的培训方式，在培训中解决企业发展中遇到的问题，管理中遇到的问题，形成解决方案，并付诸实际。

这种培训方式，既凸显了培训的实效性，同时也凸显了其对公司核心业务的影响力。

但是像 GE 这样拥有从培训理念到课程开发、从培训计划到培训实施、从能力模型到评估工具等领先、成熟领导力培训体系的企业并不多，大多数中小企业更多是采取传统的培训课程或者一些商学院课程的方式来实现领导力的提升，然而这种方式不仅需要很长一段时间才能看到成果，并且很多时候还收效甚微。

随着市场的变化，员工对领导力发展计划的自主性和手段多样化也提出了越来越多的需求。在领导力发展项目中，各个组织也都在探索一些新的工具和方法以适应员工的当下需求。比如，将游戏和模拟训练引入领导力的学习流程中。这种方式，一方面可以提高员工的参与度，另一方面也能通过合作共创快速产生成果。

此外，正如管理学大师詹姆斯·库泽斯所说："领导力是普通人也能使用的，把他们自己和其他人的最好状态发挥出来的一个过程，当你把自身的领导力释放出来的时候，你就能成就非凡的事业。"领导力并不仅仅是领导者才要具备的，而是所有人都要具备的。在此基础上，普通员工领导力的发展提升，既能成就个人的事业价值，同时也能助力企业的发展。

2.3　干部是成功的决定因素

"火车跑得快，全靠车头带。"华为能取得今天如此大的成就，关键之一就在于打造了一支具有高度的使命感与责任感、敢于担当、能带领组织前行的颇具规模的干部梯队。

什么是"干部"？"干部"是人事组织系统中的说法，最早起源于法国，后从日本传入中国。随着时代的发展，"干部"的词义由"党组织中的骨干、中坚分子"逐渐延伸到"企业中的骨干分子，包括管理者、技术创新者和具有特殊技能的专家人才"。

2.3.1　明确干部的使命与责任

在华为，干部政策、干部管理一直是人力资源管理体系建设中的重要组成部分。2018 年，华为更是直接将干部管理从人力资源管理体系中分离出来，成立"总干部部"，并明确了干部担负着传承价值观、发展业务、带领与激励团队、推动企业管理改进的使命与责任。

核心价值观的传承者

一个企业能长治久安的关键，是其企业文化被接班人接受认可。按华为的说法，接班是广义的，是每件事、每个岗位、每个流程发生的交替行为，各个岗位都有接班人。因此，干部队伍肩负着培养接班人的责任，是企业核心价值观传递中最重要的纽带。

企业文化只有得到员工的认同，才能内化为员工的信念，进而落实到其行为上，转化为公司的竞争力。在接班人培养过程中，华为要求干部除了要提高业务能力，还要身体力行、以身作则，帮助员工理解和认同企业文化，同时还需及时对员工的思想进行引导和纠偏。

业务目标的责任者

干部作为公司的管理者，也担负着组织的业务发展责任。华为坚持"以客户为中心"，为客户服务是华为存在的唯一理由。因此，华为干部在实现业务增长上，首先就要聚焦客户需求。

对此，任正非软硬兼施，坚持认为高级干部之所以能够进步，是因为"天天与客户在一起，通过与客户的接触产生思想上的火花"，并且要建立"每周几次见客户的制度"，"全公司上下都要围绕客户转"。

其次，在聚焦客户需求的基础上，干部要带领团队沿着正确清晰的方向作战。华为要求高级干部要构筑长远的战略思维，有清晰的方向，善于在纷繁的事务中抓住主要矛盾和矛盾的主要方面，识别关键任务，并控制好完成这些任务的合理节奏和灰度，谋定而后动，紧紧抓住长期有效增长和优质服务，促进企业成功。

华为认为，企业长期有效增长的本质是企业价值的增长，企业价值的增长不是单纯的销售额增长，也不是单纯地追求利润，而是获得合理的利润增长，是实现"一定利润率水平上的成长最大化"，即实现在一定的利润水平上持续增长，这才是企业保持长远发展的条件。

管理改进的推动者

华为强调企业管理的目标就是流程化的组织建设。通过建设流程化组织，摆脱企业对个人的依赖，实现简洁有效的端到端连通，降低企业管理成本，提高公司内部运作效率。为此，干部作为公司的管理者，要引导公司员工共同去推动公司的流程化组织建设。

一方面，华为要求业务部门的一把手要担负起流程的责任，建设符合业务规则的流程、业务决策机制、流程风险内控和问责机制；另一方面，干部还要注重引导和督促下属养成按流程做事的习惯，创造良好的氛围，使工作流程得以有效地运转。

随着时代的快速变化，再先进的管理流程也会变得僵化，因此干部还要随着时间和业务的变化对业务流程进行不断的优化和改进，从而创新一套适合自己的流程模式。对此，华为的做法是有效利用 ECRS 法则[①]，在进行 5W1H 分析的基础上，寻找流程改善的方向，构思新的工作方法，以提高工作效率。

高绩效团队的建设者

华为强调作为组织的领头人，干部要均衡开展组织建设，抓好团队管理，关注和培养下属的成长，以最大限度地激发组织活力，带领团队高效地实现组织目标。

多年以来，华为一直相当重视组织能力建设与变革。例如：通过优化组织功能，提升组织的人力资源管理效能；通过改进和提升组织管理，实现组织经营业绩的大幅增长。在开展组织建设的过程中，华为要求干部发挥自己的作用，抓效率提升，确保以客户需求为中心的战略得以落实。

正如杰克·韦尔奇所说，"我的主要工作是培养人才"，帮助下属成长也是干部的重要工作之一。干部有责任为下属提供工作上的指导，不只是简单地教授知识和技能，而是要在深入了解下属个性与能力的基础上，引导他们进行自我学习和完善，从而实现下属工作能力的提升。

此外，华为鼓励内部各团队形成兼具进攻性和管理性的"狼狈组织"，正职与副职能力互补、合作共赢。再通过明确员工的权责，使得员工各司其职，实现团队间的高效协作，进而更好、更快速地带领团队实现组织目标。

对于干部职责的概括，华为内部还有一个非常形象的说法，即"布阵、点兵、陪客户吃饭"。其中，"布阵"就是价值观传承、战略部署和组织建设；"点兵"是干部选拔、使用、考核以及接班换代；"陪客户吃饭"则是倾听和满足客户需求，创造企业价值。

---

① ECRS 法则，即取消（Eliminate）、合并（Combine）、调整顺序（Rearrange）、简化（Simplify）。

2.3.2 干部领导力标准与应用

基于干部对于企业管理的重要性,华为针对各层级干部不同的任职条件,开发了基于能力素质的干部领导力模型。干部领导力模型包括素质和胜任能力两个维度,素质包括性格特质和价值观等内容,胜任能力则为冰山上看得见的是胜任干部岗位所需要的知识技能与能力要求。

华为领导力素质模型涵盖了发展客户能力、发展组织能力以及发展个人能力三个核心模块,共包括九项素质。发展客户能力包括关注客户以及构建伙伴关系;发展组织能力涵盖团队领导力、塑造组织能力以及跨部门合作;发展个人能力包含理解他人、组织承诺、成就导向以及战略思维。这九项素质也成了评价华为干部能力的标准之一,被称为"干部九条"。其中,每项素质都被划分为四个层级,如表 2-2 所示。

表 2-2 华为干部素质层级划分

模块	素质	层级划分
发展客户能力	关注客户	层级一:响应明确的客户需求 层级二:解决客户的担忧,主动发现并满足客户未明确表达的需求 层级三:探索并满足客户潜在的需求 层级四:想客户所未想,创造性地服务客户
	构建伙伴关系	层级一:对外开放,建立联系 层级二:开展对话 层级三:共同发展伙伴关系 层级四:寻求共识,实现双赢
发展组织能力	团队领导力	层级一:任务式领导 层级二:设定高绩效团队的行为期望 层级三:授权团队 层级四:鼓舞士气,影响团队
	塑造组织能力	层级一:理解执行组织、流程,并识别需要改进的领域 层级二:指导团队 层级三:匹配人力资源,发现、培养后备干部 层级四:进行组织或流程的重新设计,建立干部梯队,以持续提升绩效
	跨部门合作	层级一:尊重他人并贡献自己的观点 层级二:处理冲突,愿意妥协 层级三:主动理解其他部门的需要,采取行动提供帮助,寻求双赢 层级四:整体利益最大化

续表

模块	素质	层级划分
发展个人能力	理解他人	层级一：识别情绪和状态 层级二：理解情绪和表达 层级三：理解真实意图 层级四：理解深层问题
	组织承诺	层级一：努力融入组织 层级二：展现公司形象 层级三：认同及传播公司核心价值观，以实际行动支持公司 层级四：为公司利益做出牺牲
	成就导向	层级一：把事情做得更好 层级二：设定并实现挑战 层级三：做出成本/效益分析 层级四：敢于冒经过评估的风险
	战略思维	层级一：通过发展趋势来实施战略 层级二：运用复杂的理念去实施战略 层级三：深入浅出地去洞察战略 层级四：对业务重新构思或创造新的业务概念

华为领导力素质模型对于每种能力下覆盖的具体能力要求，皆设定四个层级能力水平，以便界定员工的能力水平。

经过实践之后，华为"干部九条"逐渐演化成了华为"干部四力"（见表2-3），对不同岗位干部要求不同的能力。"干部四力"模型成为华为评价干部绩效的重要参考因素，为华为各类干部的选拔和任用提供能力框架。

表2-3 华为对干部领导力的要求

能力维度	具体说明
理解力	能正确领会上级领导意图，明确理解其他部门配合请求、下属的需求和工作计划，更重要的是能明白客户的要求和潜在需求
执行力	明确的目标与责任人、及时的激励、严格的考核、畅通的沟通、有效的辅导等都是执行力需要注意的方面
决断力	需要在各方利益纠缠不清时勇于担当责任并指明战略方向，带领团队最终实现目标；是一种对于直觉的把握能力和缜密思考的判断能力的综合体
人际连接力	虽然说每个职位都有其职能描述，但通常情况下屁股决定脑袋，任何一件跨部门的事情都需要责任人的持续推进和跟踪，这就要求责任人具备足够的人际连接能力

其中，理解力、执行力以及决断力是干部所应当具备的最核心的能力。并且华为认为由于不同层级干部在企业中承担的责任和扮演的角色往往是不同的，因此对于不同层级干部的能力要求的侧重点也是不同的。所以对于业务部门的正职干部，也就是说主管，要强调敢于进攻，敢于胜利，重视"决断力"；而其副职干部，则要善于精细化管理，擅长落实主管的指示，强调"执行力"；后端职能部门的主管，也就是机关干部，要做好为一线的服务，需要善于倾听，强调"理解力"。最后，以上三项能力都是以"人际连接力"为基石，要善于互相团结，和而不同，从而形成组织合力。

领导力素质模型构建完成后，最重要的是将其应用于人力资源管理：包括人员的招聘与选拔、后备干部培养计划、培训与发展、绩效管理以及薪酬体系，以及干部管理的全过程，尤其是干部梯队的建设和后备干部的培养方面。

2.3.3 干部梯队建设和后备干部培养

"问渠哪得清如许，为有源头活水来。"组织要保持活力，就必须建立起一套能让人员流动起来的机制，一方面创造内部竞争环境，提供实践机会，在实战中培养和发展员工的综合能力，建设干部梯队；另一方面注重后备干部队伍的培养，保障企业事业的持续发展。

训战结合的干部成长模式

"天下之事，闻者不如见者知之为详，见者不如居者知之为尽。"同理，华为坚信将军不是培养出来的，而是打出来的，没有艰苦的战争磨难，是不会产生将军的。因此，华为不断优化培训体系，采用作战的方式组建队伍，坚持在实战中选拔人才。

为帮助团队成员不断超越自我，华为建立了各种培训中心和在线学习平台，鼓励各层级干部努力学习先进的科学技术、管理技能、科学的思维方式和工作方法，持续进行自我赋能，提升自身综合能力；同时运用好课程培训的方法，督促下属养成自我赋能的习惯，为公司的持续发展输出人才。

不过高级人才光靠企业的培训是培养不出来的，最优秀的人都是靠自我培训出来的，企业只是选拔者，并不是培养者，因此员工个人要有进步的渴望，如果没有渴望进步的压力和动力，任何的支撑和平台都是没用的。

华为主张在实战中提升关键能力，强调"实践出真知"。在干部的能力培养上，坚持采取训战结合的方式，通过轮岗、挂职锻炼、项目制工作、跨部门工作组等方式为员工提供更多实践机会，帮助员工快速成长。

轮岗：有计划地调换干部的工作岗位，以培养干部的总体能力和素质；

挂职锻炼：在保留现有职位的基础上，让干部兼任其他单位或部门的管理副职或助理岗位，增加干部的管理实践；

项目制工作/跨部门工作：让干部参与重大项目，特别是管理变革类项目，并针对性地安排相关工作，提升其综合素质和能力。

训战的重点在于"战"，而非"训"，"训"是手段，而"战"是目的。为培养优秀的科学家、营销专家、管理专家，华为采取了"低重心"战略，促使员工在实践中成长。只有通过不断的实践，在实践中锻炼，在实践中成长，员工的能力才能得到提升，潜力才能得到激发。

为了让广大华为员工发扬艰苦奋斗精神，深入一线了解站点交付流程，华为建立了训战结合的培训平台。张泽波是华为 GTS 员工培训平台部硬装工程营教师，担任硬装培训教师已经五年。他所在的培训部在各个区域都搭建了硬装培训基地，他带领学员到站点进行华为理论传授和设备安装，其实跟合作方的施工队长差不多。培训部的站点选址可谓上天入地，因此，张泽波带领学员们奔忙在连绵起伏的高山上，穿梭在万木争荣的森林里，出入高耸入云的高楼，钻进阴暗潮湿的地下室……经过培训和重新赋能，有的学员回到了原来的岗位，有的学员去了新的岗位，利用崭新的知识，在新的舞台上发光发亮。

正如任正非所说："华为给人才最大的发展优势就是实践机会，当下的战场就是我们交付项目，我们要敢于'亮剑'，不但要交付价值令客户满意，也要把利润带回公司赢得军功章。"华为之所以人才辈出，正是因为它给员工提供了很多的实践机会，工作中的每一次困难与挑战，每一次问题的思考与解决，都是个人经验的总结和积累，以及能力的突破和提升。

建设后备干部队伍，保障事业持续发展

我们要加快后备干部的选拔，要给新人机会。后备干部的提拔是公司的一项战略政策。公司在发展的过程中到处都缺干部，干部培养不起来，那我们就可能守不住阵地，可能要败退。

——华为 EMT 纪要〔2008〕028 号

由此可见，华为领导者相当重视后备干部的选拔和培养工作。为了构建让后备干部持续涌现的机制和体系，华为明确规定了各部门承担各自的责任，跨级、跨部门对人才进行推荐和规划，实现各部门协同配合推进后备干部梯队建设，通过建立多梯队、多梯次的人才管道，确保公司每个岗位都有继任者。

与此同时，华为还将目光投向外部，构建面向未来的人才结构，在全球各地建立人才梯队，将国内外多个领域、多个学科的顶尖人才聚集到华为，以借助这些来自不同领域、有创造性见解和多角度思考能力的人才构建更优的人才生态链，提升华为在全球市场的核心竞争力。

在一次 EMT 纪要中，华为提到："后备干部和梯队的培养要结合公司的业务发展战略和规划，根据业务发展规划，基于管理岗位需求，做好后备干部培养计划。"企业的人力资源管理必须了解业务发展战略情况，结合战略目标预测出每一步需要什么样的人才作支撑、人才需求数量是多少、何时引进比较合适等内容，才能有针对性地进行干部队伍建设，最终实现对业务发展的有效支撑。

因此，华为坚持以业务战略牵引人才发展，根据客户的需求以及业务需要搭建人才梯队，并且通过强化资源池管理以及内部人才市场的运作，给人才提供发挥才干的机会与平台，促进员工的有序流动，实现人才资源的优化配置。

华为认为干部最好的赋能模式就是训战结合，因此采用"低重心"战略进行战略预备队运作：一方面让员工苦练基本功，另一方面强化员工的实践能力。目前，华为已经建立了解决方案重装旅、重大项目部、项目管理资源池、消费者 BG 等多种战略预备队。

战略预备队是华为非常重要的能力转换平台。作为一家成立超过 30 年的企业，尤其是科技企业，要想持续保持组织活力，要给优秀干部专家赋予新能量，增强组织的血液循环。战略预备队聚焦华为未来业务所需能力，为公司持续发展培养后备干部，提供人才保障。

此外，华为提倡用员工的个人发展计划牵引人才发展，其中比较典型的做法就是华为推行的继任人才个人发展计划（IDP）。IDP 是一个帮助继任人才进行能力提升的工具，它勾画出个人的优势、兴趣、目标、待发展能力及相应的发展活动，并与自己的主管根据现实业务环境与条件达成共识，从而指导继任人才更有效的发展并为公司创造更大的价值。

而对于诸如总裁办、干部部、区域总经理、大客户总经理等至关重要的岗位，华为则推出了继任计划，主要以推动各片区、地区部、系统部等业务单元对继任干部梯队的全面盘点为主，对标目标岗位的能力要求，识别能力差距，针对不同的人才等级制定不同的人才发展策略，根据个人的实际情况制订培养计划，为人才厘清发展路径与方向。

企业的长治久安需要持续的优秀干部队伍，华为通过实施继任人才计划，让每层梯队都有实战者和继任者,以确保企业干部不会出现断层,进而保障企业始终拥有强大的核心竞争力。

2.4 领导干部要拥抱变革

SDBE 领先模型认为,变革是企业管理中永恒的不变,是熵减的核心措施。领先企业要达到质量好、服务好、运作成本低、优先满足客户需求的目标,增强核心竞争力,就必须进行持续的管理变革。

2.4.1 变革是企业管理中永恒的不变

企业变革的核心是管理变革,而管理变革的成功来自于变革管理。当组织成长迟缓,内部不良问题频发,无法应对经营环境变化时,企业必须做出变革策略,对内部层级、工作流程以及企业文化等进行必要的调整与改善,促使企业顺利转型,实现健康稳定发展(见图 2-3)。

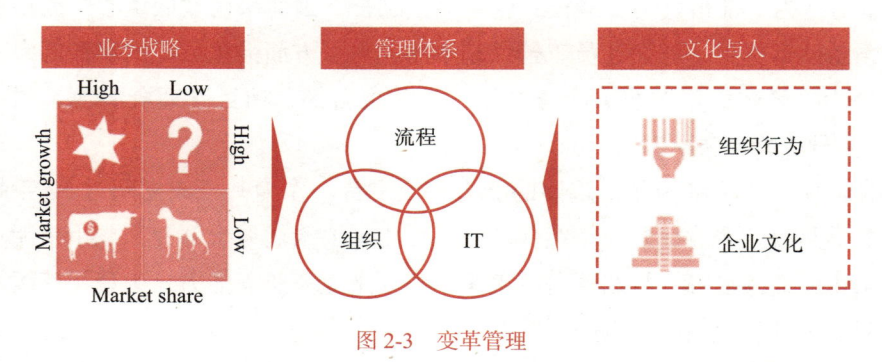

图 2-3 变革管理

企业进行变革管理,不仅需要高管层面制订完善的计划与实施步骤,还需要对变革过程中可能出现的障碍与阻力有清醒认识。变革的成功率并非 100%,然而对于企业而言,面对市场竞争的压力、技术更新的频繁以及自身成长的需要,变革又是绝对必要的。

企业变革管理正是以企业变革作为对象来管理的,企业变革具有变动性,它包括战略变革、组织结构变革、技术变革、流程变革以及企业文化变革等多个方面,因此企业变革的模式也往往体现出动态性,常见的变革管理模式有戴明循环模式(PDCA 模式)、企业流程再造模式(BPR 模式)和价值链模式。

【知识点】企业变革管理模式

（1）PDCA 模式

由美国质量管理专家沃特·阿曼德·休哈特（Walter A. Shewhart）首先提出，并由戴明采纳、宣传，获得普及，又称戴明环。PDCA 模式即计划（Plan）—执行（Do）—检查（Check）—行动（Act）循环往复的管理模式。首先，确定要变革的目标和执行计划；然后，按照计划去执行，并在执行之后对照工作结果和变革目标，确定差异和疏漏，分析这些差异的原因，总结成功的经验和失败的教训，修改执行步骤和注意事项。最后，根据最新的执行计划和注意事项，重新执行，也就是启动下一轮 PDCA 循环。

（2）BPR 模式

BPR（Business Process Reengineering，业务流程重组）模式是"为了飞跃性地改善成本、质量、服务、速度等现代企业的竞争点，必须对工作流程进行根本性的重新思考并彻底改革。"通过对企业战略、增值运营流程以及支撑它们的系统、政策、组织和结构的重组与优化，达到工作流程和生产力最优化的目的。这种模式强调以业务流程为改造对象和中心，以关心客户的需求和满意度为目标，对现有的企业经营过程进行彻底的重新构思和根本的重新设计。采用流程再造的模式，能促使企业的效率和整体竞争力不断提高。

（3）价值链模式

美国著名战略学家迈克尔·波特提出的"价值链分析法"，把企业内外价值增加的活动分为企业生产制造、渠道销售、产品售后等基本活动和人力资源、财务控制、企业目标计划、技术研究与产品开发等支持性活动。这些业务活动共同构成了企业的价值增值基础。价值链模式将这些业务层分解成彼此相关的战略性活动，这些活动之间相互链接，形成为企业创造效益的业务活动链。在这条业务活动链中，任何一项业务活动的变革，必将导致其他业务活动的变革，这样才能保证企业活动有效的进行。这种变革的过程是动态连续且不断改进的，能够提高企业的整体竞争力。

SDBE 领先模型认为管理变革就是要建立一系列以客户为中心、以生存为底线的管理体系，最终确保整个企业瞄准愿景实现，令出一孔，力出一孔，利出一孔。然而一两次的变革并不能对企业的运作产生实际的作用，只有持续的管理变革，才能真正为企业构筑端到端的流程，才能真正职业化、国际化，才能达到业界运作水平最佳，才能实现运作成本低、业务经验有效沉淀、经营管理可视可控、运营效率大幅提升。

华为之所以能实现持续性的增长，关键在于它的变革管理已经体系化了。如

图 2-4 所示，自 1998 年以来，华为开展了一系列流程、组织以及 IT 等方面的重要管理变革。

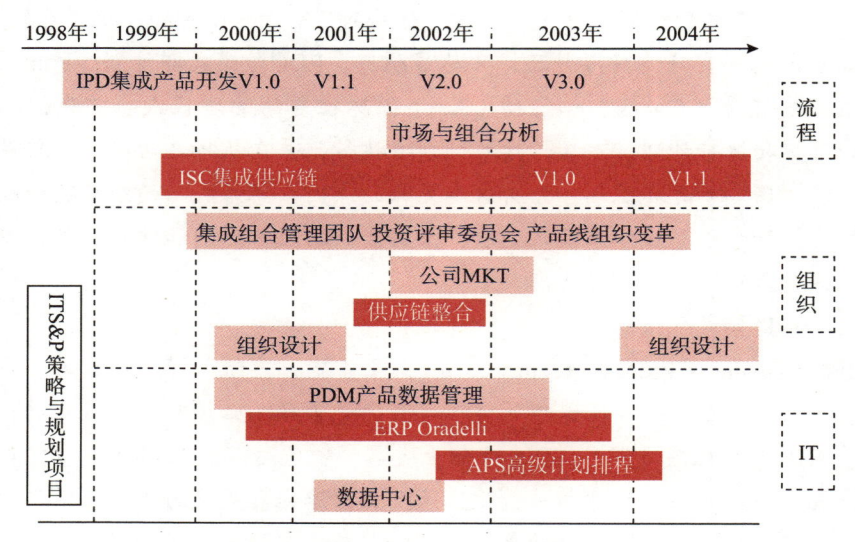

```
           1998年  1999年  2000年  2001年  2002年  2003年  2004年

           ┌─────────────────────────────────────────────┐
           │ IPD集成产品开发V1.0  V1.1      V2.0     V3.0 │       ┌──┐
           └─────────────────────────────────────────────┘       │流│
                          ┌──────────────┐                       │程│
                          │ 市场与组合分析│                       └──┘
                          └──────────────┘
                ┌─────────────────────────────────────────────┐
                │ ISC集成供应链                   V1.0    V1.1 │
                └─────────────────────────────────────────────┘

                ┌─────────────────────────────────────────────┐
                │ 集成组合管理团队 投资评审委员会 产品线组织变革│
                └─────────────────────────────────────────────┘
                                ┌──────────┐
                                │ 公司MKT  │
                                └──────────┘                           ┌──┐
                                ┌──────────┐                           │组│
                                │供应链整合│                           │织│
                                └──────────┘                           └──┘
   ┌──┐         ┌──────────┐                          ┌──────────┐
   │IT│         │ 组织设计 │                          │ 组织设计 │
   │S │         └──────────┘                          └──────────┘
   │&P│
   │策│                ┌──────────────────┐
   │略│                │PDM产品数据管理    │
   │与│                └──────────────────┘
   │规│                ┌──────────────────────────┐
   │划│                │ ERP Oradelli             │
   │项│                └──────────────────────────┘                    ┌──┐
   │目│                        ┌────────────────┐                     │IT│
   └──┘                        │APS高级计划排程 │                     └──┘
                                └────────────────┘
                         ┌────────┐
                         │数据中心│
                         └────────┘
```

图 2-4　华为在流程、组织以及 IT 上的变革

过去一百年来，世界上许多成功的企业都因不能适应变化而倒下，华为通过对组织结构、流程、规模以及组织成员观念、态度等进行变革，实现了由弱到强的蜕变。今天，华为也没有停留在原地，而是继续向前，仍然在坚持变革。

在这个充满变数的 VUCA[①] 时代，没有一个企业能够在维持现状的情况下长久生存与发展，变革已经成为常态。在企业组织变革的过程中，基于实际、立足于实际并且有利于实际改善的变革，才能取得关键性的成功和突破，为组织的优化和进步提供支撑与保障，最终作用于整个企业。

2.4.2　领导力是变革管理的核心

对于变革中的企业来说，领导力至关重要，连续的变革意味着对领导者有着更高的要求。为了最大限度地保障管理变革的成功，减少阻力，需要在企业内部凝聚共识，获得大部分主管和干部的认可。高层干部主导变革，中层干部实施变革，基层干部适应变革，在这一过程中，领导力是企业变革的关键驱动力，是变革管理的核心。

企业变革时期，在推动组织完成既定目标和应对挑战的过程中，领导者激励

---

① VUCA 是 Volatile（易变不稳定）、Uncertain（不确定）、Complex（复杂）、Ambiguous（模糊）的缩写，通常用于阐述我们正处于一个易变性、不确定性、复杂性、模糊性的世界里。

追随者实现自我转变、引导组织变革以应对各种挑战和把握机遇的能力，我们将其称为变革型领导力。

"变革型领导力"最早源于唐顿（Downton）1973年的观点，作为领导力的重要概念出现则是在政治社会学家詹姆斯·麦克格雷格·伯恩斯（James Mac Gregor Burns）于1978年撰写的《领导力》（Leadership）一书中。在这一著作中，伯恩斯试图将领导者描述成那种尽力激励员工，以更好实现共同目标的人。

变革型领导力是领导力的重要概念之一，与领导力既有联系又有区别。二者的联系主要表现在理论根源上和构成要素上；不同之处则在于变革型领导力更强调适时性和应用性，更强调与变革有关的理论和在变革时代中发挥实际有效的作用，是对领导力的深入挖掘和发展。

变革型领导力的适时性是指组织和个人要适应时代变革或转型期的新形势、新发展的要求，结合形势和发展特点调整自身；具体表现为变革型领导者能够及时有效地捕捉到变革的气息，准确把握新形势、新发展的特点，积极能动地使自身和组织符合时代的要求。应用性则是指变革浪潮中，组织和个人自身的观念和行为的具体应用；表现为变革型领导者在变革发生前、发生过程中以及发生后，都能采取适当的措施应用自身或组织的观念和行为。

从适时性和应用性的特点入手，变革型领导力主要由以下要素构成：
① 审时度势的先见力
② 快速把握机遇、规避风险的先决力
③ 推动内部外部合作者密切合作的整合力
④ 领导者和追随者面对风险挑战的心理承受力
⑤ 站在全球角度的融合力和搏击力
⑥ 科学的创新力
⑦ 科学有效的学习力

其中，审时度势的先见力是建立在领导者观念、知识和行动相互统一的基础上的；先决力要求领导者能够在困难和挑战面前，快速把握机遇，帮助企业规避风险；整合力是指领导者善于通过整合资源，为组织积聚力量，增强团队的竞争力；变革不是一帆风顺的，其所带来的风险挑战以及心理冲击是巨大的，因此，领导者还需要具备良好的心理承受力，并把这种观念、意识传授给他人以减少变革的阻力。

当前国际的发展态势要求领导者具备全球角度的融合力和搏击力，以应对群体化、多元化、跨国合作以及国与国、组织与组织之间的力量博弈等一系列复杂问题；变革所面临的不确定性要求领导者具有科学的创新力，为组织寻找一条可持续发展之路；最后，在变革中领导者面临着各种新生事物，因此较于其他领导者，变革型领导者需要具备超常的学习能力，用知识去引导变革，持续科学有效的学习力是他们最为关键的能力。

不断增强变革型领导力的领导者，能够用更加适时的眼光看待变革，能够有效地利用并推动企业管理变革，其广阔的视角、胸怀以及持续创新的观念能够带领企业在这个变革的时代中立于不败之地。

2.4.3　要掌握好变革的烈度和节奏

管理变革是渐进式的，不是疾风骤雨式的，企业组织的调整与变革只有掌握好烈度和节奏，才能保障企业又快又好的发展。针对如何掌握好其变革的烈度和节奏，任正非提出了管理变革的七个反对原则。

坚决反对完美主义

"坚决反对完美主义"是指企业的决策层和执行层不可陷入完美主义的泥淖，事情并非非黑即白、非此即彼，很多时候解决问题的方法就在黑与白之间，过分追求完美，反而容易偏离解决问题的最佳道路。比如在流程体系建设上，华为认为流程是发展的、改变的，聚焦主干流程端到端打通，要先解决"通"的问题，如果追求完美就会非常浪费时间，因此只要大的环节想明白了就可以推行，然后在推行的过程中进行优化和改进。

坚决反对烦琐哲学

"坚决反对烦琐哲学"是指管理者不可拘泥于那些繁杂空洞的形式，从而背离事物的本质规律，忽略最重要的内容。流程的核心是 KCP，即关键控制点，控制点不能太多，要抓住"关键"，否则管理就会越来越复杂，效率也会越来越低下。华为在做流程变革的时候，效仿美国的"川普日落法"（"川普日落法"的本质即简单、务实、有效），通过 EMT 决议内部发布了"1130 日落法"，目的就是为了简化流程，反对烦琐。

坚决反对盲目的创新

华为强调在管理体系上先僵化，保持空杯心态，全面、系统、毫无遗漏地模仿及复制，以学习和理解为主。后续的创新与优化则是一件相当慎重的事情，要立足于能否增强企业的核心竞争力，是否对企业有益，绝不可盲目创新，员工自以为是的创新，相当于对企业资源的浪费。

坚决反对没有全局效益提升的局部优化

任正非表示："我反对没有全局效益提升的局部优化，这样的优化对最终产出没有作出贡献，所以我主张保持稳定，不要去修改它，否则增加了改进的工作量与周边协调的工作量，这也是成本。改动的成本会抵消改进的效益。"局部管理的创新是否合理，要看它是否有利于改善全局的利益，如果一项变革只能给一个部门带来利益，那么这项改革对公司整体而言毫无益处。

坚决反对没有全局观的干部主导变革

华为认为管理者要树立全局观念，培养大局意识，要正确处理好个人利益和集体利益、局部利益和整体利益、当前利益和长远利益的关系，绝不能站在局部的角度考虑问题。因此在企业的管理变革过程中，华为提倡变革一定是以一线干部为主，且主导变革的干部一定要有全局观，没有实践经验的人主导变革就是乱指挥，是拿公司的生命开玩笑。

坚决反对没有业务实践经验的人参加变革

企业的各项改革必须来自实践并指导实践，那些没有业务经验和基层管理经验的人，如果直接参与变革，往往会犯"闭门造车"的错误，甚至拍脑袋、想当然，从而经不起实践的检验，不利于企业变革的进行。因此，任正非认为避免决策失误的有效做法之一就是确保决策层均有丰富的实践经验，并且在变革的过程中经常邀请资深专家做顾问，这些人都是经验丰富的变革高手，不仅敢跟业务人员唱反调，还能提出有效的个人意见。

坚决反对没有充分论证的流程进行实用

流程涉及企业的全局工作，因此企业在执行某项流程时务必要经过充分论证，使其在逻辑上成立且经过测试也仍然成立。流程在逻辑上存在问题，就会出现运行不畅的问题，进而影响企业的正常运转。华为是一家变革常态化运作的公司，但华为在管理变革中始终坚持从实用的目的出发，对变革的流程进行严格的论证与审查，以达成适用的目标，坚持不走极端。

任正非提出的七个反对原则，充满了辩证主义精神，明确地指出了企业在进行管理变革中不能碰的雷区，以及哪些是应该坚持做好的，从而能够帮助企业管理者把握变革的烈度和节奏，保障企业变革的科学性和有效性。

2.5　数字化转型下的领导力发展

当今的国内外形势呈现的易变性、不确定性、复杂性和模糊性，给企业的经营与管理带来巨大挑战：技术正在转型、客户需求多元化、组织变革方向模糊……为了保持营收和利润增长，企业管理转型势在必行，同时也对各级领导的能力提出了更高的要求。

2.5.1　数字化不是信息化的简单升级

在 VUCA 时代，各式各样的新技术、新业态、新产品、新服务层出不穷。小到送餐机器人、数字电视，大到物联网、人工智能，数字经济已然渗透进我们生活的方方面面，而高端、前沿、具有影响力的数字经济成果还在不断迭代更新，正在成为经济增长的新动力、新引擎。

数字经济是指以使用数字化的知识和信息作为关键生产要素、以现代信息网络作为重要载体、以信息通信技术的有效使用作为效率提升和经济结构优化的重要推动力的一系列经济活动。主要包括数字产业化和产业数字化，即数字技术的生产和应用两个方面。

其中，数字产业化是数字经济的基础部分，是数字经济发展的技术支撑，包括电子信息制造业、软件和信息服务业、信息通信业以及新一代信息技术产业等领域；产业数字化则是数字经济融合部分，是数字技术在经济领域的应用，主要表现在用数字技术改造和提升农业、工业、服务业等传统产业上。

为适应时代的变化和更新技术的应用，保证企业的长期生存与持续发展，越来越多的企业家为适应并推动企业数字化转型，试图引入最新的数字化技术和能力，驱动组织商业模式创新和商业生态系统重构，促进企业价值链以及工作流程的优化与改进，进而实现企业业务的转型、创新和增长。

然而数字化转型并不是信息化的简单升级，而是建立在数字化转换、数字化升级基础上，进一步触及公司核心业务，以新建一种商业模式为目标的高层次转型[1]，是战略、业务、流程、组织的全面转型。数据表明，当下认为有必要启动数字化转型的企业超过 90%，而其中有 62% 的企业家对转型的进度、过程以及效果并不满意，可见多数企业在数字化转型过程中困难重重，任重而道远。

数字化转型是一场以科技驱动的变革，能够对企业重新进行赋能，推动企业向高质量发展。

（1）企业组织环境由静态向动态转型

在不确定性增加的环境之下，企业为了提升生存和竞争能力，势必会不断增强组织环境的包容性，使得组织环境呈现动态性特征。基于"大智移云"的

---

[1]　陈劲，杨文池，于飞. 数字化转型中的生态协同创新战略——基于华为企业业务集团（EBG）中国区的战略研讨［J］. 清华管理评论，2019（6）:22-26.

技术环境，组织各层级间的信息传递更加及时和准确，为管理者进行有效决策提供了充足的信息源，大大提升了管理决策的准确性。同时，用户与企业之间、用户之间的互动加强，需求表现为高度的动态性，因外界的持续影响而不断改变。

（2）生产流程由人工化向智能化转型

一方面，数字技术的使用能够实时反映生产状态，将生产环节充分数字化，采集到人工难以采集到的生产状态数据，更准确地反映生产状态。另一方面，数字技术的使用将劳动者从低端重复性的劳动中释放出来，使其集中精力于研发、营销等价值更高的活动，从而提高企业的生产率。

（3）创新行为由封闭式向开放式转型

数字化条件下的创新组织方式是一个由多元创新主体组成的生态化、网络化的创新生态系统。大数据通过实现历史数据与及时数据的匹配，使客户和消费者可以广泛地参与企业技术创新、商业模式创新和制度创新，从而使创新过程更加开放和柔性，也使得企业对生产者偏好和消费者偏好的精准预测成为可能。

（4）企业交易成本由高向低转型

交易成本是企业在经营过程中所花费的全部时间成本和货币成本，具体包括广告、运输、谈判、签约等活动所花费的成本。信息技术的发展和应用使得企业的交易成本不断下降，企业的信息搜寻成本、决策成本以及监督成本都大大降低，极大地减少了企业为了缓解信息不对称而支付的费用、花费的时间和精力。

（5）资产管理由物理资产向数据资产转型

企业围绕数据的采集、加工、存储、应用等环节，将数据资产管理纳入企业的资产管理体系，充分挖掘和释放数据资产的价值、拓展数据资产的应用，成为数字经济时代企业经营的新动能。[①]

数字化转型不仅成为各行各业的共识，政府对此也十分关注。2020年5月13日下午，国家发展改革委员会官网发布"数字化转型伙伴行动"倡议，提出社会各界联合共同构建"政府引导—平台赋能—龙头引领—机构支撑—多元服务"的联合推进机制，加快打造数字化企业，构建数字化产业链，培育数字化生态，支撑经济高质量发展。另外，"十四五"规划中也明确提出要"加快数字化发展，发展数字经济"，推进传统产业数字化赋能改造提升。

---

① 李辉. 数字经济推动企业向高质量发展的转型[J]. 西安财经大学学报，2020，33（2）:25-29.

2.5.2　管理者需具备数字领导力思维

为帮助企业适应数字经济时代日新月异的变化，积极实现数字化转型目标，根据多年咨询经验，结合华为的实践，SDBE 领先模型强调企业各级领导在转型过程中要实现五个转变，即转变意识、转变组织、转变文化、转变方法和转变模式。

（1）转变意识

数字化转型是一把手工程，不仅需要技术的投入，更需要回归业务主导。一把手和各级业务主管需要转变意识，从意识上认可数字化，形成"数字化就是生产力"的理念。

（2）转变组织

转变组织是指在数字化转型过程中，业务部门应该与 IT 部门紧密结合，聚焦业务问题，组建业务与 IT 的一体化团队，由此找准转型的突破口并开展工作，彻底改变企业 IT 部门与业务部门互不相干的局面。

（3）转变文化

数字化转型提倡数据驱动决策，用数据说话，强调平台和共享，要求每个部门、每个人能够在明确的授权下从大平台中获取能力来支撑自己成功，同时也提倡反哺能力回到大平台里去支撑他人成功。这种从利己到利他的文化转变，是对多数公司的挑战。

（4）转变方法

过去开发 IT 系统的目的是固化流程、规范业务，因此一般一个业务流程配备一个 IT 系统。数字化转型则要把流程中的过程数字化、业务规则数字化、业务对象数字化，因此对于方法的要求，不仅要能实现从线下到线上的转变，还要能快速按需编排，使业务创新。

（5）转变模式

转变模式的重点是指企业 IT 运作模式的转变，例如存量 IT 系统和软件包延续瀑布开发模式，而服务化新应用则采用 DevOps[①] 敏捷开发模式。

企业在数字化转型过程中，除了要注意以上五个转变之外，还要特别注重对企业各级领导和骨干的培养。正如企业在管理变革期间，需要注重变革型领导力的培养，企业数字化转型的深刻性和全面性也对企业各级领导的能力提出了较高要求，比如各级领导应该具备如下几项数字领导力思维：

---

① Development 和 Operations 的组合词，是一组过程、方法与系统的统称，用于促进开发（应用程序/软件工程）、技术运营和质量保障（QA）部门之间的沟通、协作与整合。

（1）战略思维

适应企业战略性的数字化转型需要，抓发展主航道和主矛盾，拓展变革思维的视野，从单纯的管理和业务思维向全局性、战略性、复合性的战略思维转变。

（2）行业思维

深刻洞察环境、行业和竞争形态，适应"核心战略和业务"数字化转型的需要，助力企业"高效运营和有序发展"，打造行业中的核心竞争力。

（3）数字思维

适应"数字化企业"的转型需要，严守企业经营的两大核心宗旨——"活得久""活得好"，使企业更敏捷、更简化，从功能构建者向价值赋能者转变。

（4）变革思维

适应社会、经济和产业发展的组织、流程和管控模式的数字化转型需要，助力企业向扁平化、去中心、平台化等互联网新经济管理模式转变。

（5）商业思维

适应数字经济的增长新方式和数字经济的平台化转型的需要，洞察商业本质以及客户的痛点和需求，创造和传递价值，从传统管理者向数字跨界型商业领袖转变。

有了全新的数字领导力的思维方式，企业的领导就能够理解向数字经济的转型如何影响组织内部所有层级的团队，从而有针对性地培养一整套将新技能和专业知识融于一体的领导方法，以应对数字时代企业的转型、变革与发展，进而借助数字能力的融合速度和规模，创造新价值。

简而言之，在数字化时代，只有数字化的企业才有机会生存。企业的各级领导要在数字化浪潮中掌握一定的数字化的领导力，才能领导、实施或者起码适应数字化的趋势。

第 3 章
战略力：从价值洞察到商业设计

> 没有正确的假设，就没有正确的方向；没有正确的方向，就没有正确的思想；没有正确的思想，就没有正确的理论；没有正确的理论，就没有正确的战略。
>
> ——任正非

概述：战略力

《孙子兵法》有云："夫未战而庙算胜者，得算多也，未战而庙算不胜者，得算少也；多算胜，少算不胜，而况于无算乎！"意思是说，拉开战斗序幕之前，就已"庙算"周密，充分做好假设、推演和计算，估量开战的有利条件和不利条件，那么开战之后往往就会取得胜利。

在中文语境中，"战"指战争，"略"指谋略，战略一般认为是一种从全局考虑谋划，以实现全局目标的计划和规划。在西方，"Strategy"一词源于希腊语"Strategos"，意为军事将领、地方行政长官，后来演变成军事将领指挥军队作战的谋略。可见，战略一词最早应用于军事领域。

《辞海》中对战略一词的定义是："军事名词。对战争全局的筹划和指挥。它依据对双方的军事、政治、经济、地理等因素，照顾战争全局的各方面，规定军事力量的准备和运用。"

《中国大百科全书军事卷》中指出："战略是指导战争全局的方略。即战争指导者为达成战争的政治目的，依据战略规律所制定和采取的准备和实施战争的方针、政策和方法。"

《简明不列颠百科全书》诠释战略一词说："战略是在战争中利用军事手段达到战争目的的科学和艺术。"

德国军事战略家冯·克劳塞维茨说："战略是为了达到战略目的而对战斗的运用。战略必须为整个军事行动规定一个适应战争目的的目标。"

后来，战略被广泛地应用到政治、经济和企业管理等其他领域。在企业管理领域，战略是一种长远的、全局性的规划或计划，是企业为了在未来的市场竞争中取得良好的经营业绩而采取的一系列的选择和行动，包括企业的目标、目标的实现路径和策略等。

【知识点】不同管理学家对"战略"一词的定义

美国著名管理学家钱德勒提出："企业战略最重要的是目标的决策、相应的路线和资源配置。"

美国著名战略学家安索夫指出，企业在制定战略时，有必要先确定自己的经营性质，进而通过区分目前产品和市场与未来产品和市场来把握企业的方向，恰当地指导企业的内部管理。

美国哈佛商学院教授安德鲁斯认为战略是通过一种模式把企业的目的、方针、政策和经营活动有机地结合起来的做法。

美国哈佛商学院教授迈克尔·波特对战略的定义是："以竞争定位为核心，对经营活动进行取舍，建立符合本企业的独特的适配。"

现代管理学之父彼得·德鲁克曾说："竞争战略的主要目的是能比竞争对手更好地满足顾客的需求。"一个企业为获得竞争优势，必须从企业本身的战略能力出发，选择和自身能力、资源、条件适配的竞争战略。企业自身拥有的资源和能力，可能一时上获得竞争优势，但要不断地获得竞争优势，实现可持续的、有质量的稳健发展，则必须拥有战略能力。

企业战略能力是指企业实现内部资源同外部环境匹配的能力，是企业的累积性学识（包括技术、设备、管理、营销等方面知识），能够指导企业未来的发展。在市场环境发生变化时，一个企业通过战略管理手段，实施高度市场价值的战略，持续创造价值获得收益，而其他现有和潜在的竞争对手却无计可施，甚至没有能力调动资源对其战略进行模仿和复制时，即体现了该企业独特的战略能力。

同时，企业所拥有的资源是有限的，因此战略能力也体现于企业在有限资源下进行选择和取舍的能力，一旦做出了选择，也就意味着放弃了其他选项。在此基础之上，SDBE 领先模型认为战略力是让企业既能立足本身又能引领行业，既高瞻远瞩又极端务实的筹划能力。

3.1 战略是驶向商业成功的导航仪

美国一项调查表明："超过 90% 的经营者认为，其工作中最花时间、最为重要、最感困难的事情，就是如何制定和实施企业战略。"可见，企业获得持续成功的关键在于战略正确，即在"做什么、怎么做、为什么做、什么时候做"中有着一套科学的逻辑与思考。

3.1.1 战略承接的是企业愿景和使命，指明未来方向

SDBE 领先模型的灵魂四问分别为："去哪儿？怎么去？在哪里？你是谁？"其中，"去哪儿？"回答的是企业的愿景和使命，而战略作为企业愿景和使命的承接者，决定了企业的发展方向，是帮助企业获得最佳商业成果的方法。

【案例】苹果的转危为安

1997 年，为了让濒临破产的苹果公司死而复生，乔布斯采取了战略变革：缩减公司产品款式，同时聚焦于产品创新。变革的具体措施包括：将原来 15 款型号的台式机缩减到 1 款；将所有手提和手持设备产品型号缩减到 1 款；创立全新的网站直销方式，通过网络直接向消费者销售产品。由于缩减了产品款式，苹果公司减少了 80% 的库存量，降低了公司成本，同时苹果能够将专注力、创造力

更有效地投入到产品创新当中，使之达到极致效果。经过以上变革，不仅使苹果转危为安，甚至在后续的几十年里，苹果始终立于行业不败之地。

【案例】史玉柱的巨人集团

1991年，史玉柱成立了巨人公司，通过销售其主要产品中文电脑软件获得了巨大的利润，它用两年不到的时间就实现近4亿元的销售额，迅速成为第二大民营高科技企业。1995年，史玉柱决定跳出电脑行业，走多元化的发展道路。在多元化发展之前，史玉柱设想的是：房地产与生物工程行业的利润可以相互支撑各自的发展。但是，这两个新的行业在资金运作等方面与电脑行业有着明显的区别，尽管"脑黄金"获得了成功，但是从整体上来说，巨人集团在生物工程行业遭受了巨大的亏损。巨人大厦不仅不能赚钱，而且还需要从生物工程中抽资去支撑它，最终巨人大厦没能建成，巨人集团也垮掉了。

综合两个案例，我们不难得出结论：正确的战略不仅能够帮助企业转危为安、渡过难关，甚至能够使得企业在未来到达巅峰；而错误的战略则不只是影响企业经营，甚至可能导致事业走向衰亡。在巨人集团的案例中，史玉柱作为企业最高领导人，对于企业的定位和发展方向做出了错误的判断：在缺乏有效的环境分析、稳健的资金保障和完善的管理机制下，采取了激进的扩张战略，最终导致集团走向末路。

由此可见，战略不仅决定企业未来要做什么，也决定不做什么。

其中，决定不做什么比做什么更重要。有时，战略的本质就是聚焦的艺术！

正如任正非强调的那样，在大机会时代，我们千万不要机会主义，要有战略耐性，要坚持战略竞争力量不消耗在非战略机会点上的方针。

华为坚持的战略发展思想

聚焦信息基础设施产业，基于电子信息技术领域积累，形成同轴电缆式的业务发展（不断拓展业务边界内的产品、客户）；坚持以客户为中心、为客户创造价值，通过"利他"实现"利己"；坚持以一定利润率水平上企业成长的最大化原则牵引公司快速发展。

战略的设计与选择是企业最重要的决策，战略的正确性影响企业的经营绩效和最终发展。在当前快速变化的市场环境中，企业必须采取积极的战略行动，及时抓住发展机遇，在有限资源条件下进行战略取舍，持续培育未来所需的竞争力。

3.1.2　战略的本质是选择，选择的关键是放弃

"南辕北辙"是一个典型的目标方向与行动不一致的例子，它向我们讲明了一个道理：战略不对，努力白费！这句话对于企业战略管理来讲也同样适用，企

业一旦战略定位不准，就容易产生事倍功半的结果。

【案例】安卓鼻祖HTC的没落

HTC公司（宏达国际电子股份有限公司）曾经于2006年被美国《商业周刊》评为世界第三的科技公司，可以说，它是一家曾被寄予厚望的科技企业。

2008年，HTC准确捕捉到Android手机市场商机，推出世界第一款由T-Mobile定制的Android智能手机。随后，HTC的战略布局聚焦于推出大量基于Android平台的产品。这样的布局，让HTC占领了先发优势，在2010年的业绩飙升了160%。但是，随着众多竞争对手加入Android智能手机的市场，HTC仍然保持着原有的战略布局，业绩一路下滑。

究其失败的原因，其中最显著的就是HTC的战略定位与市场脱节。2013年，HTC中国区总裁表示HTC的战略定位是中小品牌，但是HTC推出的智能手机机型HTC One系列，售价高达4888元。当时同等价位的手机还有三星的GALAXY S4等，与之相比，HTC One系列并没有压倒性的优势，在销量上远远比不上其他品牌。

在HTC定位的中小品牌中，高性价比的产品才是市场的主流。诸如小米、魅族等，这些厂商可以在大幅压缩成本的基础上，提供给用户配置强劲的产品。同等配置的产品，小米的4核红米手机价格仅699元，而HTC手机售价则要超过2000元。

由此看来，HTC并没有认清楚自己的业界地位，推出的产品硬件配置低于市场水准，价格却相当高。它既不能媲美高端品牌，同时在中低端市场也毫无竞争力。

HTC的整体战略落后于市场节奏，并且长时间内没有做出正确的调整，导致其销量一降再降。2019年5月，HTC官方微博宣布将暂时关闭HTC京东和天猫旗舰店。

企业战略是对企业未来发展的一种选择，选择就必然伴随着放弃，因此战略一定是有所为，有所不为。企业战略选择关乎企业品牌和产品市场规划的核心定位，必须把企业的长远利益和当下实际利益有机地结合到企业的战略定位中，才能发挥战略的作用。为什么有的企业家陷入战略定位不准确的困境中呢？原因可能包括以下几种：

一是聚焦短期增长。尤其是当企业陷入暂时的经营困境时，更容易被短期利益所吸引，从而忽视长远的发展，导致战略定位模糊不清，难以指导企业的发展。

二是回避取舍。虽说企业要有所为，有所不为，但是很多企业家认为做取舍是一种软弱的表现，觉得只要努力就可以做好所有的事情。因此，对于企业该做什么，不该做什么，都没有清晰的定位。

三是盲目追求创新。当下社会环境都在强调创新，一些管理者盲目跟风，不断地改变战略方向，却没有考虑清楚企业的实际情况是什么，造成企业战略缺失。

3.1.3 战略规划环节四要素概述

一般而言，战略规划的范围涉及大方向、总目标及其主要步骤、重大措施等方面，要求企业在战略规划的制定中注意对宏观环境及总体趋势的判断，行业和市场价值的洞察，战略意图体系（含具体指标）的构建和面向未来业务的总体设计。如图3-1所示，在SDBE领先模型框架下，战略规划环节与BLM大致相同，包括价值洞察、战略构想、创新组合和商业设计四大关键要素。

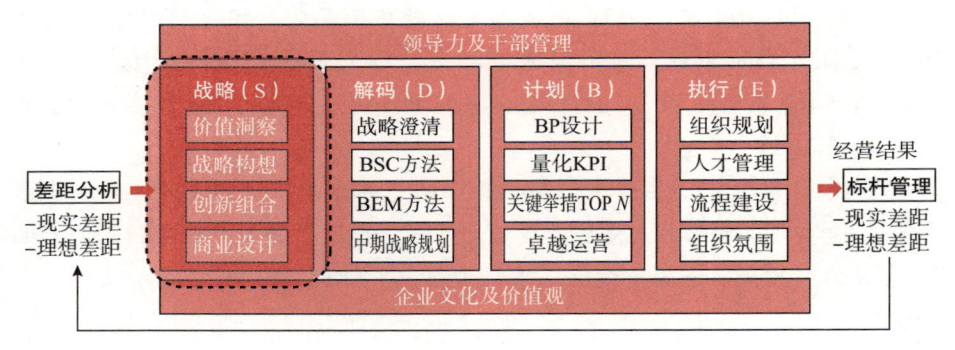

图3-1 战略规划环节四要素

价值洞察

在BLM中，价值洞察也称市场洞察，执行"五看"，即"看宏观、看行业、看客户、看对手、看自己"等标准动作，主要是分析宏观环境的变迁，识别本行业所处阶段和特点，洞察主要客户的需求及特征，判别竞争对手的战略及动向，以及认识企业自身的综合情况，以期识别重大机遇和提前判别主要风险。

价值洞察的主要作用是识别既定行业或产品线的市场价值的变迁和发展阶段，用来判断企业是否进入、加大投资或退出既定行业或赛道；还包括在执行既定任务时，对原来战略规划所依赖的前提进行重新思考，以判断是否要对之前形成的战略规划进行重新定义和大规模刷新。

战略构想

SDBE领先模型框架中的战略构想，就是BLM中的战略意图。一般而言，它是指企业战略经营活动预期取得的主要期望结果体系。这个体系下的目标一般是相互依赖且有逻辑关系的。

简而言之，主要就是确定企业战略目标体系，划分出愿景、使命、中长期战略与里程碑计划，即 SDBE 领先模型中的"四定"——定愿景、定使命、定中长期战略目标、定发展阶段里程碑。

好的战略构想一般包含以下三个方面的内容和价值：

（1）指明方向：它是企业对于未来的看法，能够为企业提供统一的、深入人心的方向感。

（2）边界约束：战略构想要能够于各种资源、能力中区分出主要矛盾，界定能力和业务边界，着眼于未来的独特竞争力，聚焦才能产生力量。

（3）构建使命：战略构想还要有一定的情感成分，要形成强烈的感召力，它能够让客户、伙伴和员工感知到其内在价值。

创新组合

BLM 把这一阶段称为创新焦点（Innovation Focus 或 Innovation Point），指的是进行与市场同步的探索与试验。它从广泛的资源中过滤想法，通过试点和深入市场的试验探索新想法，谨慎地进行投资和处理资源，以应对行业的变化。

但是在中文语境中，"创新焦点"这个概念并不好理解和宣传，也不太好落地，因此根据多年的实践，我们在 SDBE 领先模型的框架中使用"创新组合"这个词。创新组合，是指在战略目标实现过程中，采用与之前不同的创新手段及组合，包括但不限于产品技术、制度流程、商业模式、资源综合利用等各方面的创新手段及其组合，目的是更快、更有效地缩小与标杆对象之间的既定差距，实现战略构想。

商业设计

商业设计（Business Design），即业务设计，或者说是商业模式设计，既是战略规划环节的落脚点，又是战略解码的出发点。它通过完整地执行某些关键动作，包括客户定位和细分、目标客户的需求识别、主要业务边界的界定、盈利模式的设计、战略控制点的把控、战略风险的管理等，来形成完整的商业模式设计。

企业后续再通过战略解码的动作，把商业设计的结果转化为可衡量、可执行、可管理监控的 KPI 和关键任务，确保战略构想能最终实现。

3.2 价值洞察，确定作战主战场

任何产品和行业都会经历价值发现、价值创造、价值传播、价值交换、价值转移的过程。价值洞察是指通过"五看"全面而系统地认识并了解客户需求、竞争动向、技术发展以及市场经济状况，从不同维度识别企业能参与的社会价值创造，精准地识别企业自身能够抓住的商业机会和市场空间，并为后续的战略构想、商业设计和战略解码提供一定的分析基础。

3.2.1 通过"五看"，发现战略机会和发展点

价值洞察主要从宏观、行业、客户、对手、自己五个方面着手，从宏观到微观，从粗到细，从外向内，最后落脚点在自身，找出外部环境给公司带来的战略和挑战，识别所从事的行业是否存在重大机遇或系统性风险，进而为战略规划和执行提供宏观判断。

一看宏观：企业生存发展的环境或大气候判断

企业经营的最大风险是不确定性，黑天鹅事件是永恒的。外部环境一般不受企业控制或影响，因此 SDBE 领先模型利用 PEST 方法对企业生存发展的宏观环境或大气候进行判断，尽量减少不确定性对企业的影响。

如图 3-2 所示，PEST 宏观环境分析模型是企业外部环境分析的一个重要工具，通常从四个因素来分析宏观环境对企业战略的综合影响：① P（Politics）是指当前的政治法律环境；② E（Economy）是指企业所面临的经济环境；③ S（Society）是指企业发展的社会环境；④ T（Technology）是指技术环境。

P（政治法律环境）	E（经济环境）	S（社会环境）	T（技术环境）
·政府稳定性 ·劳动法 ·贸易法 ·税收政策 ·经济刺激方案 ·行业性法规等	·经济周期 ·GNP趋势 ·利率/汇率 ·货币供给 ·通货膨胀 ·失业率 ·可支配收入 ·经济环境 ·成本	·人口结构比例 ·人口出生率死亡率 ·生活方式 ·教育水平 ·消费方式/水平 ·区域特性	·重大技术突破 ·技术壁垒 ·新技术的发明进展 ·技术传播的速度 ·代替技术出现

图 3-2　PEST 宏观环境分析模型

宏观环境对特定行业及所处行业之中企业的影响非常大，在某些情况下，甚至能够影响一个企业的生死存亡。因此在对一个企业外部所处的背景进行分析的时候，借助 PEST 分析模型，能够从宏观的角度分析企业生存发展的环境，通过系统性的分析，为企业的后续发展给出具有强烈倾向的战略判断。

二看行业：判断行业吸引力和价值链的转移趋势

对所处行业进行行业分析，从行业技术趋势、行业价值链、竞争态势等方面，客观评价和分析企业所处的行业竞争环境，以及行业价值链的转移趋势，以此判断既定行业市场空间的未来走向、价值分布的变化趋势及企业对应的产品策略的有效性。

（1）行业技术趋势：利用行业技术演进曲线，对行业技术趋势进行分析，确定这个行业或产品发展所处的阶段，判断公司技术投资的进入时机，继而确定何时采用预研、小规模试错、跟随大规模压强投入等不同的产业对策。

（2）行业价值链分析：通过洞察行业价值链，明晰企业在行业价值链中的位置。通过逐层分解价值链，寻找新的价值增长机会点，逐步锁定企业核心竞争力。依此制定核心竞争力策略，通过协调与上下游企业的关系来优化甚至重新构造价值链体系，帮助企业建立更持久的核心竞争能力。

（3）行业竞争态势分析：对行业进行结构化分析。通过对行业竞争态势的有效分析，一方面可以帮助企业客观认知自身以及竞争对手的优劣势，另一方面也可以帮助企业有效规划竞争策略，争取在竞争中取得胜利。

三看客户：细分市场和客户，知晓客户需求、痛点及特点

如果一艘船不知道该驶去哪个港口，那么任何方向吹来的风都不会是顺风。

——塔尔莱特·赫里姆《塔木德》

企业是营利性组织，如果不清楚谁是潜在客户和客户群体，不知道客户的市场分布，那么根本就没有办法生存和发展。因此，企业需要借助"市场地图"和"客户画像"，解决自己的市场在哪里、客户在哪里、客户需要什么产品、谁有购买决定权、通过什么渠道购买等问题，进而识别战略机会点和销售机会点。

（1）市场地图：企业基于战略定位和行业定位，对客户进行细分，以了解目标客户在市场的分布情况，并依此进行市场空间的估算。通过市场地图，产品经理可以清晰地看到客户在地理、行业，甚至每个具体产品的价值分布，为企业的商业变现指明方向，确保做正确的事。

（2）客户画像：对既定细分市场上的典型客户群体，依据其综合状况进行画像。如针对B2B市场，要分析客户的投资策略、总体需求、核心痛点、组织架构、决策模式、采购风格等。针对B2C客户，则一般要回答顾客为什么买、准备买什么、准备花多少钱买、谁决定买、通过什么方式或什么渠道买等关键性的问题。

四看对手：选定竞争标杆，对主要竞争对手进行画像

竞争对手的强大，不仅仅是其产品具有强大的竞争力，还有许多核心影响要素，如较强的管理能力、营销能力、服务满意度、渠道建设、成本优势、较快的响应速度等。因此企业在选定竞争标杆进行竞争分析的时候，需要对主要竞争对手的主要竞争要素进行画像，通过系统分析，总结竞争对手的优势、劣势，进而刷新企业战略，使企业战略持续保持总体有效性和对实际工作的指导性。

竞争分析过程中需要重点考虑的因素和步骤如下：

（1）通过既定原则，确定竞争对手

选择竞争对手的原则包括竞争对手的技术和研发实力、客户和市场重合度、发展阶段、经营效率等。

（2）挖掘、汇总竞争对手的主要信息，对主要竞争对手进行画像

画像需要的竞争对手主要信息包括经营信息、员工人数、销售额、市场份额等基本信息；关键客户、主要产品或服务质量、产品定价、渠道、促销、供应链等深入信息；财务、市场、品牌、产品规划等方面的未来目标，以及近期发展状态、重大动向和关键行动等。

（3）对照主要竞争对手，选择主竞争战略

一般使用 SWOT 分析法和竞争雷达图来进行竞争对手的分析。以 SWOT 分析法为例，客观总结出企业内部的优势与劣势，以及外部的机会与威胁，进而审慎地选择主竞争战略。

（4）深入分析，进而为公司制定新的竞争战略

对竞争对手的范围等进行合理性假设，比如，竞争对手范围扩大或缩小，产品竞争力扩大或缩小后会如何。分析竞争对手的战略意图是持续扩大优势还是稳步巩固，其战略姿态是进攻型还是防守型，其竞争战略是技术领先型还是成本领先型或者其他，等等。

五看自己：准确定位自己，虚心学习，扬长避短，逐步完善

认识他人易，认识自己难。SDBE 领先模型主张使用商业画布九维度法或其他方法（如麦肯锡"7S"模型、SWOT 分析法、竞争雷达图等）评估自身，深入分析自身的优劣势，进行自我画像，准确定位自己，并且作为战略和愿景的落地依据。

商业模式画布是一种理解、描述、思考、构建商业模式的可视化语言，它描述了怎样创建价值，怎样把价值传递到客户那里，以及最后把价值传递完以后怎样获取价值的整个过程。如图 3-3 所示，商业模式画布包括九大要素：

关键伙伴 企业为了让商业模式有效运作所需要的供应商和合作伙伴	关键活动 企业为了让商业模式有效运作所需要执行的关键业务活动	价值主张 企业为客户创造价值的产品或服务	客户关系 企业为客户建立的关系以及如何维系关系	客户细分 企业所服务的客户群体分类
	关键资源 企业为了让商业模式有效运作所需要的核心资源		渠道通路 企业服务流程中的客户接触点	
成本结构 商业模式运作所需要的成本				收入来源 企业向客户提供价值所获得的收入

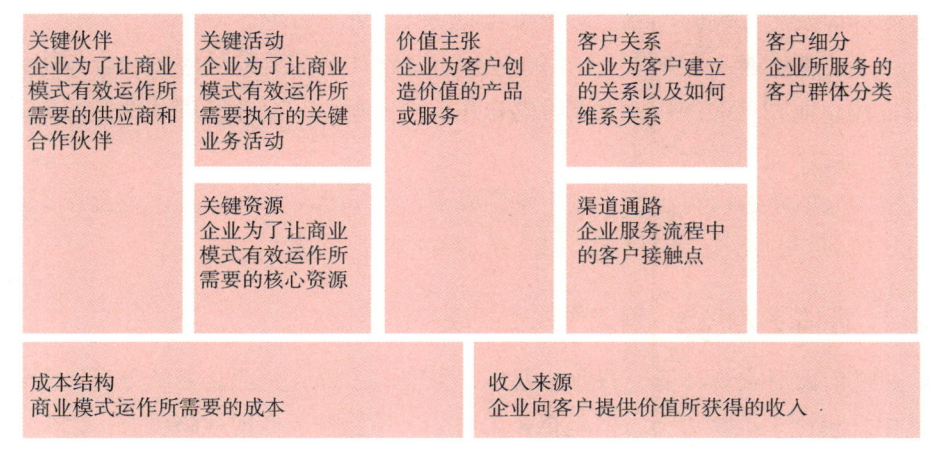

图 3-3　商业模式画布

（1）客户细分：企业所服务的客户群体的细化分类。每个企业和每个机构都会特定地服务某部分或某几部分客户，客户细分指的是把企业具体的目标用户根据一定原则进行细化和定位，有条件的要进行画像。

（2）价值主张：企业为客户创造价值的产品或服务。这些产品和服务能否为客户带来好处？能帮客户解决什么问题？满足他们哪些方面的需求。也就是说，企业的目标客户最看重的是企业哪方面的价值。

（3）渠道通路：企业服务流程中的客户接触点。企业通过什么样的渠道和方式与客户进行沟通，为客户创造价值，并实现产品和服务的售卖。是线上还是线下，或者通过其他渠道。也可以思考哪些渠道最为有效，哪些渠道投入产出比较高？如何进行渠道整合达到效率最高等。

（4）客户关系：企业和客户建立的关系以及如何维系关系。当客户开始接触企业的产品之后，企业要如何与客户建立一个长期的联系，以能够和客户达成长期合作，这样企业的经营和收入才能稳定。

（5）收入来源：企业向客户提供价值所获得的收入。企业通过什么方式收取费用，客户如何支付费用，客户付费意愿如何，企业如何定价等问题。有些商业模式的模型中，也将其称为盈利模型。

（6）关键资源：企业为了让商业模式有效运作所需要的核心资源。为了销售产品你需要用到哪些资源，或者说企业有哪些关键的资源能保证你的核心竞争力，比如资金、技术、人才、渠道等。

（7）关键活动：企业为了让商业模式有效运作所需要执行的关键业务活动。

企业需要开展什么样的业务活动才能确保实现盈利？一般指的是企业的主业务流程，比如研发更高端的产品，搭建高效的网络服务平台等。

（8）关键伙伴：企业为了让商业模式有效运作所需要的供应商和合作伙伴。主要描述企业相关的产业链上下游的合作伙伴有哪些，企业品牌和他们的关系网络如何，合作如何影响企业等。

（9）成本结构：商业模式运作需要成本，为了获取利润收益，企业需要在哪些重要的客户、流程、项目、组织、渠道付出对应的成本。

3.2.2 评估战略机会，确定作战主战场和作战沙盘

通过前面对宏观环境、行业、客户、竞争对手以及企业自身的分析，企业可以从中发现许多战略机会，但是企业无法一次性抓住所有的战略机会，因此需要对不同战略机会的大小进行判断，明确企业抓取战略机会的优先级，进而确定作战主战场和作战沙盘。

SDBE领先模型主要是通过战略分析定位（SPAN分析法）来评估战略机会，对战略机会进行优先级划分的。SPAN分析法从评估市场吸引力和公司的竞争地位出发，对各个业务机会进行深入分析，在此基础上提供决策依据。

【知识点】SPAN分析法

1. 对市场和客户进行细分

细分市场是市场管理和产品规划流程的重要步骤。一般从独特性、重要性、可衡量性、持久性以及可识别性五个方面对公司要进入的市场进行细分，并做出初步的定性选择。

2. 评估细分市场的吸引力

市场吸引力主要从市场规模、市场增长率、利润潜力和市场战略价值四个维度来评价。

3. 评估公司在细分市场的竞争地位

公司在市场上的地位主要来自产品和服务的差异化优势、成本优势、资本优势等，对于某些行业，可能还存在垄断性竞争优势。

在具体操作过程中，我们首先要对每个评价维度，根据一定规则进行量化评价（每个企业可以根据行业特点确定具体评价指标和规则），接下来确定每个要素的权重系数。

量化评价和权重系数相乘的结果之和就是某项业务的市场吸引力（或公司的竞争地位）得分。市场吸引力评分表（示例）和公司的竞争地位评分表（示例）

如表 3-1、表 3-2 所示。

表 3-1 市场吸引力评分表（示例）

市场吸引力评分指标	指标权重	评分标准 5分	4分	3分	2分	1分	得分（分）
市场规模	需求标准化程度						
	人为的贸易壁垒						
市场增长率	市场增长率						
利润潜力	供应商的议价能力						
	购买者的议价能力						
	潜在竞争者进入的能力						
	替代品的替代能力						
	行业内竞争者现在的竞争能力						
战略价值	战略价值						
总分							

表 3-2 公司的竞争地位评分表（示例）

公司的竞争地位评分指标	指标权重	评分标准 5分	4分	3分	2分	1分	得分（分）
技术							
市场份额							
品牌							
成本							

综合市场吸引力和公司的竞争地位的评估结果，企业可以把对各个业务机会的初步判断结果大致纳入四个象限，如图 3-4 所示。

增长/投资：处在这一态势下的细分市场是盈利的。这些细分市场具有吸引力，而且公司有很强的竞争优势，需要加强投入。但如果公司资源确实有限，那么就应该放弃或者创造机会去做，关键看公司如何合理地调配资源。

获取技能/细分增长：处在这一态势下的细分市场通常还未盈利。这些细分市场虽然有足够的吸引力，但是公司的竞争优势较弱，尽管它可能是公司未来增长的机会点，公司仍需谨慎投资。

```
高 ┌─────────────┬─────────────┐
   │             │             │
市 │ 获取技能/    │ 增长/投资    │
场 │ 细分增长     │             │
吸 ├─────────────┼─────────────┤
引 │             │             │
力 │ 退出/避让    │ 收获/重新细分 │
   │             │             │
低 └─────────────┴─────────────┘
    低        公司在市场的竞争地位        高
```

图 3-4 SPAN 模型

收获/重新细分：处在这一态势下的细分市场通常仍然是盈利的，尽管吸引力弱，但是公司有很强的竞争优势，因此还是要继续做下去的，不过还需要做好经营和风险防范。但如果公司的业务都处于这个区域，则说明公司尽管很大，但是不强，缺少对未来的规划。

退出/避让：处在这一态势下的细分市场几乎总是亏损的。这些细分市场不但没有吸引力，而且公司的竞争优势较弱，公司应该准备择机推出。

用好 SPAN 模型来分析业务机会的关键是要找市场吸引力高的区域，即 SPAN 模型的左上象限和右上象限。

当发现一个战略机会点，我们可以千军万马压上去，后发式追赶，你们要敢于用投资的方式，而不仅仅是以人力的方式，把资源堆上去。

——任正非

从 2002 年"小灵通事件"开始，在之后的发展时间里，华为几乎没有大的战略失误，反而是每一次都能识别并抓住新的战略机会，占领战略制高点。回顾华为抓住的战略机会点，大的有无线的 3G、4G 和固网的宽带 FTTx[①]，小的则有光伏逆变器等。

任正非认为公司如果没能抓住某个战略机会点，那么将来很可能不会再撞见这样的机会，这对于公司来说无疑是巨大的损失。因此，华为要求公司各个层面

---

① FTTx 是 "Fiber To The x" 的缩写，意为 "光纤到 x"，为各种光纤通信网络的总称，其中 x 代表光纤线路的目的地。

都要聚焦于机会窗，鼓励自发规划战略机会点，提倡认真客观地对战略制高点进行分析，并拿出策略和措施，实事求是地争取获得成功。

战略机会是企业发展的动力。只有把握住战略机会，企业才能实现扩张。既然机会对于企业的发展如此重要，那就应该在战略机会来临时，将战略机会清晰化、准确化，这样才能更好地把握战略机会，为客户提供高质量的产品和服务。

3.3 设计清晰的战略构想

战略构想是通过阶段化、里程碑式的规划来实现崇高、远大的追求；没有愿景和使命，组织可能会迷失；制定阶段性的发展里程碑，能有效减少战略的焦灼感。

3.3.1 确定清晰的愿景和使命

在整个战略管理过程中，确定清晰的愿景和使命，首先，能够为企业发展指明方向。企业愿景和使命能够作为企业的各种活动的依据为员工们所理解，从而保证企业内部达成共识；也可为企业树立良好的形象，使企业获得发展的信心和必要的支持。

其次，清晰的愿景和使命也是企业制定战略的前提。企业在制定战略的过程中，需要依据愿景和使命来确定战略活动的关键领域和行动顺序。

最后，明确的愿景和使命能够帮助企业正确合理地把有限的资源分配在关键经营活动上，是企业战略的行动基础。

企业愿景

美国著名管理学家柯林斯在1994年出版的《基业长青》一书中，讨论过世界十余家卓越公司基业长青的理由，得出的结论是：

那些能够长期维持竞争优势的企业，都有一个基本的经营理念，这一基本经营理念是这些公司发展过程的最重要的成分。

柯林斯将这种核心理念定义为"愿景"。

企业愿景（Enterprise Vision）是指企业的长期愿望及未来状况，组织发展的蓝图，体现一个企业较长时间的追求。其表述的是公司期望达到的一种状态或对于目前的一般看法，来自企业内心的真正愿望、期盼，是企业未来的一种图像式和展望式的描述，一般具备简练、模糊、方向性等特征。

通过企业愿景，我们可以明确描绘出公司在未来会是什么样子，其"样子"可以从企业对社会的影响力、贡献力，在市场或行业中的排名，与企业关联群体之间的经济关系等方面来表述。企业愿景可能是变化的，其稳定的实践跨度一般为 15～20 年。

在制定愿景时，SDBE 领先模型遵循三项原则：一是可持续的、占优势的业务处于领先地位，能够展示企业长期的、可持续的获利能力；二是愿景具备纲领意义，具备较大号召力，有可实现意义但有较大的挑战性；三是随着公司的发展和成长，愿景可能会迁移或变化。

企业使命

企业战略管理的一般理论认为，"愿景"和"使命"不是一个概念，也不应该是一个概念。"使命是陈述企业做了什么，而愿景则界定了企业为什么在这个行业存在。"SDBE 领先模型对使命的定义是指在愿景的指引下，企业将以何种形态、何种途径或何种身份实现长远目标。

即在明确描绘出企业愿景的基础上，把企业使命具体地定义到企业在社会经济领域的经营活动这个层次，也就是说，企业使命只具体表述企业在社会中的经济身份或角色，该企业的社会分工是做什么的，在哪些经济领域里为社会做贡献。企业使命一般与愿景相联系，具备取舍性、边界性、纲领性等特征，其时间跨度一般为 10 年左右。

【案例】我国科技行业著名公司的愿景和使命

华为（HUAWEI）

愿景 1.0：丰富人们的沟通和生活

使命 1.0：聚焦客户关注的挑战和压力，提供有竞争力的通信解决方案和服务，持续为客户创造最大价值

愿景和使命 2.0：把数字世界带入每个人、每个家庭、每个组织，构建万物互联的智能世界

百度（Baidu）

愿景：成为最懂用户，并能帮助人们成长的全球顶级高科技公司

使命：用科技让复杂的世界更简单

阿里巴巴（Alibaba）

愿景：让客户相会、工作和生活在阿里巴巴并持续发展至少 102 年

使命：让天下没有难做的生意

腾讯（Tencent）

愿景：用户为本，科技向善

使命：一切以用户价值为依归，将社会责任融入产品及服务之中；推动科技创新与文化传承，助力各行各业升级，促进社会的可持续发展

小米（xiaomi）

愿景：和用户交朋友，做用户心中最酷的公司

使命：始终坚持做"感动人心，价格厚道"的好产品，让全球每个人都能享受科技带来的美好生活

构筑科学而合理的愿景是企业发展战略规划的重要支撑点，是企业做强、做大的不竭动力。同时，通过企业使命的提炼，使企业能够在较长时间内清晰地界定业务边界，对目标客户进行定义，从而围绕着使命进行企业核心竞争力的构建。

3.3.2 明确中长期战略目标与阶段里程碑

在战略构想环节中，SDBE领先模型大致分为愿景、使命、战略目标三个部分。其中，企业愿景所表述的是企业为了什么而存在，即对未来的追求与向往；企业使命确定的是企业是什么，即公司的生存理由与价值；而企业的战略目标需要界定的是企业应该如何做，即公司实现愿景和完成使命的途径和安排。

战略目标

战略目标是即将实现、能够通过努力实现的规划，是企业愿景的具体化描述。SDBE领先模型定义战略目标的原则是通过有效、合理、灵活的运营，赢得现有市场的增长机会以及良好适应市场和客户的能力，并且最终指向愿景实现。战略目标一般针对产品、服务、市场、客户、技术及时机，比起愿景和使命，战略目标是更为具体、定性和能够明确描述的举措或量化陈述，一般时间跨度为5～8年。

在华为，其战略目标指的是未来五年的中长期目标。

2012年9月22日，华为消费者业务总裁余承东在其微博中指出，华为消费者业务做出了一些调整：第一，从ODM（原始设计制造商）白牌运营商定制转向华为自有品牌；第二，手机要从低端市场走向高端市场；第三，放弃销量很大但不赚钱的功能手机；第四，启用华为自己的处理器和芯片；第五，要建设电商渠道；第六，在安卓基础上自主设计操作系统；第七，确定世界第一的目标。2018年，余承东对比六年前的微博，发现这些战略目标都实现了。

华为手机能够取得如此大的进步，很大程度上取决于华为的战略目标。因为有了合理的战略目标，华为才能够提前进行资源配置，鼓励所有华为人努力奋斗。

阶段里程碑

任何企业都需要战略规划，也需要有战略目标。但是愿景、使命、战略目标太宏大、太久远，短时间是难以实现的。据业界普遍反馈，传统的战略管理理论

和方法模型由于缺少与战略规划和执行计划的连接，无法有效指导下一年度 BP 的开展，导致企业战略难以落地。

因此，SDBE 领先模型开创性地提出了发展阶段里程碑这个概念，在战略目标管理 5～8 年这个时间跨度的同时，引入中短期目标，对 2～3 年或 3～5 年的企业目标进行描述和管理，给企业下一年度的 BP 开展提供依据。

阶段里程碑具体包括利润、成长率、市场份额、重大客户准入、客户满意度及新产品等可衡量的业绩指标，按照 KPI 格式进行设计，一般遵循 SMART 原则[1]，在一定的约束性下一步步牵引企业达到战略目标。

设立阶段里程碑的目的就是帮助企业实现长期目标。战略目标的实现不是一蹴而就的，需要依靠各级力量共同完成。通常，长期目标的实现是按阶段来完成的，每一个阶段就是一个中短期目标，每一个中短期目标的完成都是为了长期目标的实现而打下的坚实基础。

华为经常会根据公司的发展方向来制定中长期目标，并且规定在每个阶段要完成的短期目标，最后在规定时间内实现中长期目标。

2005 年，华为在利润率目标上设定了长期目标，即在未来三年内利润率要达到增长 12% 的目标。之后，华为又根据此长期目标设定了三个短期目标。第一个是 2006 年利润率提高 7%，第二个是 2007 年利润率提高 8%，第三个是 2008 年利润率提高 12%。

事实证明，华为在完成短期目标的基础上，成功实现了长期目标。2006 年利润率提高 7%，2007 年利润率提高 10%，超额完成了第二个短期目标，2008 年利润率提高 13%，超额完成了长期目标。

企业在制定战略目标时，一方面要有高远的梦想，另一方面也要脚踏实地，不能完全脱离自身的能力。结合后续的业务设计和战略解码环节，对战略目标进行深入的思考和推敲，有助于更好地实现企业的战略。

3.4　打造更具优势的创新组合，提升核心竞争力

SDBE 领先模型认为，创新组合就是为尽快弥补与标杆（现实或理想）之间的差距，企业应该采用的创新型策略、方法和工具的组合。从这个角度来看，任何能够有效、快速地填补与已经识别的差距的、与以前不一样的产品、服务、方

---

[1] SMART（S，Specific；M，Measurable；A，Attainable；R，Relevant；T，Time-bound）原则是为了利于员工更加明确高效地工作，更是为了管理者将来对员工实施的绩效考核提供考核目标和考核标准，使考核更加科学化、规范化，更能保证考核的公正、公开与公平。

法、工具，都能归结为创新组合。

3.4.1 对不同业务进行组合，兼顾市场及格局

在 SDBE 领先模型中，业务组合是一种非常实用且重要的创新手段，它是指企业所经营的有相对明确边界的不同业务组成的集合，也是指组成企业或部门的业务和产品的集合。基本上，华为每年都会例行审视现有和未来的业务组合，识别不同业务的发展阶段并进行重新定位。

分析现有业务组合的第一步是建立战略业务单位。战略业务单位是指具有单独的任务和目标，并且可以单独制订计划而不与其他业务发生牵连的业务，或者是一条产品线、一个产品、一个品牌。一个理想的战略业务单位应该具有以下特征：

（1）它是一项或几项相关业务的集合；

（2）它有一个明确的任务和目标；

（3）它有自己的竞争对手；

（4）它能够从战略计划中获得收益；

（5）它有一位专职经理；

（6）它能够独立于其他业务单位，自主制订和执行计划。

第二步是对各战略业务单位作出评估，进而作出资源配置决策。目前，企业进行业务组合分析的评估模型工具已经发展得比较成熟，比较常用的有波士顿（BCG）矩阵、通用电气（GE）矩阵。

波士顿（BCG）矩阵

波士顿矩阵又称"市场成长率—相对市场份额"矩阵，由美国著名的管理学家、波士顿咨询公司创始人布鲁斯·亨德森于 1970 年创作，它是多元化公司进行业务组合评估和资源分配的主要手段，通过市场份额和市场增长速度（市场生命周期）对业务单元进行分析，从而解决业务组合的平衡问题。

如图 3-5 所示，纵坐标表示销售增长率，指企业所在行业某项业务前后两年市场销售额增长的百分比。通常以 10% 的平均增长率作为成长高低的界限，大于 10% 的增长率被认为是高的，反之，则认为是低的。

```
         高 ↑
         │  ┌─────────────┬─────────────┐
     销   │  │             │             │
     售   │  │  问题型业务  │  明星型业务  │
     增   │  │             │             │
     长   │  ├─────────────┼─────────────┤
     率   │  │             │             │
         │  │  瘦狗型业务  │  现金牛业务  │
         │  │             │             │
         低 └─────────────┴─────────────┘
            低 ─────────────────────→ 高
                    市场占有率
```

图 3-5　波士顿矩阵

横坐标表示市场占有率，指企业某项业务的市场份额与这个市场中最大竞争对手的市场份额之比。以 1.0 为分界线，划出高低两个区域。某项业务的相对市场份额高，则表示其竞争力强，在市场中处于领先地位；反之，则竞争力低，在市场中处于顺从地位。

利用波士顿矩阵工具，可以将企业的各项业务大概归为四种业务组合类型：
①问题型业务（Question Marks，指高增长、低市场份额）
②明星型业务（Stars，指高增长、高市场份额）
③现金牛业务（Cash Cows，指低增长、高市场份额）
④瘦狗型业务（Dogs，指低增长、低市场份额）

这四类业务并不能简单地排出谁好谁坏，关键是针对不同类型的业务进行不同的分析，制定出不同的竞争战略。比如瘦狗型业务，一般被认为是最坏的业务组合，但其可能在充实产品序列或为公司在某市场中保持一个可靠的形象方面仍然有其存在价值。

另外，更为重要的是要保持不同业务组合之间的平衡，找出符合公司自身情况的组合逻辑，并据此针对不同的业务组合合理分配资源。如果公司确定的目标是取得收入的增长，那么对应的资源配置可能需要向明星型业务和问题型业务倾斜，如果公司以追求现金流为目标，就应该维持和发展现金牛业务。

应用波士顿矩阵法不但能够提高管理人员的分析和战略决策能力，也能帮助他们以前瞻性的眼光看问题，更为深刻地理解企业各项业务活动之间的联系，进而及时调整企业的业务投资组合。

但这种方法也有一定的局限性，例如评估指标单一，销售增长率和市场占有率两个指标都偏向于企业本身的成长和规模，是企业业务单元或产品组之间横向的微观分析，对于一些产品组合或业务单元比较明确的中小企业来说，这样的分析更加简单有效。

通用电气矩阵

为克服波士顿矩阵的明显缺陷，通用电气于20世纪70年代开发了通用电气矩阵，即市场吸引力—竞争能力矩阵，也称GE矩阵，这是规划业务组合的又一种企业经营方法。

其中，市场吸引力因素通常被视为企业无法控制的外生变量，主要考虑市场规模、市场增长率、周期性、竞争结构、进入壁垒、行业利润率、技术等指标；企业竞争能力则被视为企业能够加以控制的内生变量，主要考虑市场份额、营销、研发、制造、管理层能力、财务资源等指标。

如图3-6所示，通用电气矩阵采取的是用市场吸引力和企业竞争能力两个变量来评定企业的各项业务，每个变量都分三个等级，共划分出九个象限。

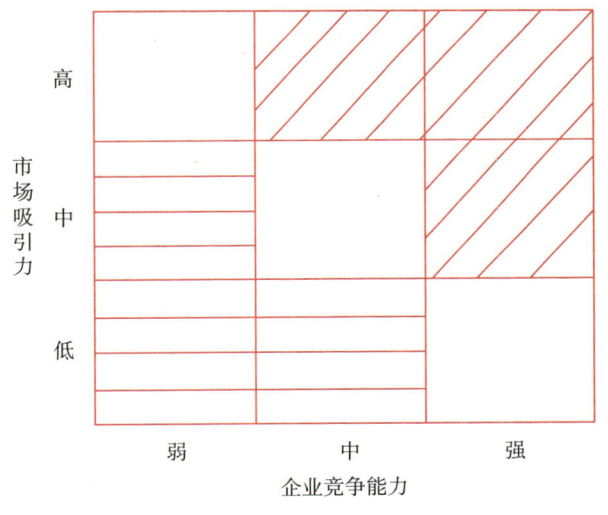

图3-6 通用电气矩阵

通用电气矩阵将市场吸引力的三种标准战略对策细化为九种对策，然后对企业的每项业务依盈利能力、市场增长率、市场质量和法规形势等行业因素，以及市场地位、生产能力、研究开发能力等企业实力因素作定量化分析，最后综合确定其在矩阵中的位置，分别采取相应的对策。

从矩阵中九个象限的分布来看，右上方的三个象限处于最佳区域，对于该区域内的战略业务单位，应采取增长或发展战略，即通过追加投资促进其发展。左下方的三个象限则处于市场吸引力和分类业务优势都弱的区域，对于该区域内的战略业务单位，应采取收割或放弃的战略，不再追加投资或收回现有投资。对角线上的三个象限是中等区域，对于该区域内的战略业务单位，应采取维持或有选择的发展战略，保证原有的发展规模，同时调整其发展方向。

业务组合的调整，反映了企业对于不同业务价值洞察的变化。对发展前景好、盈利强、有利于公司核心竞争力构建的业务，给予重点投入；逐步减少甚至淘汰处于生命周期尾期、盈利差的业务，减少企业的资源消耗。通过这种重要而例行的创新手段，企业将始终保证自身在"做正确的事"，从而让整个企业的运作保持方向上的正确性。

3.4.2 创新业务模式，提升企业竞争力

当今企业之间的竞争，不是产品之间的竞争，而是业务模式之间的竞争。

——现代管理学大师彼得·德鲁克

因此，企业不应局限于一种业务模式，在不同的市场环境中，要用创新的业务模式来实现企业的商业价值。

在当前的市场环境中，任何存在盈利机会的地方，就一定会存在业务模式。通俗地讲，业务模式就是企业赚钱的方式。而业务模式创新则是指企业对其以往的基本经营方法进行变革，从而改变企业价值创造的方式和逻辑，包括改变盈利模式、改变企业模式和改变技术模式。

其中，改变盈利模式要求企业重新定义用户需求，深刻理解用户购买产品或服务的根本目的，在此基础上确定新的用户价值定义，进行业务模式创新；改变企业模式就是改变一个企业在产业链的位置和充当的角色；改变技术模式是指企业通过引进新的技术来主导自身的业务模式创新。

在如何看待未来终端发展的问题上，任正非表示：

"未来可能是软件世界，你能抓一把在手上吗？所有人类智慧的显示是终端（不仅指手机），因此终端未来的发展前景应该是方兴未艾。

"我们并不完全知道，但有时人们会有一个阶段性的满足，可能又不断出现新的方法和台阶。终端是人类文明社会最需要的一个显示器，不会没有前途，只是目前我们投入还不够，还没有完全能把握人类社会发展的机会点。

"苹果公司很有钱，但是太保守了；我们没有钱，却装成有钱人一样疯狂投资。我们没钱都敢干，苹果公司那么有钱，为什么不敢干呢？如果苹果公司继续领导人类社会往前走，我们可以跟着他们走；如果苹果公司不敢投钱，就只能跟着我们，我们就会变得像苹果公司一样有钱。

"相信有一天，我们一定会成功的，'桃子树上会结出西瓜'，虽然现在结的

还只是'李子'。"

任正非的这个比喻是指从一种业务模式衍生出多种业务模式。华为原来只卖通信设备这一种产品，后来衍生出卖解决方案、手机、云服务等，不同的业务模式都为华为的利润增长做出了不少贡献。

例如，华为Cloud Campus云管理园区解决方案就是华为一个新的业务模式，它利用云管理技术实现了集中化和多租户的管理，使得一人监管多个网络成为了现实。同时，由于兼具大数据分析的功能，它可以对商场的客流进行统计分析，进而指导商场的营销活动；对酒店入住客户的喜好进行分析，则能够满足客户的个性化需求。

不仅是以华为为首的各个通信类企业，如今越来越多的传统企业也倾向于用云的方式解决当前的难题。云服务作为一种创新的业务模式，不仅可以使企业专注于主业务，提高企业的运作效率；还开辟了新的市场增长点，为更多企业带来丰厚的利润。

3.4.3 通过创新的技术、产品和服务，持续创造市场

判断一个企业是否优秀，最主要的标准还是要看它是否具备核心竞争力，即是否具备通过为客户创造高价值的产品和服务以换取超额利润的获取能力。从这个角度来看，企业的技术、产品、服务都是为客户创造价值的载体，而创新的技术、产品和服务，则是改变市场格局和产生高额利润的主要来源。

技术创新：以创造新技术为目的的创新或以科学技术知识及其创造的资源为基础的创新；

产品创新：指创造某种新产品或对某一产品的功能进行创新；

服务创新：使潜在用户感受到不同于从前的崭新内容，是指新的设想、新的技术手段转变成新的或者改进的服务方式。

企业如果要想扩大市场和营收的规模，最主要的途径就是要围绕自己的核心经营范围，围绕客户的需求和痛点，创造更多有竞争力的产品和服务，赢得客户有价值的订单。因此，创新的技术、产品和服务的开发，其目标必然是瞄准客户，重心必须放到客户身上，企业要通过对产品和服务的价值创造、价值传递和价值获取的完整循环，实现商业逻辑的闭环。

【案例】华为："以客户需求或痛点为中心"

在华为没有引入IPD之前，华为产品研发经常可以见到的情况是，所谓创新的产品和解决方案的开发，全部依赖于研发人员或主管的拍脑袋，研发或产品项目遍地开花；而产品和技术的市场成功，却具有极大的偶然性。根据华为管理层

的估计，90% 以上的研发浪费，不是因为产品开发不出来，而是产品被开发出来，却卖不出去。华为的产品和服务的成功，依靠的是"个人英雄主义"。

正是这种偶然和个人英雄主义式的产品和服务开发的方式，给公司带来了不确定性，才让任正非痛下决心变革。华为在 1999 年引入 IBM 的管理流程，开始了管理体系的变革和建设，经历了削足适履、"穿美国鞋"的痛苦，从"以产品或技术为中心"向"以客户需求或痛点为中心"转变，实现了从依赖个人化、偶然地推出成功产品，到可以制度化、可持续地推出满足客户需求、有竞争力的成功产品的转变。

即使强大如华为，也曾跌进"以技术为中心"的陷阱，技术是解决问题的方法和原理，是人们形成新事物或是改变现有事物的方法，而不是企业的最终目的。满足客户需求、实现商业价值，才是企业的终极目标。因此，创新性产品和服务的开发，不能以技术为中心，而应该以客户需求为中心，适时兼顾技术的领先性。

人们习惯于把创新与科技挂钩，一提起创新就想到科技企业、新兴产业，但实际上传统企业一样可以通过创新的技术、产品以及服务持续创造市场。例如，在加拿大有一家叫 Lululemon 的专门做运动服装的公司，通过创新以一条瑜伽裤打天下，从一众老牌运动品牌中杀出一条血路。

【案例】Lululemon：一条瑜伽裤打天下

Lululemon 成立于 2000 年，其主要产品就是瑜伽裤。Lululemon 的创始人奇普·威尔逊一开始就想创办一家刺猬型的公司。

产品创新：在威尔逊看来，首先需要找到三件事情的交集：第一，对什么东西最有激情；第二，最擅长什么；第三，回报如何。这三件事情的交集就是威尔逊找到的业务领域，即女士的瑜伽服。

威尔逊通过亲身体验瑜伽课程，发现瑜伽服有一些特殊要求：衣服要有伸缩性，遮体又贴身；透气但不能透光；容易打理；吸汗性好。

技术创新：Lululemon 采用了很多技术来解决问题，甚至推出了科学家设计理念，消除整个行业同类产品当中几乎没办法解决的痛点、麻烦。很多人表示穿上它的时候除了非常舒服之外，还很有技术感。

服务创新：Lululemon 的服装店对售货员的学历、长相、气质、身材等都有严格的要求。当消费者进店时，售货员所展现出来的个人魅力也会吸引消费者，让消费者感受到自己跟某个圈层、某些人群联系在一起。

通过不断细化消费圈层并满足客户的隐形痛点需求，Lululemon 仅依靠瑜伽裤这一单一品类就实现了快速成长。2022 年 7 月，Lululemon 以 374 亿美元的市值超过阿迪达斯，升至全球运动品牌第二位，仅次于耐克。

创新的技术、产品和服务，是超额利润的来源，是各行各业打造核心竞争力、构建战略控制点的关键。企业必须紧紧围绕客户核心需求和关键痛点，不断将产品和服务推陈出新，打造一个又一个有竞争力的产品和服务，实现有效及高质量的增长，才能推动企业经营从一个高峰走向另一个高峰。

3.5 商业设计是战略制定的落脚点

企业在完成价值洞察，明确战略构想，获取了塑造企业竞争优势的方法之后，就需要思考如何利用内部现有资源来进行一个好的商业设计。战略制定的落脚点是商业设计，即企业实现战略目标的方式。

SDBE领先模型对商业设计的定义是商业模式设计，定义企业价值创造、传递和获取的全过程，主要包含客户选择、价值主张、盈利模式、活动范围、战略控制与风险管理六个战略要素。

3.5.1 确定目标客户，传递价值主张

客户选择：业务设计（商业模式）的起点

客户选择一般是指企业在明确的业务模式和市场组合中，根据客户的需求偏好、痛点排序、组织特征、决策特点、价值等因素对其进行分类，确定企业的目标客户，并且确定相应的销售模式，为其提供有针对性的产品或服务。

由于客户市场很大，企业不能满足每个客户的需求。因此，企业需要确定选择客户的标准和优先级，以及在该细分市场下，客户的特定需求是什么，在此基础上有针对性地去做产品设计和定位。

（1）明确选择客户的标准及优先级

企业根据市场需求的差异，对市场进行细分，通过对各细分市场的综合评价确定其目标市场。企业的客户选择是基于目标市场中不同消费群体的价值差异、价值规模确定投资规模，因此客户的价值越高，企业能创造的绩效就越高。

核心客户群体是华为资源的重点投入方向。在事业发展初期，避开大城市国际通信设备巨头的锋芒，华为的目标客户选择是乡镇的邮电局；在华为走向国际市场时，它的目标客户已经从乡镇邮电局、国内电信运营商转变为国际先进电信运营商。

根据数据显示，2015年，华为的智能手机在意大利占有10%的市场份额，

在西班牙则占有13.8%的市场份额，华为已经成为西欧五大国的第二大安卓手机品牌。华为手机在西欧不仅销量得到了很大的提升，而且品牌知名度也增长了不少。根据相关调研机构的数据显示，2015年，华为终端在西欧的品牌知名度为64%，同比增长超过30%。

尽管华为坚持优先选择高价值的客户和市场，但任正非同时也表示"……北京、上海最赚钱，但当我们的'阵地'只剩下北京和上海，我们还能守得住吗？守不住的，因为别人一围，我们就死掉了。所以为了活下去，每个'阵地'对公司来说都很重要，都具有战略意义。"因此华为在市场布局上也坚持"任何国家和地区都是主战场，不能放弃"的认知，并在此认知前提下，主张对客户有所选择，坚持在分布广泛的、大大小小的"阵地"上，聚焦在少量有价值的客户上，聚焦在少量有竞争力的产品上。

（2）找准细分市场客户的特定需求

为了获得优质客户的认可，企业需要满足客户的特定需求。因此，企业应该具备灵敏的市场嗅觉，要对客户的需求有敏锐的洞察力。通过满足客户的特定需求，提高客户对企业的满意度，提升企业产品的市场竞争力。

【案例】电影节"商机"

V运营商是B国三大运营商之一，是华为的重要客户之一。代表处负责人在一次与本地员工喝咖啡时了解到，B国南部一个小镇在每年8月14日到8月19日会举办南美洲最有名的电影节——"Gramado电影节"。

这个小镇的人口仅有3万人，电影节举办时旅游人数肯定大增，这也是V运营商在商用GSM网络后的第一次电影节。这位代表处负责人意识到这是一个潜在的客户需求，项目组人员制定了一份详细的"计划书"。

当代表处负责人把这份电影节网络保障计划和建议书放在客户总监桌子上时，客户总监十分惊讶。当时就看到了原有CDMA网络在电影节期间的通话量数据，客户总监说，他看到了一份"商机"。

华为建议组织一个小型的媒体宣传活动，很快被客户采纳了。电影节后，V运营商的用户数在南部几大城市超越了其他老牌运营商。

著名营销大师杰克·特劳特曾说过销售是一场感知需求的战争，如果这位负责人只是坐在办公室里打打电话，那他永远也不会有这样的机会。因此，企业在进行业务设计时，应该站在客户的角度换位思考，分析客户在特定的经营环境里真正需要的是什么。

价值主张：目标客户稳定、核心、关键的需求和痛点

管理大师彼得·德鲁克曾说："一个人花钱购买一双鞋子，不是为了支付制鞋商所期望获得的利润，而是为了得到一双漂亮大方又舒适的鞋子。"由此可见，客户的价值源于他的需求，而企业的价值主张应该是基于对客户及其需求的洞察，即与竞争对手相比，企业能够为目标客户提供什么独特的价值，或者企业的产品或服务为帮助客户实现了什么价值，企业客户选择本企业的主要原因是什么。

企业产品和服务的独特价值是客户感知到的，而非企业自己感知到的，企业提供产品和服务的独特性，就应该体现在客户感知和给客户的直观感受上。为此，多数企业针对不同的客户群体，将自己的产品分为不同的品牌，这些品牌都各有特点。

【案例】欧莱雅的品牌差异化

欧莱雅是一家知名化妆品公司，在各大品牌纷纷推出新产品之际，为了体现自己产品的差异性，欧莱雅制定出多品牌的销售策略。欧莱雅将旗下的产品分为三个层级，兰蔻等品牌是高端消费产品，体现的是高贵和时尚，销售渠道主要是一些大型百货商场和香水店；欧莱雅品牌是中端消费产品，体现的是专业和时尚，最开始主要通过设计专柜和由专业美容顾问向客户展示；美宝莲等则是低端消费产品，为大众品牌，体现的是奔放和时尚等个性特点。在宣传上，欧莱雅也将不同消费层级的品牌独立宣传，而不是随着欧莱雅这个企业品牌一起宣传。这样一来，欧莱雅的产品就有了不同的受众，也能根据不同客户群的消费能力、喜好突出产品特点。

华为终端产品也采用了类似的战略，针对不同的客户群体，划分出好几个品牌，例如：华为手机中，P系列定位的目标用户是爱拍照的都市白领；MATE系列定位的目标用户是商务人士；NOVA系列定位的目标用户是爱自拍的年轻人……通过明确产品定位，采用不同的渠道销售，让华为手机在短短几年内就跻身世界前列。

企业的价值主张由客户的价值主张决定，只要企业能够提供满足客户需求的产品和服务就能创造价值。经过多年的实践，SDBE领先模型认为客户的价值主张主要可以分为两类：一类是客户的需求，包括隐性和显性需求；另一类是客户的痛点，即客户的困难和问题。只要牢牢抓住这两类价值主张，企业基本上就能保证经营方向不走偏。

3.5.2 明确盈利模式，选择经营范围

盈利模式：业务设计的核心点，发现持续而合理的利润区

盈利模式是业务设计的核心点，是对企业经营要素进行的价值识别和管理，在经营要素中找到盈利机会，即探求企业利润来源、生产过程以及产出方式的系统方法。通过对企业盈利模式的设计，能够发现持续而合理的利润区，让企业不仅能活得久，也能活得更好。

过去，企业可以直接从产品销售中获取大量利润，但是如今市场环境已经发生了巨大的变化，企业获得利润的途径还有很多其他的方式。因此对企业而言，清晰地了解自己的盈利模式非常重要。

（1）产品盈利模式

产品盈利模式，即企业通过生产优良的产品来满足客户的需求，盈利就是客户愿意支付的价格与产品成本的差价。在这种盈利模式下，企业的市场份额和规模越大，盈利就越高。绝大部分企业都是采取的这种盈利模式，包括大众熟悉的沃尔玛、苹果、优衣库等。

（2）服务盈利模式

服务盈利模式的核心，不是依靠提供有形的产品，而是依靠提供各类服务来进行价值的获取。如传统的律师事务所、咨询顾问公司、家教机构、家政服务公司等；新型的如电力公司、电信运营商等；还有如今提供电商服务、平台运营服务、搜索服务等的各种互联网公司……

（3）品牌盈利模式

品牌盈利模式，又叫高价盈利法，这种盈利模式要求企业有很强的设计能力、品牌营销能力和定价能力，其经营的全部核心在于打造企业的品牌形象，以期在目标客户心目中营造高质、高价的心智认知模型。基本上所有的奢侈品和高端消费品走的都是这种路线。

（4）垄断盈利模式

垄断盈利模式是指企业在运营初期追求用户规模，然后再使用规模化的方法进行价值获取。这种企业往往在某一细分领域、资质、资源上做到了垄断。比如中石油、中石化、国家电网等央企；微软、英特尔、高通等由于在技术领域市场份额非常大，造成了事实上的垄断；还有国内的某些互联网公司也在互联网运营领域造成了事实性垄断。

（5）专利授权盈利模式

专利授权盈利是指很多技术强大的企业为获得与保持市场竞争优势，利用

专利授权制度提供的专利保护手段及专利信息，专门制定标准和大量申请专利，通过专利授权谋求获取最佳经济效益。这类企业不但有强大的产品，而且由于其技术的强大，甚至处于事实上的垄断地位，因此有巨大的超额利润存在。典型的有通信领域的高通、医药领域的辉瑞、芯片制造设备领域的阿斯麦尔……

明确地表述和设计盈利模式是一种关键的战略技能。企业作为营利性组织，逐利是所有企业的本能，如果某种盈利模式已经不能为企业带来利润，那么即使它可以为客户增加价值，那也不是合适的。

因此，为追求企业的长期稳健发展，企业必须时时刻刻保持警醒：企业的盈利模式是否已经过时？企业的商业设计所依赖的环境是否已经发生变化？如果答案是肯定的，那么企业就需要启动新的商业设计，以确保战略构想的达成。

活动范围：取舍之道，界定企业的经营边界，聚焦产生力量

每个企业都处在一条甚至多条产业链中，因此对于企业而言，决定在产业链上做什么与不做什么非常关键。选择企业的经营活动范围，就是要全面审视企业所在的整个产业链条，确定企业在产业链中的角色定位和经营范围。一般而言，企业在界定经营边界、确定经营活动范围时，需要考虑以下问题：

企业在价值链上处于什么位置？
企业在整个产业链的优势是什么？劣势是什么？
哪些业务是需要自己完成的？
哪些业务是适合交给产业链上下游的合作伙伴的？
对合作伙伴（如渠道和供应商）的依赖性有多大？
企业应该采取一种什么样的合作模式？
…………

传统上，在确定企业的活动范围时，可以从产品与服务（产品层面）定义，也可以从市场需求（市场层面）定义。

从产品与服务定义意味着选择能够最有效地发挥企业产品的优势与特征的领域开展业务活动，是企业针对价值链进行垂直整合的体现。例如华为始终聚焦于产品研发和市场营销，而把生产、行政等辅助性部门进行弱化，或者通过外包采购来解决问题。

从市场需求定义则是将具有共同点的顾客归纳到一起，以这些顾客群为受众确定企业的业务活动范围，是企业横向整合价值链的体现。例如华为始终坚持

ICT 核心竞争力的打造，始终坚持以 ICT 领域为中心来定义业务活动范围，不为房地产、金融等行业的诱惑所动。

虽然一家企业无法也不可能擅长所有领域、所有环节，但是在市场上参与竞争的所有企业都有自己独特的竞争优势。这个优势可能是市场营销，也可能是技术和研发，或者是生产制造、成本控制等，企业要学会将自身的核心竞争优势发挥到极致，以此在竞争中碾压对手。这就是华为所深刻领悟的"针尖战略"或"压强原则"。

从 20 世纪 90 年代末开始，华为逐步专注于市场和研发两大部门，并持续加强这两个核心能力的建设，一直把市场和研发放在经营和管理的首要位置。每年研发投入占销售收入的 12% 左右，市场投入占销售收入的 9% 左右。正是依靠这种持续高强度的投入，加上优良的产品开发、市场营销、采购和供应、生产计划、财务等各方面的管理，使得这种投入能变成更大的产出，产生良好的经济效益。

因此，企业在合理确定自身经营能力和活动范围时，要有取有舍，有所为有所不为。对于自身能力不强或客户价值小的领域，要果断放弃或通过合作伙伴来弥补自己的短板；对于自身能力很强，或者客户价值主张强烈的关键领域，一定要加强长处的发挥或持续投入资源去构建能力，以保障商业设计的成功落地。

3.5.3　构建战略控制点，做好风险管理

战略控制：整个战略规划和执行的根基和支点

一家真正称得上伟大的企业，必须拥有一条能够持久不衰的"护城河"，从而保护企业享有很高的投资收益率。市场经济的竞争机制导致竞争对手们必定持续不断地攻击任何一家收益率很高的企业的"城堡"。因此，企业要想持续不断地取得成功，至关重要的是要拥有一个让竞争对手非常畏惧的难以攻克的竞争堡垒。

——巴菲特

战略控制就是面向未来找到整个产业链和产业链发展演变趋势中那些最为关键的价值点，也就是竞争壁垒。企业必须建立起自己的竞争堡垒和"护城河"，避免竞争对手对企业的冲击，保护自己的地盘不会被竞争对手侵蚀。

企业的战略控制手段有很多，如专利、品牌、客户关系、行业标准、成本优势等，具体如表 3-3 所示。

表 3-3　企业战略控制手段的类型

序号	战略控制手段	案例
1	渠道	叮咚买菜
2	10%～20%的成本优势	富士康
3	技术领先1年	英特尔
4	品牌	阿玛尼、苹果
5	客户关系	哈雷·戴维森
6	占据领导地位	腾讯、可口可乐
7	控制价值链	阿里巴巴、戴尔
8	构建行业标准/拥有专利组合	微软、甲骨文

同一行业的不同企业可以选择不同战略控制手段，企业由于经营状况和特点等的不同，都有适合其自身的战略控制手段。另外，一个企业也可以同时选择多种战略控制手段，以构建自身强大的竞争堡垒。

值得注意的是，战略控制点是企业的中长期竞争力来源，具有不易被构建、不易被模仿以及不易被超越的特点。企业在构建战略控制点时需要注意两点：

（1）企业所认为的"护城河"要能够产生商业结果。如果只是在技术上领先，而不能变现成企业的利润流，那么这个战略控制点也是失效的。

（2）企业在使用战略控制点时，不能破坏良好的产业生态系统。例如企业在使用专利、行业标准等战略控制手段持续创造价值时，不能收取高额专利费来破坏商业生态环境。

【案例】华为构建战略控制点：专利组合＋客户关系

（1）专利组合

华为已经成为全球最大的专利权人之一。截至2021年年底，华为在全球共持有有效授权专利4.5万余族（超过11万件），90%以上专利为发明专利。华为在中国国家知识产权局和欧洲专利局2021年度专利授权量均排名第一，在美国专利商标局2021年度专利授权量位居第五。

（2）客户关系

华为开始是卖电信设备及配套附件的，这是简单的一次性交易。到2002年左右，华为开始给客户做整体解决方案，即"交钥匙工程"，就是给客户构建一张完整的可运营网络。最初，华为卖设备的时候，只接触到客户的采购经理或技术经理。而在提供整体解决方案中，华为可以接触到他们的市场总监、技术总监等，这些人在客户的决策体系中占有重要的位置。通过深入客户决策体系，大大提高了产品的销售成功率。

不同行业的企业，符合市场环境和自身资源条件的战略控制点可能不一样，例如华为就善于抓住客户的痛点和诉求来设计和构建战略控制点。企业要设计和构建符合自身条件的战略控制点，通过抓住战略控制点来实现企业的战略目标，赢得客户的认可和信任。

风险管理：识别战略规划中的主要不确定性并制定预案

在企业经营中，风险无处不在。"不恃敌之不来，恃吾有以待之"，企业必须从战略的角度来规划和管理危机、风险，以降低风险发生的可能性。战略规划中的风险管理，是指对企业发展战略目标、重要资源、核心竞争力、企业效益产生重要影响的各种不确定因素进行预先识别和预案处理。

风险管理的前提是准确识别风险。"风险"不同于"问题"，一方面是风险的存在和发生有一定的偶然性；另一方面在于风险本身存在客观性，企业只能通过制定预案来减少影响，而不能人为阻止。因此，风险管理就是要针对识别出来的主要风险制定预案，减少甚至消除风险发生可能造成的影响。

华为基于 COSO 模型，参考 ISO 31000 风险管理标准，结合自身组织架构和运作模式设计建立了企业风险管理体系，并在战略规划和业务计划的制定流程中嵌入风险管理要素——通过战略规划，各领域与区域系统识别、评估各自风险；在年度业务计划中各领域与区域制定风险应对方案，并以管理重点工作的方式实现日常运营中的风险监控和报告。

华为 2021 年年度报告中重大风险要素部分摘录如下[①]：

（1）战略风险

随着 5G、云计算、AI、区块链等新技术的成熟商用，行业数字化正进入快速发展期，用数字技术使能各个行业，发展潜力巨大。但外部环境持续动荡、更趋复杂，全球疫情正在改变人们的生活方式，对航空、物流等行业形成极大冲击，世界经济面临艰难的局面，全球化秩序面临重大挑战，我们将长期处于美国对领先技术持续打压的逆境中求生存、谋发展。

（2）外部风险

宏观环境：2022 年经济复苏将得到巩固，但不确定性增加，经济增速减缓。新冠病毒的新变种可能推迟供应链瓶颈的缓解以及服务行业的全面复苏；财政政

---

① 资料来源：《华为投资控股有限公司 2021 年年度报告》。

第 3 章 战略力：从价值洞察到商业设计

策收紧，对实体经济的支持将减弱；通胀维持高位，如利率的上升超过预期，将给高负债国家带来压力；地缘政治紧张局势和保护主义将继续损害商业情绪和投资。

法律风险：华为长期致力于遵守业务所在国适用的法律法规，但在一些国家和地区，法律环境的复杂性如法律的明确及透明程度、司法和执法的尺度等，仍有可能对华为业务产生影响。

贸易风险：贸易限制与新冠疫情带来的客观困难仍将是2022年国际贸易面临的主要挑战。

自然灾害：地震、台风、疫病等自然灾害的出现可能影响华为某些业务环节运作，进而影响网络运行。

当地国家风险：由于国际经济及政治形势纷繁复杂，在不同国家开展业务会涉及一定的特有风险，例如经济和政治不稳定、外汇市场波动、主权债务风险等。

（3）运营风险

业务连续性：华为各项业务都不可避免地依赖于与第三方厂商、专业机构以及合作伙伴的广泛合作，业务连续性管理至关重要。

信息安全及知识产权：不能完全防止其他厂商不正当使用华为的保密信息，尽管可以通过司法途径进行保护，但仍然可能会产生损失。

（4）财务风险

流动性风险：持续优化资本架构和短期流动性规划及预算和预测体系，用于评估公司中长期资金需求及短期资金缺口；同时采取多种稳健的财务措施保障公司业务发展的资金需求。

汇率风险：依据一贯沿袭的外汇风险管理政策，我们在综合考虑市场流动性及管理成本前提下管理了主要外汇敞口，并建立了一整套外汇管理政策、流程、操作指导等管理机制。

利率风险：利率风险主要来源于长期借款，通过对利率风险敞口分析，公司组合运用浮动利率与固定利率的融资来降低利率风险。

信用风险：制定和实施全球统一的信用管理政策制度、流程、IT系统和风险量化评估工具，并在各个区域和业务单元建立专门的信用管理组织；利用风险量化模型，评定客户信用等级，确定客户授信额度，量化交易风险；预测可能损失，计提相应的坏账准备，对于已经或可能出险的客户会启动风险处理机制。

销售融资：严格控制融资风险敞口，仅针对部分项目与相关金融机构进行了风险分担，并计量和确认了相应的风险敞口，确保业务风险可控。

在风险识别和分析的基础上，企业应该结合实际情况，选择合适的风险应对策略。华为的风险应对策略有五种：规避、承受、利用、减小和分担，具体如表3-4所示。

表3-4 风险应对策略

序号	应对策略	举例说明
1	规避	严格管控业务组合中风险显著高于其他部分的业务
2	承受	重新对产品和服务进行定价，使之能对风险部分进行补偿
3	利用	通过专业人员和流程管理，发现风险中蕴藏的发展机会
4	减小	启动危机管理机制以降低风险发生时带来的冲击
5	分担	将缺乏竞争力的业务外包以转移风险

在选择风险应对策略时，首先要看看识别出的风险的发生概率，根据可能性的大小，判断出应该选择何种风险应对策略。

当完成业务设计模块后，整个战略规划部分就完成了。具体来说，这个部分的逻辑过程就是通过研究发现未来的市场机会，明确企业自身的定位和角色以及与产业链上其他企业的关系，找准企业的目标客户及其需求，确定价值获取方式，构建为获取持续价值的战略控制手段，并对其中的风险进行识别和防范。

第 4 章
洞察力：在变化中找准最佳赛道

任正非说过："没有战略洞察能力，就会事倍功半。"不管你从事什么行业，都必须把握好行业趋势，再去设计相匹配的产品和服务。不仅如此，行业趋势变化背后的驱动因素，更值得我们反复琢磨。

概述：洞察力

动荡，就其本身而言，是不规则的、非线性的、不稳定的。但我们可以分析、预测和掌控其潜在原因。

——彼得·德鲁克

要解决企业在动荡中持续发展时可能面临的挑战和风险，则需要有意识地培养决策团队的洞察力。

什么是洞察力？

面对同样的情况，处理同样的问题，有的人往往能见微知著，料事在先，果断决策，以防患未然；而有的人却见事迟、行动慢，处处被动，进而贻误商机。这就是拥有洞察力与缺乏洞察力的体现。

对于一个想要在竞争中获胜的企业而言，洞察力就是能够敏锐地从多种问题中把握住核心，抓住问题的实质，发现有利于利润增长的变革及其征兆，并同时能够提出实现这一变革的设想、战略和切实可行的计划，进而制定出有效的方案或者科学的决策。

在 SDBE 领先模型中，洞察力是指企业深刻洞察行业内领先标杆及行业整体发展趋势，从而制定发展路径，把握市场节奏和风险的能力。

如图 4-1 所示，在 SDBE 领先模型中，洞察力与战略解码紧密联结，在整个战略及执行框架中的发挥着非常重要的作用。洞察力能够帮助企业看清三个方面：

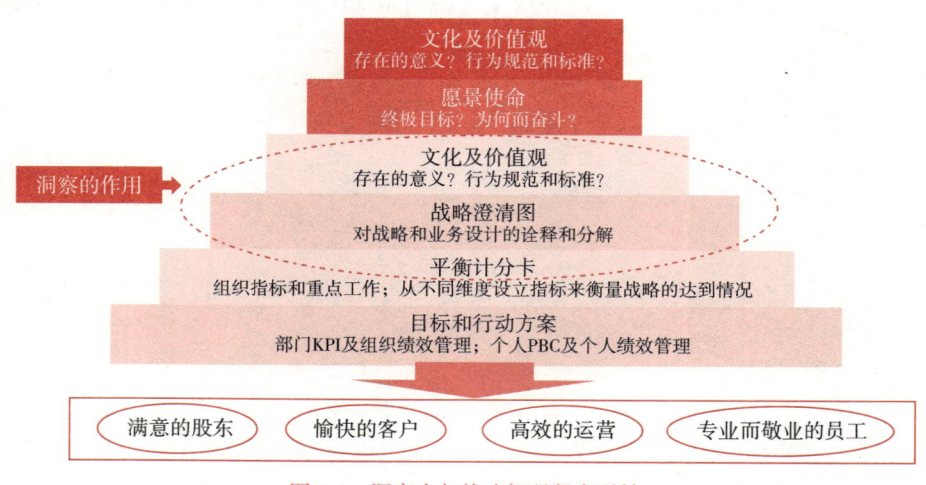

图 4-1 洞察力与战略解码紧密联结

（1）通过差距分析看清发展路线。

（2）看清行业发展趋势和市场变化。

（3）明确自身愿景、战略方向和业务目标。

4.1 树立与分析标杆，寻找并弥补差距

"三人行，必有我师。"一个经过精心选择、可供学习的标杆，就像一个好的老师、一盏明亮的灯塔，它的成功经验或失败教训、对行业的认知和理解、正确的战略和战术、良好的措施和做法，能够帮助企业减少学习的时间，降低失败风险。

4.1.1 根据标杆内容选择标杆对象

对任何企业来讲，产品技术、商业模式以及管理创新等，终有一天会放缓或终止，要想持续而长久地活得好，除了在某些方面拥有过人之处之外，还需要没有致命的弱点或短板。通过向业界最佳或者标杆对象学习，进而优化自身，一定程度上是企业成本最低、风险最小的选择。

如图 4-2 所示，在 SDBE 领先模型中，差距分析与标杆管理的管理动作或措施，可能不会直接出现在战略规划及执行的某个具体环节中，但其对战略规划、解码、计划和执行过程中的各种"枝干"起到指导作用，贯穿于整个战略管理和执行框架的全过程，对整个战略管理的成功闭环起到至关重要的作用。

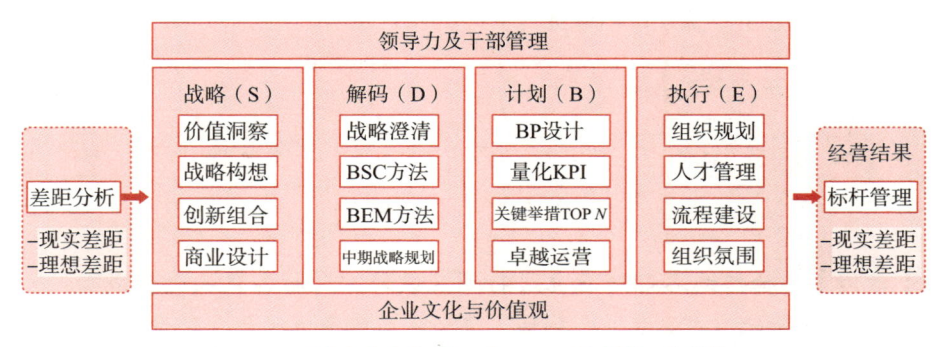

图 4-2　差距分析与标杆管理在 SDBE 领先模型中的位置

其中，标杆管理是支持企业进行差距分析的有效工具与方法，能够为差距分析提供业界最佳实践。标杆管理（Benchmarking）也被译为对标管理、标杆学习等，由于出发点不同，学界对于标杆管理定义的侧重点也各不相同。

【知识点】关于标杆管理的定义[①]

1989年，坎普认为"标杆管理是一个组织寻求卓越业绩的行为与最佳实践的过程"。此定义含义广泛，包含所有不同类型的标杆管理活动，它强调卓越的业绩，应用于跨行业、跨国度的产品、服务及相关生产过程的领域。

1992年，Vaziri认为"标杆管理是将公司的顾客要求与行业最优的直接竞争者，或者是在特定领域内被认为有较好业绩的企业进行连续比较并最终判定需要改进的项目"。这一定义表明了标杆管理与服务对象在满意程度上有着密切的联系。

施乐公司的首席执行官David T.Kearns认为，标杆管理是"持续不断地将企业自身产品与管理实践活动同行业内较优秀的竞争对手或行业领导组织进行对比分析的过程"。

IBM公司给出的标杆管理定义为：标杆管理是以改进流程为目的，通过与先进企业的对比学习，持续寻找进一步提高绩效的最佳实践过程。

从以上所述的标杆管理定义可知，标杆管理的内涵就在于树立一个具体先进的标杆，通过不断比较、不断学习以及不断创新，发现并解决企业自身的问题，进而达到甚至超越标杆水平。其中"标"为标准、"杆"表示参照物、"标杆"则是企业的学习对象。

结合差距分析，标杆管理的基本过程如图4-3所示。在实现企业战略闭环管理过程中，SDBE领先模型把标杆管理定义为：不断寻找和研究一流公司的最佳实践，以此为基准与本企业进行比较、分析、判断，从而使自己的企业得到不断改进，并进入赶超一流公司创造优秀业绩的良性循环过程。

确定标杆内容 → 选择标杆对象 → 分析差距和原因 → 确定绩效目标 → 制定实施行动方案 → 总结

图4-3 标杆管理的基本过程

【案例】华为终端各品牌独立进行商业设计，对标各巨头大获成功

如图4-4所示，在终端业务领域，华为各品牌分离运作，针对每个品牌的目标客户分别采取不同的战略构想和商业设计。同时，每个品牌也对标不同的标杆企业或品牌，这些标杆对象在行业的各个细分市场上都是领先的佼佼者，华为通过标杆管理分析这些品牌绩效的形成原因，并在此基础上建立自身品牌可持续发

---

① 王致民. 标杆管理在工程质量管理中的应用研究[D]. 西安：长安大学，2018.

展的关键业绩标准及绩效改进的最优策略，进而取得了非凡的成绩。

| Nova品牌vs O/V | Mate系列vs三星 | P系列vs苹果 | 荣耀品牌vs小米 |

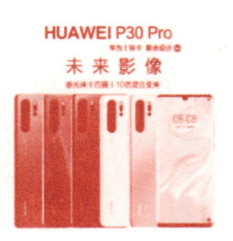

图 4-4　华为各终端品牌标杆对象

1999年，在世纪之交，任正非在《答新员工问》中说："华为要活下去就要学习，开放合作，不能关起门来赶超世界。"因此，对于华为而言，学习标杆和业界最佳这一实践永远在路上。除了案例中的终端领域，华为在CT（通信技术）和IT（互联网技术）领域也分别找到了模仿和学习的标杆对象，即CT领域的思科、爱立信以及IT领域的IBM、谷歌和亚马逊。

由此可见，华为在选择标杆对象上，并非随机地选择某个企业巨头，而是基于自身的业务内容和技术领域，从标杆内容出发，有目的地对标杆企业进行筛选，即标杆管理的第一步：根据标杆内容选择标杆对象。

4.1.2　分析标杆对象，寻找差距

标杆管理是差距分析的前提。在明确了标杆对象以后，就要进行标杆管理第二步，即与标杆对象比较，进行差距分析。前面已经说过，差距分析贯穿战略管理和执行的全过程，对战略管理的成功闭环起至关重要的作用。那么，究竟什么是差距分析？

差距分析是指企业在制定战略规划的过程中，通过将自身的绩效指标与标杆对象或者期望的绩效指标进行对比分析，找出产生差距的根源，从而提出减小或消除差距的方法。

如图 4-5 所示，差距分析是 SDBE 领先模型的起点和终点，其作用机理是在确定竞争标杆（现实标杆或理想标杆）之后，通过战略执行或者战略重构，不断弥补差距，并且这一过程不断复盘、优化、迭代，支撑企业的发展不断呈螺旋式上升。

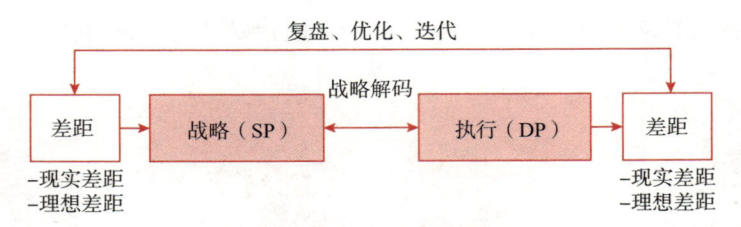

图 4-5　差距分析是 SDBE 领先模型的起点和终点

差距分析一方面能够提高组织的执行能力，弥补现实的业绩差距，另一方面要看到更多的能够牵引公司增长的市场机会，并在后续的战略制定中，用新产品、新的业务组合来满足新的客户需求，把它落实成业务目标。

因此，在进行差距分析的时候，通常要经历这样的步骤：

（1）确定标的。标的可以是行业内的主要竞争对手（现实标杆），通过对标优秀企业，找到企业自身的发展方向。也可以是企业的战略目标（理想标杆），例如 5 年后公司销售收入要达到 100 亿元，利润为 15 亿元。

（2）找出差距。将所有可以量化的差距都进行量化，不能量化的则先进行定性描述。

（3）找出关键差距。

（4）寻找关键差距产生的原因。

通过这样的过程，发现差距并找出原因，从而采取各种措施进行弥补。差距分析内容及结果输出如图 4-6 所示。

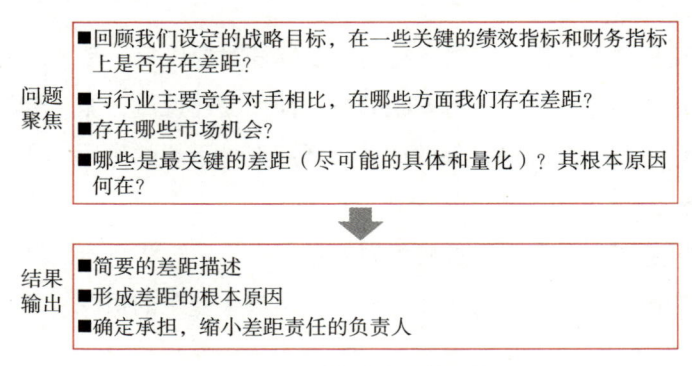

图 4-6　差距分析内容及结果输出

其中，现实差距是真实可靠的，一般来说，就算差距再大，也常常可以通过高效的执行、更有效的激励去填补，一般不需要改变业务设计。例如当年华为的运营商业务向爱立信全面学习，消费者业务全面向苹果学习。

而理想差距则不同，在这种情况下，企业没有现实的标杆可供分析和学习，因而对标就越发困难，需要对标者在创新组合、模式设计或其他方面多做洞察，大量进行探索、创新，甚至是试错，且极有可能以失败而告终。

因此，一个企业及其下属的各级组织，要在认真分析自己业务的基础上，谨慎而谦虚地选择自己的学习标杆。即便有时选定的标杆在整体业务表现或财务规模上甚至不如本企业，只要其在某方面有过人之处，也是值得学习或争取合作的，可谓是博采众家之长，以成一家之大。

4.1.3 制定实施行动方案，弥补差距

发现差距并分析出原因以后，企业应进一步制定切实可行的赶超策略，设计详细的实施路径，分步骤、分阶段进行实施，应对路径的关键节点进行阶段性总结，确保实施过程不会出现偏差。

在实施过程中，企业首先应根据需要设立标杆推进小组，明确责任到具体人员，负责为实施过程提供指导，协调各部门、各分支机构之间的关系并解决一些突发事件等，保障行动方案的执行不受突发事件的影响。

其次，将知识及实施计划编制成文件并以宣讲、研讨等方式让员工可以学习、掌握并灵活运用。当成果迟迟不出现的时候，需要重新找出问题所在，进入标杆管理的持续改进循环。

【案例】宝山钢铁股份有限公司的多层次标杆管理[①]

宝山钢铁股份有限公司（以下简称宝钢）目前是我国最大、最现代化的钢铁联合企业，以其诚信、人才、创新、管理、技术诸方面综合优势，奠定了在国际钢铁市场上世界级钢铁联合企业的地位。

2000年，宝钢引入并实施标杆管理，将技术创新作为主要发展战略，选定了164项生产经营指标作为进行标杆定位的具体内容，选择了45家世界先进钢铁企业作为标杆企业。

（1）技术创新之专利技术对标

宝钢与世界500强P钢公司的2000年技术专利成果数进行对标，借此找到了自己的差距，确定赶超目标。开展技术创新标杆改进后，2001年宝钢集团研究院获国家受理专利比上年递增17%，取得公司认可技术秘密比上年递增28%，签订技术贸易合同比上年递增340%。

（2）技术创新之研发基地建设对标

宝钢通过与世界500强中的两家钢铁公司在科研试验用的轧机、工艺模

---

① 管启. 标杆管理助宝钢在学习中创新［J］. 中国建筑金属结构，2003（11）:26-27.

拟仿真等设施及基地方面进行标准参照后，明显找到了自己与国际先进钢铁企业在研发设备与基地上的差距，决心加速实施研发基地建设，不断进行改进和追赶。

（3）逐步推进超前性的高新技术产品研发

在未来科技前沿性战略发展研究项目发展方面，宝钢也与世界500强同行先进企业进行对标，发现在此方面公司的计划已经远远落后，因此集团积极着手从事未来5～10年战略发展高新技术产品项目的研发。

（4）对钢铁子公司进行产业升级

通过与世界500强同行企业进行装备技术对标后，宝钢发现钢铁子公司的产业结构不够合理，亟待进行升级。因此投入资金对钢铁主业子公司装备技术进行更新改造，用以提高子公司核心竞争力。

（5）信息技术建设向前推进

早在1996年，宝钢在信息化管理方面就曾借鉴日本综合商社、欧美钢铁、汽车跨国集团信息化管理经验和模式，逐步加快自己的信息化技术建设。目前宝钢已建成公司物流供销、设备点检维修、质量控制、电子商务等生产与职能管理的信息集成系统。

这次的标杆管理为宝钢的技术创新提供了一种可信、可行的奋斗目标，极大地增强了宝钢的技术创新体系对外部环境变化的反应能力。

结合宝钢的实践案例，标杆管理应用经验可以归纳为以下几点：

（1）标杆管理可以运用到企业的各个方面，除了企业战略定位等整体运行上，标杆管理也可以应用到企业的具体层面。

（2）标杆企业应当选择某方面领先的企业，只有这些行业中优秀的领军者才能指引行业的发展方向，最大限度地为企业提供借鉴优势。

（3）进行标杆管理不能顾此失彼，不能为了追求某个目标而影响其他方面。

（4）可以借鉴其他行业的经验，某些行业先进企业的经验是不可复制的，但不同行业的经验有时却可以加以利用。

4.2 做实行业洞察，完成精准踩点

任何一个行业都有技术要素，产业发展的支撑本质上还是技术要素在起作用。企业可以运用技术成熟曲线，通过技术洞察提前识别行业技术走向，适时切入，完成精准踩点，实现商业成功。

4.2.1 运用技术成熟曲线，识别行业技术走向

技术洞察（Technology Insight，TI）是根据市场发展趋势、客户需求以及技术的生命周期，对某项技术发展趋势进行判断和预测，并明确未来 3～5 年的技术战略和战略控制点、重大的技术投资方向，完成技术战略规划的制定，并最终进行技术战略解码，为公司整体战略创造价值的过程[①]。

为了帮助客户跟踪行业技术的成熟度以及未来潜力，国际研究机构 Gartner 每年针对各种技术和应用［如社交软件、ERP（企业资源计划）］、信息和 IT 服务（云计算、大数据）以及其他行业（零售、人寿保险等）领域创建 90 多张技术成熟度曲线图（见图 4-7）。

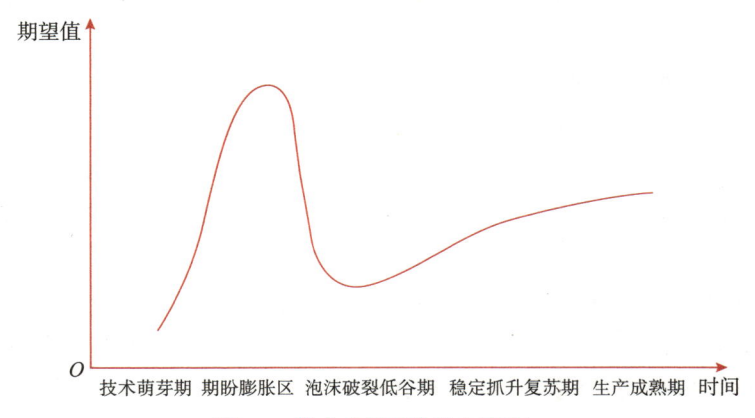

图 4-7 技术成熟度曲线（示例）

技术成熟度曲线（The Hype Cycle）又称技术循环曲线，或者直接叫作炒作周期，是指新技术、新概念在媒体上曝光度随时间的变化曲线。

——［英］维克托·迈尔·舍恩伯格，［英］肯尼思·库克耶《大数据时代》

技术成熟度曲线是对各种新技术或其他创新的常见发展模式的图形描述。从 1995 年开始，Gartner 依其专业分析，预测与推论各种新科技的成熟演变速度及要达到成熟所需的时间，可以分成五个阶段（图 4-7 横轴所示）。

（1）技术萌芽期（Technology Trigger）：技术成熟度曲线从突破、公开示范、产品发布或引起媒体和行业对一项技术创新的兴趣的其他事件开始。随着媒体大肆的过度报道，非理性的渲染，产品的知名度无所不在。

（2）期盼膨胀期（Peak of Inflated Expectations）：在这个阶段，所有商业和

---

① 杨学明.技术洞察是技术战略成功的关键［EB/OL］.（2022-04-04）［2022-09-28］.https://www.cnblogs.com/mikeyond/p/16099976.html.

行业杂志的封面似乎都在描述这种技术。随着新技术术语的扩散，从众效应出现，企业在各种设置下进行尝试，该技术被推向极限，甚至被视为万灵药，而忽视其在各种场合的适宜性。媒体中的故事都在描述这种技术引起的振奋，这使更多企业参与进来而唯恐落后。促使企业采用这种技术的压力非常大，很多情况下企业并不完全了解其中的挑战和风险。

（3）泡沫破裂低谷期（Trough of Disillusionment）：早期公众的过分关注演绎出了一系列成功的故事，同时也有众多失败的例子。这些失败案例中很多都源于技术的不恰当使用。随着大多数企业都认识到事情不像最初看起来那么容易，一些较为负面的故事开始出现，媒体开始转而报道这种技术的挑战而不是机遇。由于这种技术不能实现早期过度膨胀的企业和媒体预期，其声誉快速下滑。

（4）稳步爬升复苏期（Slope of Enlightenment）：随着时间推移，供应商不断根据早期反馈改进产品，性能、集成、用户采纳和业务用例论证方面的障碍逐渐被克服，技术随之成熟。成功的技术应用方法被编写成规范，其使用中的最佳实践被推广。

（5）生产成熟期（Plateau of Productivity）：新科技产生的利益与潜力被市场接受，实质支撑此经营模式的工具、方法论经过数代的演进，进入了非常成熟的阶段。

技术成熟度曲线的纵轴反映的是"预期"，其不同纵向形状显示了在技术发展过程中，预期随时间的膨胀和收缩情况，是由市场对技术的预计、未来价值的评估决定的，准确地反映了随技术发展出现高峰的更深层根本原因和性质，强调技术的潜在和实际采纳者的情感以及不断转变的投资决策压力。

在任何时候，如果能预测出行为的重大转变，例如技术成熟度曲线上的重要转折点，就可以通过提前于大多数人采取行动而占据优势。行业内多数企业之所以对 Gartner 的技术成熟度曲线报告趋之若鹜，就是因为技术成熟度曲线能够为企业提供可靠的技术洞察来源，帮助企业有效识别行业技术走向。

（1）帮助企业将宣传炒作与技术商业前景的真正驱动因素区分开，以降低技术投资决策的风险。

（2）有利于将企业对技术业务价值的理解与经验丰富的 IT 分析师的客观评价进行对比，以便在特定的业务目标背景下进行资源配置、管理部署，帮助企业做出最适合自己的决策。

4.2.2　选定企业最佳技术路线，实现客户需求

"华为一再强调产品的发展路标是客户需求导向。以客户的需求为目标，以新的技术手段去实现客户的需求，技术只是一个工具。新技术一定是能促进质量

好、服务好、成本低，非此是没有商业意义的。"

——摘自华为 2003 年《产品发展的路标是客户需求导向，
企业管理的目标是流程化的组织建设》

不仅是在中国，放眼全球，华为也是科技型企业的杰出代表。然而，华为却不断强调：技术只是实现客户需求的手段和工具，满足客户需求才是目的。华为对自身的定位也并非技术导向的企业，而是以客户需求为导向的企业。企业的技术创新和发展是以客户需求为导向的，以满足客户需求为目的的，因而我们运用技术成熟度曲线进行技术洞察的目的，也是为了帮助企业选择最佳的技术路线，最终实现客户的需求。

华为一直在内部强调以客户为中心，反对盲目创新，一定程度上也导致了外界有人在一段时间内对华为产生了误解，以为华为不喜欢创新。实际上，为了避免从一个极端走向另一个极端，华为也非常强调以技术为中心的超前战略，"把研发作为商业投资来管理，所有开发项目的立项和产品需求都来自客户"，始终把战略控制点放在技术和产品上，以技术为中心和以客户为中心两者就像拧麻花一样，坚持"客户＋技术"的双轮驱动，敢于做行业领导者。

（1）以客户需求为中心做产品

华为通过客户需求驱动，实现客户牵引企业的具体工作，不断开发产品、优化产品，从原来的只是用产品功能来满足用户的基本效用需求，到满足情感、文化等软性需求。从基本配套服务，到"自己没吃亏，那么服务就没到位"的"吃亏论"服务标准，华为实现了产品与需求的完美对接，实现了企业发生的原生动力的作用。

（2）以技术创新为中心做未来架构性平台

华为通过技术创新驱动，让技术来促进革新。虽然任正非提到用移动互联手段来加强企业管理，但 5G、6G、操作系统、芯片技术等基础与底层技术，也一直是华为产品开发的重心，这些都是基于做未来架构性平台所进行的技术创新，使公司始终能够走在行业前沿，甚至是引领无人区突破。

4.2.3　洞察技术发展程度与节奏，完成精准踩点

随着市场竞争越来越激烈，很多技术领先型或创新型企业都在进行技术创新，而创新的源头就来自技术洞察的结果，如果对新技术的判断不够准确，就可能导致公司产品失去方向，在市场上失去竞争力。因此，企业在进行技术洞察时要对技术在当下和未来的发展程度和节奏进行判断，进而完成精准踩点。

如图 4-8 所示，由于正面和负面宣传的持续影响，技术成熟度曲线的高峰和低谷迫使企业往往在不知道潜在价值的情况下采用高风险技术，同时也掩盖了利

用可见度较低但却非常重要的技术的机会。

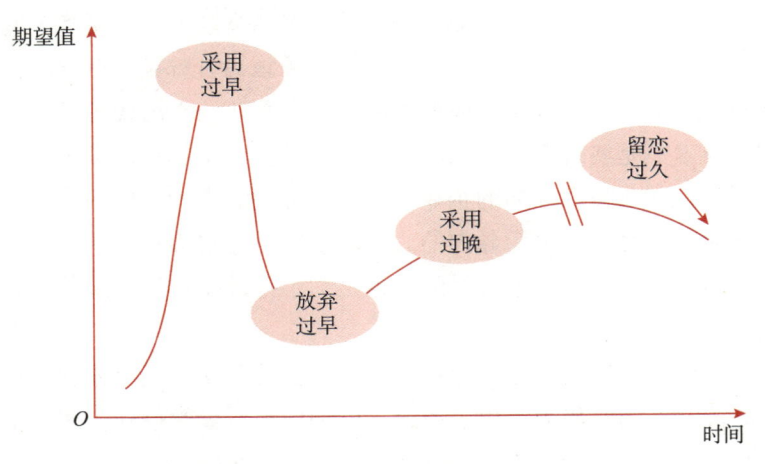

图 4-8　技术成熟度曲线上的误区

于是就形成了图中的四个误区：

（1）采用过早（Adopting too early）和放弃过早（Giving up too early）

不应因技术处于过热期就予以采用，也不应因技术处于低谷期就将其放弃。企业应分析哪些技术可能是对其业务有益的，并在技术成熟曲线的早期对这些技术进行评估。

（2）采用过晚（Adopting too late）

高峰期和低谷期的转变很明显，而在爬坡开始时转变则不是很明显，因此容易错失机会。当企业在技术成熟度曲线的早期发现一种可能有用的技术而规划人员认为这项技术尚未就绪时，一种不错的战略是确定目标性能水平或价格点后在"静默期"跟踪该技术的进展，以确定该技术何时最终能够用来产生价值。

（3）留恋过久（Hanging on too long）

虽然 Gartner 的技术成熟度曲线上只画到生产力成熟期开始时，但完整的技术成熟度曲线应延伸到"收益下降期"和"快速淘汰期"。像爬坡开始时一样，到生命期结束点的下滑过程也是缓慢的，在真正开始导致问题之前很容易被忽略。

为把握技术发展的程度与节奏，适时切入，完成精准踩点，除了要了解技术成熟度曲线上的误区之外，分析技术成熟度曲线中存在的机遇也同样重要。技术成熟度曲线中存在两类机遇：

（1）通过精确确定创新采用时间来优化价值获取量。要在一项创新上投入企业的时间和资金时，不仅要确认所投资的是正确的项目，而且还应在能够以可接受的风险水平获取最长终身价值的时间点介入。

（2）在更宽市场上利用其他市场参与者的需求和行动获取技术成熟度曲线的能量：①避开其他人已经陷入过的误区；②在技术成熟度曲线各阶段预见到供应商、投资者、竞争对手以及熟练技术人员的倾向。

综上所述，可见运用技术成熟度曲线能够帮助企业规避市场进入误区，抓住机遇，摸清行业将来的技术走向，进一步将市场策略、公司的战略规划统一有机地结合起来，完成技术的前瞻性投资。

4.3 深刻洞察市场，把握客户需求

市场洞察对于企业的战略规划来说至关重要，它关乎企业对其业务发展方向的选择，一旦这一方向有所偏离，那么其所有支撑战略规划执行和落地的资源配备、业务设计等都将失去有效性。

4.3.1 市场洞察决定企业未来的走向

市场永远是在变的，客户对需求的变化导致了市场整体的变化。随着市场竞争越来越激烈，市场洞察的成果成为企业战略规划的重要输入。在 SDBE 领先模型中，决定是否进入、如何进入某个行业或领域，对市场空间或者市场容量的判断非常重要。

市场空间是指客户在一定的地区、一定的时间、一定的市场营销环境和一定的市场营销计划下，对某种商品或服务愿意而且能够购买的现实和潜在的市场总需求量。市场空间分析和预测，即是对这种市场总需求量进行科学的调研与预测的一项研究。

市场空间一般是用使用价值需求总量（数量规模）和可支配货币总量（金额）来进行描述。但是某些领域或市场，由于各种原因，如产品价值太低或成本太高，导致无法进行变现，或者不具备现实可参考性，使得企业无法对其市场空间进行分析和预测。对于这些领域或市场，很多如华为这样的企业，一般会给出既定细分市场的可参与市场空间，因为一个企业只有加上这些，才能算得上是有具备现实意义的市场价值。

【案例】华为：从汽车项目组到智能汽车解决方案 BU

早在 2012 年，华为就成立了汽车项目组。华为是把它作为未来业务增长点

来打造和储备的，因此当时的汽车项目组在华为内部连部门编码都没有，确确实实是个秘密的、面向未来性质的项目。

从 2019 年 5 月 16 日开始，美国特朗普政府发起了对华为的第一轮制裁，将华为列入实体清单。面临美国将来可能不止一轮的制裁与打击，可以预见，先进制程的芯片已经不可获得，手机终端等产品线将无法继续发展，公司营收也将面临着明显的天花板，华为最高领导层适时启动了智能汽车产业的商业化进展。

华为认为，随着 ICT 的发展，汽车作为智能化的一个重要场景，是新一代 ICT 变现的理想赛道。且汽车产业的营收市场空间是巨大的，一旦华为能够成为行业龙头，则能支撑起巨大的发展空间，对于华为公司而言，这亦是未来发展的理想赛道。

于是华为开始布局智能汽车业务，并且在 2019 年 6 月适时成立了智能汽车解决方案 BU 部门，并迅速投入大量资源，派遣最得力的干部和骨干去发展这个产业，并形成了短期内不进行整车制造，而是专注于核心技术和汽车增量零部件的定位，以避免投资和业务风险。

在传统汽车时代，一辆车的价值构成中，电子和软件等信息部分的占比很低，在 5%～10%，甚至更低；而在未来，一辆智能汽车的价值，60% 以上将要用 ICT 部件来进行定义，尤其是自动驾驶软件。按照徐直军的话来说，就是"汽车的无人驾驶目标一旦实现，就将颠覆跟汽车相关的几乎所有产业"。

因此，华为特别重视对自动驾驶软件的研发投资，并期望通过强力投资的方式推动汽车行业和 ICT 行业走向融合，在实现汽车行业网联化、智能化、电动化以及共享化的同时，开创一些新的商业模式，为华为带来长期战略机会。

如华为进军智能汽车的案例，企业基于某个技术方案，对既定业务（产品线）在不同客户或市场的前景分析，包括定性或定量的分析，我们才能得到企业既定的产品线或产品族在各个目标客户群中，各自最佳的发展战略，从而采取不同的资源投入强度和投入方法，来取得相应的结果。

4.3.2　深入洞察市场，识别客户需求

从理论上讲，市场洞察分为数据、信息、洞察三个层面，即通过整理零散的数据和信息进行推理思考，总结数据和信息中的规律，识别客户需求，从而预测未来市场的发展趋势，进而做出合适的战略决策。

企业要想做好市场洞察，重点在以下几个方面：

（1）明确行业趋势

某家农药企业做出判断：中国的整个土地流转后，土地规模会增加，随之企

业的渠道和客户都会发生变化。那么土地流转后趋势发生的可能性有多大？变化有多快？哪些方面比较快？这就需要企业持续对市场进行观察。

只有看懂发展趋势，企业才能抓住正确的机会。但是如何从显性的行业数据中发现趋势并判断是否要跟进？对于未来推进过程中可能出现的变化与挑战，是否有能力支撑？都要求企业前期不断地扫描市场，进行深入观察，从而得出相对准确的规律和结论，进而给出合适的发展策略。

（2）研究价值转移

"人往高处走，水往低处流。"就中国和整个社会发展来讲，所有行业都在朝着高价值方向迁移发展。因此，企业要时刻思考在这个行业中未来价值会转移到哪些环节，或者说行业本身在社会整个价值体系中处于什么地位。

制定战略规划时，对于价值低的业务环节，可以选择不做，或者采用外包等策略来做；而对于高利润、高价值的业务环节，则要加大技术与创新投入，提高企业核心竞争力。

（3）把握市场节奏

光是掌握行业趋势还不够，关键是要在了解行业趋势的基础上，把握住趋势变化的节奏，在适时的点切入市场。但是适时的点何时到来？如果判断过早，可能会导致资源浪费；如果判断过晚，又很难抓住机会，所以对节奏的判断非常重要。

某公司主要做电动车的充电电池，因其对电动车市场的预测比较乐观，于是第一年，开始在市场上募资，准备建设厂房，但结果发现这个判断偏激进了；到了第二年，采取了保守策略，产能规划较去年少了很多，结果这一年客户需求量又很大。

可见，一旦对行业趋势节奏的把握失之偏颇，就会导致案例中的结果，要么产能过剩，要么供应不足。在做出节奏判断时，首先当然是希望判断准确，但当判断不准时，针对不同的行业形态要有决策的倾向性。由于案例中行业的客户数量（汽车的制造厂商）是有限的，因此每丢掉一个客户，其损失都是巨大的，因此宁可让产能等客户，也不能让客户等产能。

（4）识别客户需求

根据波特五力模型，可以将行业态势分为五个方面，即行业内现有企业、客户、供应商、替代品以及潜在的市场进入者。当整个行业的结构发生变化时，各方的力量对比也会发生变化，由于客户需求是主轴，因此需要时刻考虑客户的需求变化，将客户需求作为最核心的矛盾来研究：客户是谁？客户买什么？其需求是什么？

华为在北非开展无线设备业务的时候，想把产品送给客户，但是都找不到客户在哪里。客户已经购买了阿尔卡特或者爱立信的设备，但是当这个设备不小心坏掉，当运维打电话找他们寻求售后维修时，他们回电却是业务太忙，没时间。华为对此的应对就是：我们也是做这个业务的，我们来维修，而且免费。

4.4 剖析竞争对手，知己知彼，百战不殆

面对激烈的市场竞争，企业只有正确地找到自己现实的和潜在的竞争者，做到知己知彼，才能向竞争者发出更有针对性的挑战，同时对竞争者的攻势做出积极的反应，做到百战不殆。

4.4.1 正确识别竞争对手，发现机会点

当游戏发生变化时，最大的危险在于看不到新的对手。因此竞争分析的目的在于明确形势和预见机会，正确识别竞争对手，不仅仅是"和我们做一样事情"的历史竞争对手，还要考察潜在的与我们有相同客户或范围的任何公司。

20世纪80年代初，迈克尔·波特在《竞争战略》一书中提出了竞争对手分析模型。该模型列出了分析竞争对手的四个因素：未来目标、现行战略、竞争实力以及管理假设。通过对四个因素的分析，可以帮助企业了解竞争对手：①可能采取的战略行动和战略成功的可能性；②对其竞争对手的战略行动、可能发生的产业变化以及重大环境变化做出的反应；③战略与其能力的匹配性；④存在的弱点。

如图4-9所示，波特竞争对手分析模型从四个方面分别展开分析：

什么驱使着竞争对手　　　竞争对手在做什么和能做什么

对手的未来目标
- 母公司的总体目标
- 各级管理层和各个战略方面的目标
- 各业务单位的目标

对手的先行战略
- 总体战略
- 总体竞争策略

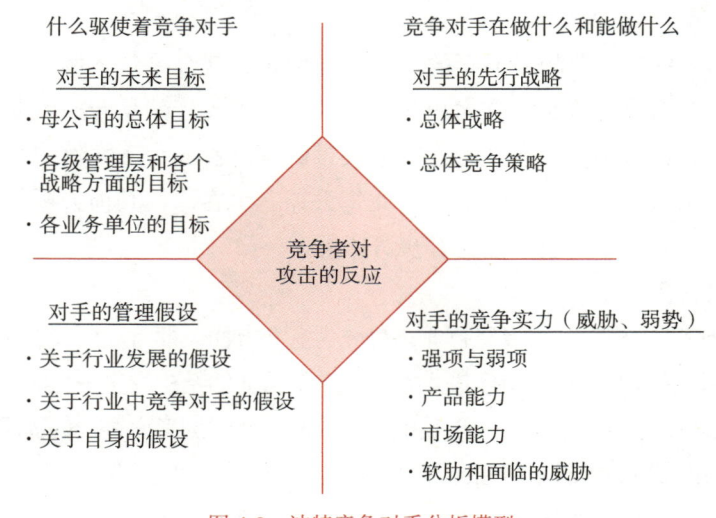

竞争者对攻击的反应

对手的管理假设
- 关于行业发展的假设
- 关于行业中竞争对手的假设
- 关于自身的假设

对手的竞争实力（威胁、弱势）
- 强项与弱项
- 产品能力
- 市场能力
- 软肋和面临的威胁

图 4-9　波特竞争对手分析模型

（1）动机——未来目标

了解是什么在驱动着竞争对手，包括母公司的总体目标、各级管理层和各个战略方面的目标以及各业务单元的目标等，从不同的水平和维度上来考量其驱动因素，实现对竞争对手未来目标的认知和洞悉，从而判断竞争对手改变现有战略以及对外部事件做出反应的可能性。

（2）行动——现行战略

了解竞争对手实际在做什么，什么是竞争对手有能力做的。竞争对手的战略决定了它在市场中将如何竞争，因此测定对手的总体战略、总体竞争战略以及如何实施非常重要。如果当前战略实施产生了满意的效果，可以可靠地推测它很可能继续该策略。

（3）行动——竞争实力

通过明确竞争对手的强项与弱项，了解其产品和市场能力，能够考察竞争对手发起或应对外部压力的内在能力。虽然有未来目标这一驱动力来启动行动战略，但其战略实施的有效性则依赖于其能力。拥有众多分支网络的机构可能通过其渠道发起攻击，而财力雄厚的公司则可能通过降价发起进攻。

（4）动机——管理假设

竞争对手关于行业、竞争及其自身能力的假设是什么？分析竞争对手对自身和产业的假设，可以很清楚地看到竞争对手对自身的战略定位，以及它对行业未来发展前景的预测。这些假设有的是正确的，有的是不正确的，通过掌握这些假设，可以从中找到发展的契机，使本企业在竞争中处于有利的地位。

【案例】Facebook 竞争对手分析

2007年，Myspace是全球第一大社交网站，Orkut在拉美和亚洲地区也取得了很大成功，而在欧美排名却比较靠后。由于大多数社交网站定位在细分市场，有着相似的用户群体和扩张目标的Myspace和Orkut，成了Facebook最大的竞争对手。

目标受众细分、更好的口碑营销空间、互动流传性强、黏性强等特点使得社交网站在广告和电子商务平台上蕴含着巨大商业价值。彼时，Myspace已成为其母公司新闻集团进军弱势互联网媒体的重要一步；作为Orkut母公司的Google也早已看到了社交网站的应用价值，其战略是进军热门领域，通过提供免费工具来支持自己的核心业务广告。

2007年2月，新闻集团收购了提供精准广告投放技术的公司SDC，以期充分利用MySpace个人数据的价值；5月，Myspace进入中国市场，实施全球化战略；并且在Facebook开放第三方平台之后，随即公布开放第三方平台，同时也公布加入 Google 的 Opensocial 平台，与 Facebook 之间的战争愈演愈烈。Google 对 Orkut 进行调整，为其推出了更多语言版本，体现了全球化的野心，并将 YouTube 与其链接，使 Orkut 可以更好地分享 Google 和 YouTube 庞大用户群。

　　Myspace 和 Orkut 都有强大的母公司为依靠。新闻集团在传统广告行业积累了大量客户关系和品牌影响力，可将 Myspace 的广告服务进行整合，发挥规模效应，同时收购的 SDC 公司也能为 Myspace 提供精准广告投放的技术支持；Google 作为当时最成功的互联网公司，加上收购的 YouTube，能以网络搜索、广告市场以及庞大用户群的优势为 Orkut 提供支持。

　　从自身优势出发，Myspace 是当时全球最大的社交网站，用户规模和网站流量上占据绝对优势；Orkut 在南美和亚洲占有很大的市场份额，这正是 Myspace 和 Facebook 软肋所在。与此同时，相比 Facebook，Myspace 和 Orkut 也有着相似的劣势，而以下这些缺陷也会导致广告商对客户定位和广告效果评估变得困难。

　　（1）社区定位不够明确，网站缺少排他性；

　　（2）用户信息的真实性难以得到保证，用户间可能缺乏信任，这种关系网的价值在实体生活中没有延续，轻易被遗忘。

　　综合竞争对手分析框架的四个方面来看，竞争对手分析的关键是一步步地进行分析，直到看出每一个方面的分析结果是相互匹配的还是不和谐的。若四个方面的结果无法很好地取得和谐性，那我们便能将其中存在的差异点转化为自己未来发展的新机会点，从而构筑核心竞争优势。

4.4.2　扬长避短，制定有效的竞争策略

　　客户选择我而不是你，这就是竞争优势。某种程度上，竞争分析的实质就是关于差异化的艺术，通过竞争分析，找出这种差异性，扬长避短，即用本企业的"利器"去打竞争对手的"软肋"，制定有效的竞争策略，使自己处于竞争的有利位置。

　　SDBE 领先模型的实践总结是：竞争战略即一个企业能做的（组织的优势和劣势）和可能做的（市场机会和环境威胁）之间的有机组合。利用 SWOT 分析法，可以对与企业密切相关的各种主要内部优势、劣势和外部的机会和威胁等进行全面、系统地调查、列举，并依照矩阵形式排列，用系统分析的思想，把各种因素相互匹配起来加以分析，根据分析结果制定相应的竞争发展战略、计划以及对策。

如图 4-10 所示，横轴的 S（Strengths）是优势、W（Weaknesses）是劣势，代表着企业内部环境因素，是企业在其发展中自身存在的积极和消极因素；纵轴的 O（Opportunities）是机会、T（Threats）是威胁，代表的是企业所处的外部环境因素，是对企业的发展直接有影响的有利和不利因素。通过构建 SWOT 分析矩阵，将这些内外部因素相互匹配形成了四种企业竞争策略，即 ST 策略、SO 策略、WT 策略和 WO 策略。

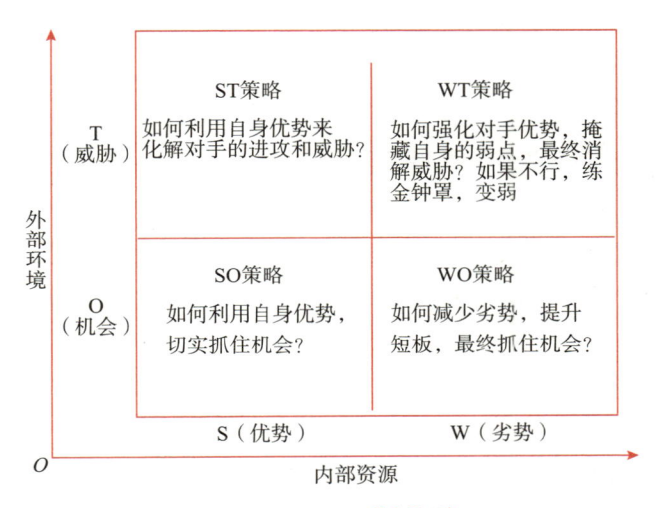

图 4-10　SWOT 分析矩阵

【案例】蜜雪冰城 SWOT 分析

（1）优势（Strengths）

①地理位置：覆盖全国 31 个省市自治区，遍布商场及商铺周边，各高校食堂及宿舍楼下，客源相对稳定。

②价格优势：蜜雪冰城售价合理，全线产品均居于 15 元以下，且优惠促销活动多，为学生及大众人群提供消费机会。

③品牌优势：2021 年蜜雪冰城主题曲"你爱我我爱你蜜雪冰城甜蜜蜜"在网络及大街小巷传出，加之其品牌形象为一个憨态可掬的雪人，网络热度不断攀升。

④市场优势：冰淇淋及冷热饮市场发展迅速，成为以享受为主的休闲食品，季节性的差异正逐步淡化，一年四季都有销售。

（2）劣势（Weakness）

①经营劣势：经营面积有限，且服务范围较小，产品制作效率也还有上升空间。

②产品单一：冰激凌种类及口味单一，产品种类对比其他品牌要少一些。

③竞争激烈：市场上涌出例如冰雪时光等与蜜雪冰城同等价位的竞争对手，竞争日益激烈。

④监管不严：2022 年 1 月起，蜜雪冰城品牌陆续出现涉嫌使用过期材料等事故，需要加强改进管控，避免消费者流失。

（3）机会（Opportunities）
①蜜雪冰城拥有庞大的消费群体。
②亮眼的牌匾设计及品牌形象，店铺辨识度高。
③良好的口味，服务态度佳、专业水平高。
④团队构成年轻人居多，更能了解新生代消费心理和趋势。

（4）威胁（Threats）
①替代商品众多，不仅需要与奶茶店竞争，还要与便利店的饮品竞争。
②有调查显示，人们对于奶茶产品的依赖度有所降低，对食品健康的关注越来越高。
③人们对奶茶产品的要求不断提升，尤其是对口味的种类。
④产品与企业宗旨及战略简单，易被复刻及模仿。

在市场趋于饱和、竞争不断升级的当下，以蜜雪冰城为例，奶茶品牌一方面要不断优化产品质量，提升产品种类，根据时节开发更多当季产品以满足消费者多元化的需求；另一方面则是不断加大创新力度，提升品牌竞争力，使企业处于竞争优势地位。

在完成环境因素分析和 SWOT 矩阵的构造后，企业便可制定出相应的行动计划：发挥自身优势因素，克服劣势因素，利用市场机会因素，化解威胁因素，考虑过去，立足当前，着眼未来。

4.5 知识引导行动，行动产生新知

知识引导行动，行动产生新知。知识管理就是在企业绩效与知识、经验之间建立一个闭环，并时刻促进这个闭环帮助管理者发挥信仰和信心的力量，通过领导、绩效、薪酬、激励等综合手段，实现上下同源、左右拉通，最终形成高效合力。

4.5.1 知识管理是组织与战略的沉淀和发展

企业通过规范而有效的办法，将零碎的、多种来源的知识进行整合、提炼和验证，形成高价值、可广泛重用的知识资产，用来指导企业各级组织的业务活动

和决策，SDBE 领先模型将这个行为称作知识管理。

知识管理是对知识、知识创造过程和知识的应用进行规划和管理的活动，是组织与战略的沉淀和发展，其理念和方法论来源于华为从美国军队和领先企业中总结而来的知识管理框架，是现代企业在数字时代竞争力的核心组成部分。

21 世纪以来，企业的经营和持续发展从主要依赖资本、自然资源、劳动力等传统资源，逐渐转变为依赖技术创新、专业知识等智慧资产，知识管理成为现代企业管理的核心内容，它帮助企业做出正确的决策，为企业创造竞争优势和持续竞争优势，以适应市场的变迁。

【案例】华为：开放式创新特色的知识管理[①]

如图 4-11 所示，华为的知识管理主要包含以下三个层面。

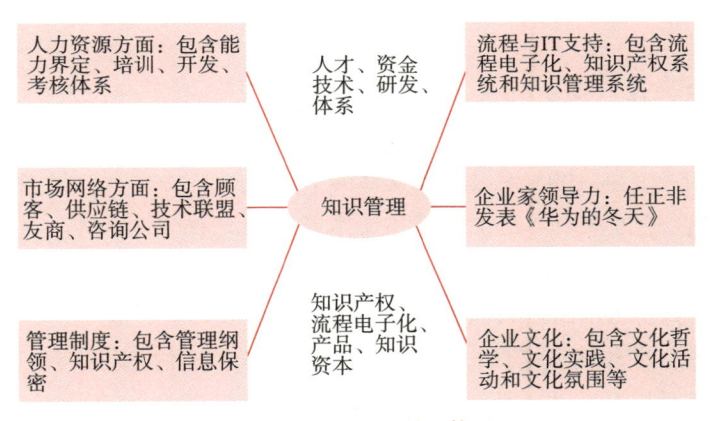

图 4-11 华为知识管理体系

（1）知识引进：获取知识

华为的创新观念，是勇于承认与西方公司的差距，以虚心和开放的心态，在继承前人创新成果的基础上持续并进行创新。在新产品开发中，华为要求研发人员尽量引用公司已拥有的成熟技术，以及可向社会采购的技术，若利用率低于 70%，而新开发量高于 30%，就会提高开发成本，增加产品的不稳定性，这不仅不叫创新，反而是一种浪费。

（2）知识研发：创造知识

①巨额的研发投入：电子信息产业具有高投入、高风险、高回报的特点，技

[①] 朱瑷怿.企业知识管理案例分析——以华为公司为例［J］.求知导刊，2018（4）:005-007.

术发展迅速，如果没有强大的资金支持与技术研发能力，是很难在市场中保持竞争优势的。华为每年都将10%的营收和政府科研财政支出的大量补贴用于产品和开发上，并且将研发投入的10%用于前沿技术、核心技术及基础技术的研究和跟踪。

②内外部人才合作：高技术产业的竞争，实质也是人才的竞争。为聚揽优秀专业技术人才、提高企业自主研发能力，即使在初期资金紧张的情况下，华为仍不惜用高薪聘用高素质的人才。在拓展国际市场的过程中，华为高价邀请大量外籍研发人员加入，使得企业与当地文化得到了充分的融合，研发效率也在开放式创新的背景下空前提高。

③从客户处获取创新资源：华为专门设立了客户需求研究部门，在全球各地与客户交流，将顾客集成到创新过程，将客户的需求反馈到研发部门，形成产品发展的路标，开发出满足客户需求的优质产品，把低成本、高素质知识型员工的优势发挥到极致，使知识管理与市场需求紧密地结合起来，使得公司的知识创新更持续、更深入。

（3）知识产权：保护知识

早在1994年年底，华为就认识到完善的知识产权体系对于知识管理的巨大促进作用。因此，从1995年起华为设立知识产权部，并颁发《华为公司科研成果奖励条例》，还为每个部门配备了高素质的知识产权专业人才，定期对企业员工进行知识产权教育培养，提升整个公司的知识产权意识。

从华为开放式创新的知识管理中，我们可以得到以下启示：①重视研发投入，加强人才引进和知识培训；②基于客户需求，构建信息化平台；③完善知识产权保护体系，提升企业竞争力；④实施知识管理评估与激励措施，塑造良好的企业环境。

随着企业的不断发展和环境的快速变化，知识管理对于企业来说已经越来越重要。为打造实现企业可持续发展的竞争力之源，企业应该充分整合IT和数字化技术，着手进行组织的知识管理，促进知识的数字化、智能化、平台化。

4.5.2　知识管理是对价值的传递

人类的全部知识可以分为两类，即显性知识与隐性知识（见表4-1）。其中，显性知识是指能明确表达的知识，凡是能以文字与数字来表达，可以通过语言、书籍、文字、数据库等编码方式传播，人们可以通过口头传授、教科书、参考资料、期刊、专利文献、视听媒体、软件和数据库等方式获取的知识，皆属显性知识。

表 4-1　显性知识与隐性知识的区别

显性知识的特征	隐性知识的特征
规范、系统	尚未或难以规范、零星
有科学和实证基础	科学原理不甚明确
稳定、明确	非正式、难捉摸
经过编码、格式化、结构化	尚未编码、格式化、结构化
用公式、软件编制程序、规律、法制、原则和说明书等方式表述	用诀窍、习惯、信念、个人特技等形式呈现
运用者对所用显性知识有明确认识	运用者对所用隐性知识可能不甚了解
易于储存、理解、沟通、分享、传递	不易保存、传递、掌握

而隐性知识则因人而异，是一种无形资产，独特而不易管理，很难用公式或文字来加以说明，也难以对外流传或与别人分享。个人主观的经验、洞察力、直觉与预感等皆属隐性知识。

个人隐性知识是组织知识创造的基础，组织知识的形成是知识管理的目的。企业本身无法凭空创造知识，只有通过组织环境的设计与动员，将员工个人所创造的隐性知识进行传播、扩大，进而累积、转换为企业的知识。

因此，知识管理不但要对企业内规范、系统的显性知识进行管理，重点是要对潜在的、难以规范的隐性知识进行管理和开发。人类知识的 80% 都是隐性知识，如果能把这些隐性知识保存并传承下来，通过内部知识共享将其显性化，建立良好的反馈机制、解决机制和监控机制，就能够帮助企业在未知的、不确定的情形下做出更好的决策，促进企业走向成功。

企业知识管理的实质就是对知识链进行管理，使企业的知识在应用中增值。一个企业要进行有效的知识管理，关键在于建立起一个适合的知识管理体系。许多著名公司已经建立了自己的知识管理体系，利用"知识资源"来获得竞争优势，巩固其行业领袖地位。

【案例】西门子的知识管理体系

作为传统企业代表的西门子，早在 1997 年就通过构建和利用适合自身发展的知识管理体系，达到了整体提升公司核心竞争力的目的。西门子的知识管理体系分为企业内外两个部分，外部主要涉及企业日常对外活动、活动场所和活动主体；内部可以分为战略及评价、运作业务和支撑结构三大类。

具体包括制定知识作为公司资产的商业战略，培养相互信赖的知识共享文化和知识型组织，建立知识市场，确立知识资产，确定知识内容和结构，设置知识度量制并建立评估系统和模型，培养知识工人，采用知识技术使新知识行为成为可能并驱动其产生。

整个框架内外部通过信息、最佳实践和研究、经验反馈等进行交流。西门子除了采用通信网络、文档管理、群体技术等常见技术外，最为关键的是采取了门户技术。在一个集成的门户中，员工可以有权限地交流和共享知识，并通过搜索跨越不同部门的障碍获得所需的知识。

通过构建知识管理平台和系统，通过因特网、内联网、外联网和知识门户等技术工具将知识和应用有机整合，以支持各级组织及个人进行知识共享、沉淀、传播和消费，在创造业务价值的过程中帮助知识和信息在正确的时间传递给正确的人，使企业显性知识和隐性知识得到相互转化，加速组织内知识的高效循环，使知识的应用产生价值。

第 5 章
运营力：化战略为年度经营计划

制定战略后，需要经过分解、解码，让每个员工能够理解并去执行。战略解码（Strategy Decoding）是指通过可视化的方式，将组织的战略转化为全体员工可理解、可执行的行为的过程。战略解码的过程就是将公司的战略规划分解到产品线、销售线（行业或客户），再分解到公司各个部门的过程。

概述：运营力

过去，西方学者把与工厂联系在一起的有形产品的生产称为"production"或"manufacturing"，而将提供服务的活动称为"operations"，而现在的趋势是，这两者均被称为"运营"。

运营是对运营过程的计划、组织、实施和控制，常说的运营管理是指对生产和提供公司主要的产品和服务的系统进行设计、运行、评价和改进的管理工作，包括战略运营管理、人力资源运营管理、市场营销运营管理、生产运营管理等多种职能类型。

企业的运营能力则取决于运营资源和运营过程。其中，运营资源包括运营系统的技术资源、系统资源（机器、设备等）、人力资源等，而运营过程则包括研发过程、运营改善过程（如质量管理过程）、制造与分销过程等[①]。

企业战略的制定与实施，必须要依靠良好的机制和高效的团队执行。高效管理的本质就是打造最简单高效的以客户需求为始、到客户满意交付为止的端到端的价值创造流程。组织运营力作为企业的一项重要能力，是以完善企业流程、IT、管控、运营、质量、组织和绩效等多方面运营机制以及人的管理来实现企业效率的提升。

5.1 战略解码是从战略规划到执行的衔接点

在 SDBE 领先模型中，战略解码（Strategy Decoding）是联系战略规划与执行的一个重点且不可或缺的环节。战略解码也被视作战略规划与执行闭环的有效衔接点，只有能清晰描述，才能实现战略。

5.1.1 战略解码的概念和作用

对战略规划进行解码，进而形成可管理、可衡量、可操作的经营计划和措施，是 SDBE 领先模型与 BLM 最大的不同。对比 BLM 中解码环节的缺失，SDBE 领先模型的战略解码作用是保证整个组织对战略理解的一致性，从而确保企业战略的有效执行落地。

战略解码是指通过可视化的方式将组织的战略转化为全体员工可理解、可执行的行为过程。通过战略解码，企业可以将战略目标分解成不同目标，并落实到

---

① 博商管理科学研究院. 组织运营力［EB/OL］.（2013-01-31）[2022-09-23].http://www.bosum.com.cn/news/665.html.

各部门和岗位，以此确定部门考核、员工个人考核的指标，促使企业绩效管理以战略目标为导向，助力企业战略的有效实施。

战略解码的目标，就是要系统破译公司战略，确保战略目标自上而下地落地。战略解码在实际操作中有两个维度。

（1）垂直维度

战略解码的垂直维度是指战略在组织的上下各级要对齐。因此，战略解码的直观理解就是要做战略破译，在上下各级间达成能理解、可落地、可追踪的计划和措施。这个维度的解码能够帮助员工加深对日常工作与企业战略之间联系的理解，同时也能确保每一个管理者有意愿和技能根据战略来管理并辅导员工的绩效，最终确保组织的战略得到有效执行和落地。

（2）水平维度

战略解码的水平维度是指战略在组织的同一层级要拉通，各部门所承接的目标交叉汇总后，能够无遗漏、无偏差地覆盖上一级组织所承接的战略目标。这一维度的战略解码需要对各个下级组织的独特价值进行审视，并且精心推敲和设计同级组织间的交叉和依赖关系，从而确保组织的战略能够完整、无遗漏地被分解到各下级组织，反之，当各下级组织完成各自的任务之后，能够确保整个组织战略目标的达成。

有无战略已经不是衡量一家公司能够成功的依据，无论是优秀的公司还是平庸的公司都有战略，但战略的执行力如何却是区分它们的标志。

——吉姆·柯伦斯《从优秀到卓越》

如图 5-1 所示，整个战略解码环节承上启下，连接规划和执行两大环节。它

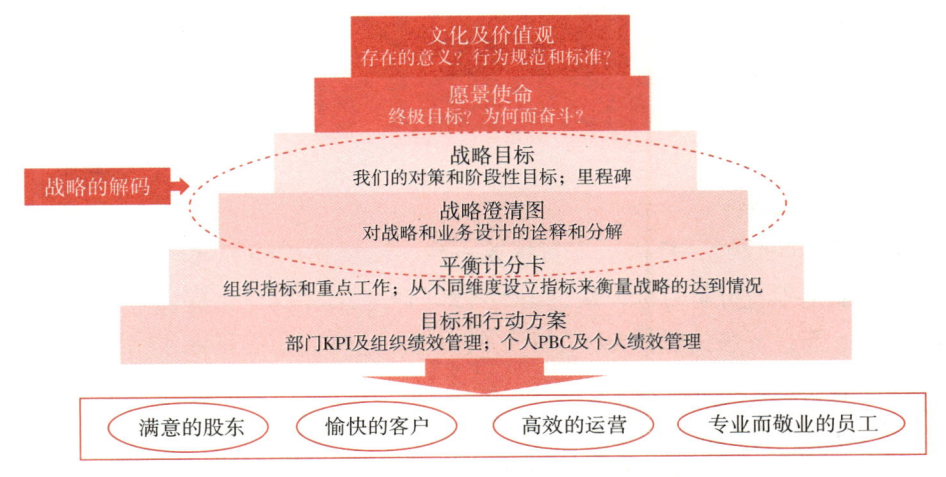

图 5-1 战略解码连接规划和执行两大环节

通过战略澄清图对战略和商业设计进行诠释和分解，将战略目标自上而下逐级澄清，用平衡计分卡将组织指标和重点工作从不同维度转化为具体的、可衡量的、可操作的组织 KPI 和个人绩效承诺。战略解码环节能够保证整个组织对战略理解的一致性，从而有效提升战略执行力，促进战略目标的落地和实现。

5.1.2　战略解码遵循的基本原则

通过对公司战略进行解码，企业能够实现战略目标从公司到产品线、到部门、再到岗位的层层分解，并将这些相关的关键成功因素和重点任务具体落实到相关组织（部门或岗位）KPI，甚至主管个人 PBC（个人业务承诺），以确保战略规划落地。

与此同时，企业在进行战略解码时也需要遵循一定的原则。SDBE 领先模型定义战略解码的四大原则是垂直一致性、水平一致性、责任层层落实以及均衡性和导向性（见图 5-2）。

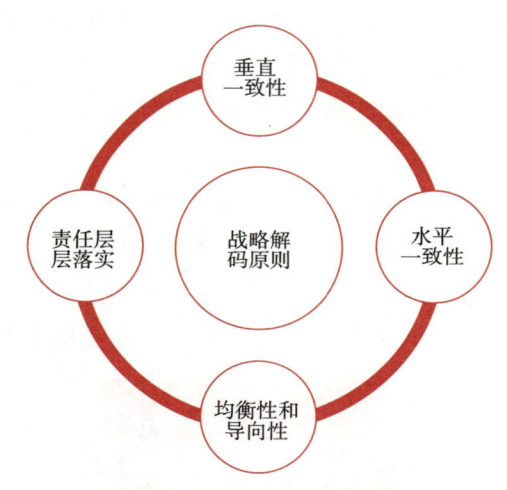

图 5-2　战略解码需遵循的原则

（1）垂直一致性

所谓垂直一致性，是指上下目标要一致，以公司战略和部门业务目标为基础，自上而下垂直分解目标，从公司到各部门再到各个岗位，保证目标的纵向承接一致性。而且下级的目标要大于上级的目标，这样公司的目标才能够实现。

（2）水平一致性

公司价值链上的各个环节都是相互关联的，战略解码需要以公司端到端流程为基础，建立起各部门间的连带责任和协作关系，保证横向一致性。

（3）均衡性和导向性

公司每年都有管理重点，都有优先发展的业务。在解码的时候，企业需要考虑均衡性、导向性，例如今年要重点发展哪个业务，要重点提升哪个能力，就要加大其指标权重。

（4）责任层层落实

建立 KPI 指标责任分解矩阵，落实部门对上级目标的承接和责任，为个人绩效考核的确定提供依据。企业需要将确定的 KPI 和重点工作形成目标责任状，与相关责任部门负责人签署部门级 KPI 目标责任状，落实目标责任。

如果战略不能被清晰描述，就不能被具体衡量；不能被衡量，就不能被有效管理；不能被有效管理，那么战略意图就会落空。

——罗伯特·卡普兰

企业是功利性商业组织，其进行战略规划和设计的根本目标，还是通过长久地为客户创造价值而获取利润。因此，企业整个战略解码的核心原则，可以说就是价值创造决定价值分配。

帮助企业创造更多收入的行为即价值创造行为，归纳起来就是影响企业经营的战略和行动计划。反过来，将企业战略里的所有行动计划分解为相应的价值创造行为，都表现为对应的 KPI 指标，最终的价值分配就是基于这些 KPI 的完成情况，也正是因为这些 KPI 被自下而上地层层落实，才能最终支撑起企业的价值创造。

5.1.3 工欲善其事，必先利其器

"工欲善其事，必先利其器。" SDBE 领先模型在进行企业战略解码时，常用的战略解码工具有：平衡计分卡、KPI 管理体系、战略地图、指标鱼骨图等。

战略解码常用工具简介

（1）平衡计分卡

平衡计分卡（Balanced Scorecard，BSC），是由哈佛商学院罗伯特·卡普兰等教授所发明的一种绩效管理和考核的工具，主要从财务、客户、内部运营、学习与成长四个维度，将组织战略目标落实为可操作的衡量指标的一种新型绩效管理体系。平衡计分卡与企业的战略、愿景相结合，强调公司短期目标与长期目标间的平衡、内部因素和外部因素间的平衡以及结果的驱动因素，反映了平衡的思想。

（2）KPI 管理体系

"如果你不能度量它，你就不能管理它"，KPI 管理体系通过建立一种将企业

战略转化为企业内部活动和过程的机制，不断增强企业核心竞争力，进而使企业取得持续高效益。KPI 是在公司高层领导对企业战略达成共识之后，通过价值树或者指标鱼骨图按部门和岗位自上而下层层分解而来的，是衡量企业战略实施效果的关键指标，且这些关键指标必须符合 SMART 原则。

（3）战略地图

战略地图（Strategy Maps）是在平衡计分卡的基础上发展而来的，通过分析财务、客户、内部运营、学习与成长这四个层面目标的相互关系，绘制企业战略因果关系图。其核心内容包括：企业通过学习与成长，即运用人力资本、信息资本和组织资本等无形资产，创新和建立战略优势和效率，进而把特定价值带给市场和客户，最终实现股东价值财务。

（4）指标鱼骨图

鱼骨图法是日本管理大师石川馨提出的应用于质量管理的因果分析方法。鱼骨图法的具体操作是通过头脑风暴发挥团队智慧，在组织中集思广益，从不同角度、不同层面找出事物的所有相关影响因素，同时发现问题潜在根本原因的方法。由于不同战略目标的实现，总是受到一些关键因素的影响，因此企业可以通过头脑风暴找出这些 KPI 因素，并按相互关联性整理成层次分明、条理清楚的图形，这个图形就叫 KPI 指标鱼骨图。

战略解码方法一：BEM 模型

根据多年企业战略管理实践，目前 SDBE 领先模型进行战略解码的主要方法之一是基于业务战略执行模型（BEM）的解码方法，这种方法采用了与 BLM 战略制定模式对应的结构化模型，整体架构如图 5-3 所示。

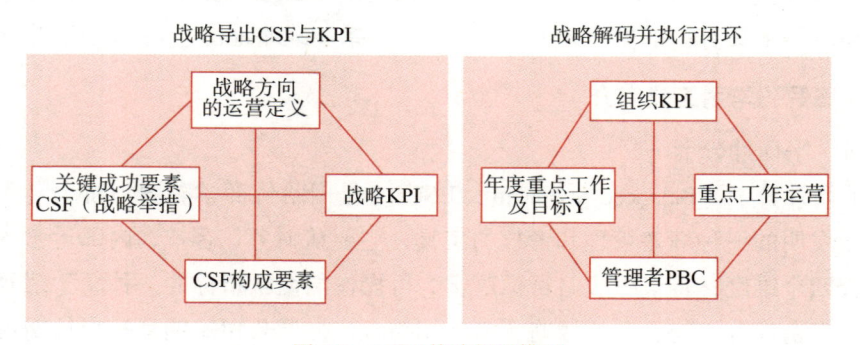

图 5-3 BEM 战略解码模型

BEM 模型是由三星原创、华为结合六西格玛质量方法改进并推广的业务执行力模型。该模型通过对企业战略逐层逻辑解码，导出可管理、可衡量的 KPI 以及可执行的重点工作和改进项目，能够确保战略目标被有效分解到组织与个人。适用于大型规模、业务复杂多样、多地域分布的企业或组织。其解码步骤如图 5-4 所示。

步骤	明确战略方向及其运营定义	导出CSF，制定战略地图	导出战略KPI	导出关键举措
目的概述	强调战略方向的具体活动和可衡量性	清晰解码战略，明确为达成战略目标的CSF	对CSF匹配显示量化指标，以达成情况	结合创新组合与商业设计，导出关键举措和TOP N
活动描述	基于SP结果及内涵，简要整理战略方向并进行简短描述	1）识别中长期的关键成功要素；2）制定战略地图	确定本战略周期中对应的CSF的内容和范围，识别CSF对应的战略KPI	把影响企业战略达成或者缩小差距的TOP N 举措识别出来
输出结果	战略方向、战略方向的运营定义	CSF、战略地图	CSF构成要素、战略KPI	输出关键举措，即TOP N 重叠改进
建议部门	战规部和运营部	战规部和运营部	战规部和运营部	质量部和运营部

图 5-4 BEM 解码步骤

（1）明确战略方向及其运营定义

战略方向是为了牵引组织达成战略目标的一系列行动而给出的方向性指引，一般采用一个含义明确的短语进行描述，比如有效增长、卓越经营、引领行业。而战略方向的运营定义是指对战略方向的具体化、可衡量的描述，其目的是保障战略方向的范围、内涵得到准确、一致的定义，以避免对战略方向的理解偏差。

这一步实际上是重复了 SDBE 领先模型中的 SP、BP 制定的过程，意在进一步理解和澄清组织的战略方向和目标。

（2）导出 CSF，制定战略地图

CSF（Critical Success Factors，关键成功因素）是为达成企业愿景和战略目标而需要组织重点管理的核心要素，这些核心要素能够确保企业竞争优势的差别化。而这些 CSF 则全部是按照平衡计分法的方法，从财务、客户、内部运营和学习与成长四个维度进行的提炼，将它们之间的因果关系进行绘制，即可得到战略地图。

战略地图可以用来描述组织如何创造价值，为战略制定和战略执行之间的鸿沟搭起了一座桥梁。同时它也能用来检验 CSF 的恰当性，即从平衡计分卡的维度检测 CSF 之间的均衡性，确认各 CSF 之间的因果关系，是否能够最终支撑战略目标的实现。如果 CSF 之间存在不均衡，或存在独立的 CSF，或 CSF 间缺乏因果关系时，则需重新审视 CSF。

（3）导出战略 KPI

战略 KPI 是指衡量战略是否达到的 KPI 指标，与考核 KPI 有所区别（可选取部分战略 KPI 纳入考核）。战略 KPI 需要从战略相关性、可测量性、可控性、可激发性四个方面来评价和筛选，并综合考虑平衡性。

在 CSF 能明确导出 KPI 时，直接导出战略 KPI；在 CSF 不明确的情况下，则需要在分析构成 CSF 的流程之后，使用 IPOOC 方法导出 CSF 构成要素，进而根据构成要素导出战略备选 KPI，最后再通过评价标准确定战略 KPI，如图 5-5 所示。

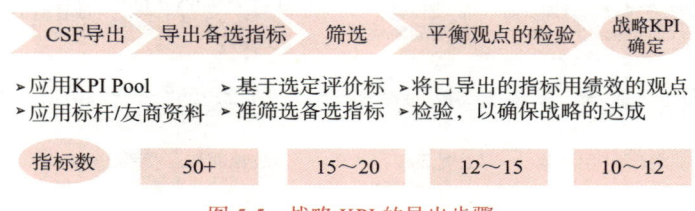

CSF导出	导出备选指标	筛选	平衡观点的检验	战略KPI确定
▸应用KPI Pool ▸应用标杆/友商资料	▸基于选定评价标准筛选备选指标		▸将已导出的指标用绩效的观点检验，以确保战略的达成	
指标数 50+	15～20	12～15	10～12	

图 5-5 战略 KPI 的导出步骤

IPOOC 方法是指从 Input、Process、Output、Outcome 四个维度对 CSF 进行分解，其中 Input 是指一般包含资源；Process 是指从战略的角度看，影响 CSF 达成的关键活动过程是什么；Output 是指从流程视角看流程的直接输出，例如产品制度或客户满意度；Outcome 是指从内部视角看收益，例如经济结果、客户感受、品牌增值等。

（4）导出关键举措

这一步的目的是将提炼出来的 CSF 按年度分解成年度关键举措，并且引入品质关键点（Critical-To-Quality，CTQ）的概念，要求战略目标 SMART 化。为此，又引入 TPM、BPM、CPM 等辅助工具。

TPM（Total Productivity Management，综合生产力经营管理）通过全量分析，对综合目标进行全面解构，确保分解目标能支撑全量目标；BPM（Business Process Management，业务流程管理）遵循业务流程，对目标和措施进行分解和导出；CPM（Critical Parameter Management，关键参数管理）通过系统内部关键参数的改善，来支撑系统特征的改善。

BEM 的优点在于结构化比较好，其关键解码逻辑是在平衡计分卡的基础上增加了新的辅助工具，用以适当提升解码结果的质量。

5.2　BSC 解码，导出 KPI 和年度关键举措

SDBE 领先模型的战略解码方法之二是经典的基于平衡计分卡（BSC）的解码方法，这种方法通过财务、客户、内部运营和学习与发展等四个层面的内容，把战略目标、业绩评估和奖惩制度联系起来，促使企业不断成长，直到达到战略目标，并不断进行复盘迭代。

5.2.1　遵循平衡计分卡原则，解码导出 KPI

战略解码方法二：平衡计分卡（BSC 解码）

如图 5-6 所示，平衡计分卡包括财务、客户、学习与成长、内部运营四个维度。其中财务层面包括收入、利润、现金流、成本、费用等，客户层面就是市场份额、客户满意度等，学习与成长层面就是组织人才，内部运营层面就是流程能力、管理能力。

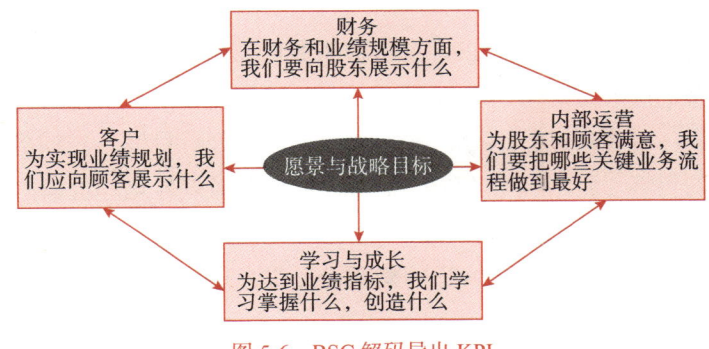

图 5-6　BSC 解码导出 KPI

（1）财务与规模 KPI（衡量当期经营水平的关键）

在财务层面，公司需要通过相关的财务术语描述战略的有形成果，即企业的战略及其实施和执行能否为最终经营结果（如利润）的改善作出贡献，解码后主要体现在基本的财务关键成功因素和相关的财务指标（财务与规模 KPI）。

目的：提供组织成功的最终定义，表明战略实施和执行是否对盈余改进有所助力。

确定原则：财务策略目标应体现部门的责任和责任中心定位，应支撑战略目标的达成，且必须有利于组织可持续发展。

确定方法：基于部门的责任和责任中心定位确定能够为公司做出的财务方面的贡献（如规模增长、增加收入、风险控制等）；基于战略目标识别重点财务

策略。

财务的业绩提升是所有战略追逐的目标，但对于企业不同的发展阶段、不同类型的业务、不同部门，财务指标的设计和权重要有所区别。例如对于业务部门，指标可以是效率提高、成本降低、收入增加、规模增长、利润率要求、风险控制等；对于支持部门，更多的是考核费用的利用率和人均绩效等。

（2）客户和产品 KPI（支撑未来可持续发展的因素）

在客户层面，公司需要对公司目标客户及价值主张进行明确描述。如价格有吸引力、用户体验良好、服务周到、品牌形象好等不能在当期给企业带来财务收益，但能够支撑企业未来可持续发展的关键要素和指标（客户和产品 KPI）。

目的：通过对公司目标客户的界定，并对目标客户的价值主张或诉求进行识别，为下一步确定实现客户价值主张的核心流程提供目标。

确定原则：明确目标，细分客户并识别其价值主张，而不是应付所有客户的需求；对不同类型的目标客户应分别识别不同的价值主张；对部门而言，客户不仅包含外部客户，还有内部客户；对内部客户来说，价值增长应描述服务的结果，过程性要求放在内部层面；客户价值主张的实现应对财务层面有支撑作用；客户价值主张的实现应能够对目标客户创造差异化、可持续的价值。

确定方法：对客户进行细分，确定目标客户；分析目标客户的价值主张；确定客户层面的目标（针对目标客户的策略目标，形成差异化的价值主张）。

典型的客户指标包括：客户满意程度、客户保持程度、新客户的获得、客户盈利能力、市场占有率、重要客户的购买份额等，这些指标应能真正反映与客户有关的因素。

（3）运营与支撑 KPI（内部运营效率、管理能力的持续提升）

在内部运营层面，企业必须要从内部价值链分析入手，要对战略产生比较重要影响的相关关键流程进行描述。比如：市场或行销管理中的产品销售，运营管理中的持续向客户提供服务，客户管理中的建立并利用客户关系，创新管理中的开发新产品、服务、流程以及研发管理中的持续研发项目管理。

目的：实现两个关键企业战略要素，即为客户创造价值并传递价值主张和为财务层面的生产率要素改善流程并降低成本，是下一步识别战略人力资源、信息和组织资本的前提。

确定原则：应支撑财务层面和客户层面目标的实现；应为传递差异化价值主张和提高生产率的最重要的少数核心管理，而不是简单的流程汇总。

确定方法：确定能够对客户层面的目标实现起决定性作用的要素；确定

能够对财务层面的目标实现起决定性作用的要素；对筛选出的关键要素加以归类。

每个企业或企业中的每个组织都具备独特的使命和存在价值，围绕客户价值的创造，我们要选取能够帮助本组织运营改善的一些关键 KPI 或关键的业绩指标（运营与支撑 KPI）。典型的运营与支撑 KPI 包括影响新产品引入、周转期、质量、雇员技能和生产率的各种因素。

（4）学习和发展 KPI（组织、人才和流程的建设）

学习与成长层面，公司需要描述是如何将组织、特殊人才、能力和特征结合起来支持战略的。支撑内部运营层面的关键流程运作所需的关键要素，包括人力组织、信息资本、智力资本、关键装备等指标（学习和发展 KPI）。

目的：通过无形资产驱动内部业务流程绩效的提高，在向客户、股东和社区传递价值时发挥最大的杠杆作用。

确定原则：无形资产应关注支撑内部层面确定的关键流程运作所需的特殊能力和特征（人力、组织、信息资本）。

确定方法：确定为有效支撑核心流程运作，在团队、员工能力提升方面的关键策略；确定为有效支撑核心流程运作，在信息基础设施及信息系统建设方面的关键策略；确定为保证战略有效实施，在文化、领导力、协调一致、团队工作等方面的关键策略。

常见的学习与发展 KPI 包括在团队、员工能力提升方面所采取的关键策略，在 IT 基础设施及信息系统建设方面所采取的关键策略，在知识产权、关键装备、战略资金等方面所采取的关键策略，以及在文化、领导力、协调一致、团队工作等方面所采取的关键策略。

平衡计分卡通过四个维度把战略目标分解转化成一套指标体系，再从上到下分解成组织绩效。平衡计分卡是将组织战略落实为可操作性的衡量指标和目标值的一种新型绩效管理体系。

5.2.2 识别并提炼年度关键举措

KPI 作为一种战略和绩效管理的工具，持续发挥着积极而关键的作用，但是企业不能把所有的管理和考核都进行 KPI 量化，适可而止的量化才是好的量化。对于战略目标中一些无法量化的关键考核因素，SDBE 领先模型采用 TOP N 方法，按照重要性或者一定标准进行排序，把排序靠前的 N 个问题（TOP N），作为重点改进的工作，拿出来专项改进，以在保证企业年度经营计划完成的同时，牵引整个企业或组织竞争力的不断提升。

TOP N是基于六西格玛的一种改善企业质量流程管理的技术，是一种自上而下推行的非量化考核和改进方法。它的主要步骤如下：

（1）定义问题：问题的提出与解决方案一样重要；

（2）衡量阶段：实际情况是什么样的；

（3）改进阶段：寻找对策并实施；

（4）控制阶段：形成文件或者流程，改进制度，保障可持续性。

关键举措是实现企业战略目标所需要的策略和行动，主要包括业务增长举措和能力建设举措，涵盖的内容有客户关系管理、营销管理、研发管理、交付管理、平台建设、能力建设等方面。年度关键举措（TOP N重点工作）的制定原则如下：

- 为达成企业中长期战略目标，哪些是本组织最关键、最需要优先考虑的事情？给出关键举措的清单；
- 哪些是需要企业各业务部门和职能部门共同完成的，哪些则是某个下级部门独自就能够完成的，原则上企业或本组织的关键举措，要体现为整个企业的共同努力；
- 制定一定的排序规则，按轻重缓急、资源占用及其他规则和考虑，对这些关键举措进行优先级排序；
- 原则上企业及任何部门的关键举措不超过10条；
- 对年度关键举措TOP N实行项目化挂牌改进。

【案例】华为的云管端一体化

华为要实现云管端一体化，进入消费者和企业BG这个市场，其关键的举措有什么？第一项就是要构建适合消费者BG和企业业务的管理体系，包括流程、IT体系；第二项就是要逐步搭建支撑消费者未来目标的市场营销体系，包括在欧洲、亚洲以及中国等各个区域如何搭建市场营销体系；第三项则是要补齐渠道管理能力和消费者洞察能力；第四项是要针对消费者的市场，设立不同的手机产品线、不同的系列等，这就是将战略目标分解成一些具体的关键举措。

此外，在提炼年度关键举措TOP N时，我们还需要注意以下几点：

首先，TOP N要能够支持业务设计，特别是要支持价值主张的实现。因为竞争来自独特性，来自差异化，所以关键举措一定要支撑差异化的实现，支撑业务设计的价值主张。在过去几年里，华为终端有专门研究照相的团队、研究续航的团队、研究半导体的团队、研究芯片的团队，有了这些重点任务，才能支撑华为手机的独特性。

其次，TOP N 要包含重要的流程设计。对华为来说，过去运营商业务领域形成的管理体系，要把它拷贝过去，有些能用的留下，不能用的看看能不能修改一下使用，没有的管理体系把它嫁接上。现在，华为任命一个新的业务部门，会先界定业务部门的流程范围，并将部门执行流程写到任命公文里去。

2019 年，华为公司成立智能汽车解决方案 BU，这是华为成立的第五个业务部门。在任命公文中，部门职责部分明确写了该部门执行哪些流程。华为为什么给它界定执行流程，其实就是在界定业务范围，界定这个部门做什么，不做什么。要执行这个流程，不适合它业务特点的就要做裁剪、做调整。

最后，在 SDBE 领先模型中，关键举措是年度的，但是也可以是 3～5 年的，甚至能够按照季度来衡量。例如华为成立消费者 BG 之后，第一项任务就是建立适应消费者 BG 需要的供应链和流程 IT 系统。然后在具体的任务上制定工作计划，第一年先做 ERP 系统，第二年把计划系统导入，第三年……以此形成一个工作计划。接着成立一个项目组建立这套流程，每个季度都有指标衡量，最终它就能够支撑消费者 BG 的业务发展。

5.2.3 对年度关键举措进行项目化管理

公司要实现项目为中心的转移，才能避免大公司的功能组织的毛病，去掉冗余，才能提高竞争力，才能使干部快速成长。

——任正非

竞争日益激烈的市场环境要求企业不断加强自身的管理能力，以更好、更快地为客户提供满意的产品和服务，从而获得竞争优势。越来越多的企业发现项目化的形式不仅能够更好地组织运用和管理资源，而且还能动态响应外部的需求变化，因此项目化管理成了一种广受欢迎的新的组织管理模式。

项目化管理是从项目管理的逐步深入中发展起来的，是一种复合管理，要求管理者具有多种综合管理能力。其最根本的目的是在确保时间、技术、经费和性能指标的条件下，以尽可能高的效率完成预定目标。

很多时候组织的关键举措和重点工作并不能独立地分割到各个不同的业务单元，因此就需要组建跨部门团队，用项目化组织的形式开展工作。通过跨部门协同作战，打破部门墙，促使不同部门间的员工沟通顺畅，从而顺利达成组织绩效目标。

如图 5-7 所示，SDBE 领先模型在重点工作管理的过程中，将每一个 TOP N 事项当成一个项目来进行管理，并且借鉴华为 IPD 流程和理念，把项目管理分为

5 个阶段，即启动、计划、实施、监控以及持续改进。其中有三个必须上会的决策评审点，分别是任务范围和目标确定的评审点、改进计划和措施的评审点以及项目结题的评审点，要求由任务的负责人在 ST（Staff Team，业务管理团队）会议上进行汇报。

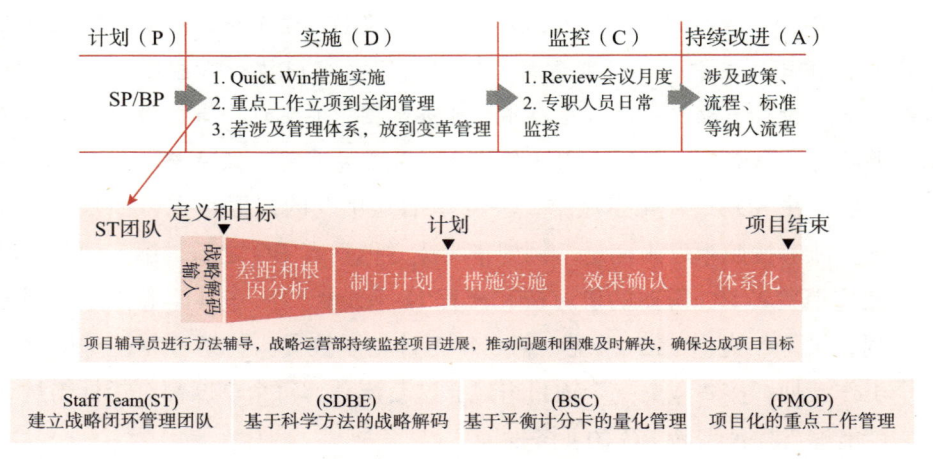

计划（P）	实施（D）	监控（C）	持续改进（A）
SP/BP	1. Quick Win 措施实施 2. 重点工作立项到关闭管理 3. 若涉及管理体系，放до变革管理	1. Review 会议月度 2. 专职人员日常监控	涉及政策、流程、标准等纳入流程

ST团队：定义和目标 ▸ 战略解码输入 ▸ 差距和根因分析 ▸ 制订计划 ▸ 措施实施 ▸ 效果确认 ▸ 体系化 ▸ 项目结束

项目辅导员进行方法辅导，战略运营部持续监控项目进展，推动问题和困难及时解决，确保达成项目目标

Staff Team(ST)	(SDBE)	(BSC)	(PMOP)
建立战略闭环管理团队	基于科学方法的战略解码	基于平衡计分卡的量化管理	项目化的重点工作管理

图 5-7 项目化重点工作管理

"谋定而后动，知之而有得。"在关键举措的项目化管理过程中，项目经理首先要弄清楚这个项目的目标是什么，项目背后有哪些隐藏的需求，然后再来组建一支项目团队，进行项目分工和计划等工作。

（1）明确项目范围与目标：通过制作项目策划（任务）书，找准项目团队工作的方向，确保项目工作的有效性。项目策划（任务）书是用以描述清楚项目的工作范围、工作目标及其验收标准的最好工具，其基本要素包括项目描述、项目里程碑、项目评价标准、项目假定与约束条件、项目利益干系人等。

（2）组建项目团队：项目团队不能随意拼凑，而要设计一个合理的团队结构。因此，在项目工作开展之前，应该提前设计好团队成员都认可并能够共同遵守的制度和规定。通过制定团队规定，统一团队成员的行为规范，以保证项目工作的有序开展。

华为轮值 CEO 郭平在 2014 年华为项目经理峰会的讲话中指出，公司提出以项目为中心、做好项目经营已经有好几年了，"在这个过程中，我们既要做好具体项目的管理和相应的配套机制建设，也要重视以项目为中心的转变对代表处经营管理带来的影响，对预算机制进行改革，以适应以项目为中心运作的要求"。

在项目经营管理及配套机制的建设上，主要做好以下四个方面的工作：

（1）沿着项目管理主流程，认真做好交付项目基线建设，夯实项目"四算"

（概算、预算、核算、决算）的基础，提升项目预算管理水平，这是以项目为中心的基础。没有这个基础，项目经营就是空中楼阁。

（2）明确项目型组织在整个管理体系中的定位，优化项目型组织的管理控制，包括项目型组织的生成、任命、责任、授权、考核以及预算如何获取与执行等。

（3）建立适应未来发展的项目资源管理规则、流程以及 IT 平台，提高资源计划水平，做好资源上架，使所有资源对项目都是可视的、透明的。我们要参考业界实践，探讨 Buy& Sell 机制[①]在华为的可行性和具体的落地方案。

（4）在总结试点经验的基础上，进一步推动项目利益分享，逐步将利益分享推广到所有交付项目，提高基层作战组织在项目经营上的积极主动性。

可见，华为通过不断地探索和总结实践经验，建立起了一个组织级的项目管理体系，并通过成熟的组织级项目管理方法、流程和最佳实践，使得企业经营管理向着可预测、可管理和可自我约束的方向发展，能够有效提升华为组织内部的运营效率和盈利能力。

5.3 组织绩效指标设计

组织绩效是指在一段时期内，组织基于自身的定位，以 KPI 和关键举措来衡量其所完成的工作数量、质量、效率及盈利情况。而组织绩效指标的设计，不仅需要上下对齐、分层担责，还要具有挑战性和足够的牵引性，进而形成合力，促进组织目标的达成，支撑企业战略目标实现落地。

5.3.1 上下对齐，层层支撑到位

公司在设计组织绩效指标之前，应先明确组织绩效指标的来源，然后根据部门与组织的价值定位，层层落实，让各个部门、组织对自己应承担的责任一目了然，分层当责，这样就能确保企业战略目标更好的落地实现。企业的组织绩效指标的主要来源有：

第一是战略解码，是指通过解码战略，得出每一个部门的关键任务以及 KPI 指标，然后再分解到岗位。在对公司战略进行解码的过程中，无论是按职能部门进行横向分解，还是按管理层次进行纵向分解，最终都能实现企业战略目标和部门绩效目标、部门绩效目标和个人绩效目标的上下对齐。

第二是部门责任中心定位，也就是每一个部门都有一个来自企业最原始的诉

[①] 特指在代工的模式下，品牌公司向供应商直接购买原材料，再将原材料（不经过任何加工）直接转卖给 OEM（原始设备制造商），由 OEM 将原材料组装成成品再出售给品牌公司。

求。换句话说，每个部门在端到端的流程里应履行的职责和定位也是组织绩效的关键输入。比如某公司成立研发产品线的目的是希望产品线能和销售线一起负责产品在市场上的商业成功。有了这个诉求与定位后，企业就要考核该产品线的收入与产品竞争力。这样，对研发产品线的收入、利润、产品竞争力等考核指标并不是直接来源于战略解码，而是来源于部门的责任中心定位。

第三是业务短木板／管理诉求，即与改善组织能力"短木板"相关的重点工作任务。比如说，某公司有多家子公司，其中90%的子公司回款没有问题，剩余10%的子公司回款有比较大的问题。那么销售回款就是这10%的子公司的短木板。在组织绩效考核时，要针对这个短木板专门去制定考核指标。

明确了组织绩效指标的来源后，再围绕战略目标制定并逐级分解绩效指标，确保上下一致。只有组织的各级目标都与战略方向保持一致，才能实现对战略目标的层层支撑。

首先，KPI指标要围绕公司战略目标来层层分解；其次，必须要从上到下明确每一个干部的目标与责任，并通过考核保障目标与责任的落实。

如图5-8所示，将企业战略目标逐级分解至公司、部门和岗位等各级管理层次和个人，目的是使企业战略目标、部门绩效目标、个人绩效目标上下对齐，各级管理者与所有员工对目标与责任一目了然，分层当责。

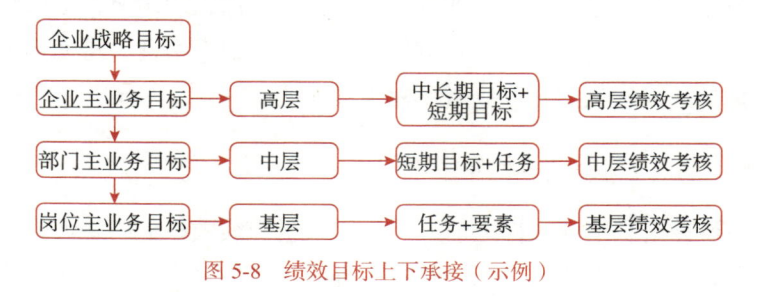

图5-8 绩效目标上下承接（示例）

【案例】"知耻而后勇"：华为西安研究所

一个周六的早上，华为西安研究所接到了一个紧急电话：某省有个32模的点瘫痪了，导致几万用户的通信都受到了影响，希望研发人员能够马上前往解决问题。项目组长罗璇（化名）迅速组织团队开展工作，但是由于是新建团队，团队成员只对自己职责内的事情比较熟悉，缺少解决问题的深度支撑能力，在处理综合性紧急事件时相互之间配合不熟练，奋战了10多个小时还是没能解决问题。在巨大的压力下，项目团队更加慌乱了。最终，只得求助该省的一个售后服务专家，才顺利地解决了问题。

事后，西安研究所收到了售后服务专家发来的邮件，"希望研发团队能'知耻而后勇'"。

项目组长罗璇（化名）说，"当时觉得特别丢人，我们痛定思痛，开始重新梳理重大事故的处理机制，明确流程和每个人的分工，强化每个人的关键能力，以确保对重大业务问题的深度服务能力。"在那以后，再遇到类似的问题，团队都能以成熟的方式来应对，一定程度上也提升了团队的绩效水平。

在案例中，由于项目组成员与项目组的工作目标没有实现上下对齐，每个成员只关心自己的"一亩三分地"，缺少对重大业务问题的综合性理解，遇到重大问题时难以组织团队力量来支撑，从而致使个人工作目标与组织目标之间出现了较大的差距。由此可见，各级目标的上下一致对于组织目标的实现至关重要。

5.3.2　部门绩效指标要拧麻花，形成合力

随着企业的飞速发展，内部各部门之间的权责越来越明确，而部门间的交流也变得越来越频繁。因此企业战略目标的实现，很多时候并不能仅仅依靠独立地将目标分割到不同的业务单元，往往需要多部门共同进行，相互支持，形成合力。然而，打破部门墙，构建跨部门团队，促进多部门协同作战也带来了新的问题，即如何明确各部门之间的绩效评价？

传统的绩效考核一般都是严格按照部门自己的 KPI 来考核的，而人毕竟是有私欲的，试想：让你放弃自己部门的绩效目标，无条件去帮助别的部门完成绩效，但奖励时却又不能分给你一份，你会积极去帮助它们吗？鉴于此，部门主管在安排员工的工作时，必定是以完成自己部门的工作目标为先。至于协助其他部门完成绩效目标，很可能就是随便应付。

因此，为了促进企业战略目标的实现，使各部门绩效指标拧麻花，形成合力，华为从 1999 年开始启动集成产品研发变革，把按功能组织结构来进行产品开发的模式，转变成采用跨部门团队运作的模式。开发团队由开发、测试、研发、市场、技术服务、财务、供应链、采购、质量等功能部门的代表组成，通过项目管理方法，对产品从开发、测试、生产、上市端到端进行协同管理。

基于 IPD 模式，华为成立了不同层级的重量级跨部门团队（见图 5-9），IRB 负责产业发展和产品线投资决策；ITMT 和 PMT 这两个跨部门团队是 IRB 的参谋组织。ITMT 和 PMT 下还有产品线的 PL-TMT 和 PL-PMT 团队。IPMT 对单一产品线的投资决策及产品发展决策、产品线投资的损益及商业成功、产业发展和生态构筑负责，下辖 PDT 和 LMT。

图 5-9　IPD 组织结构

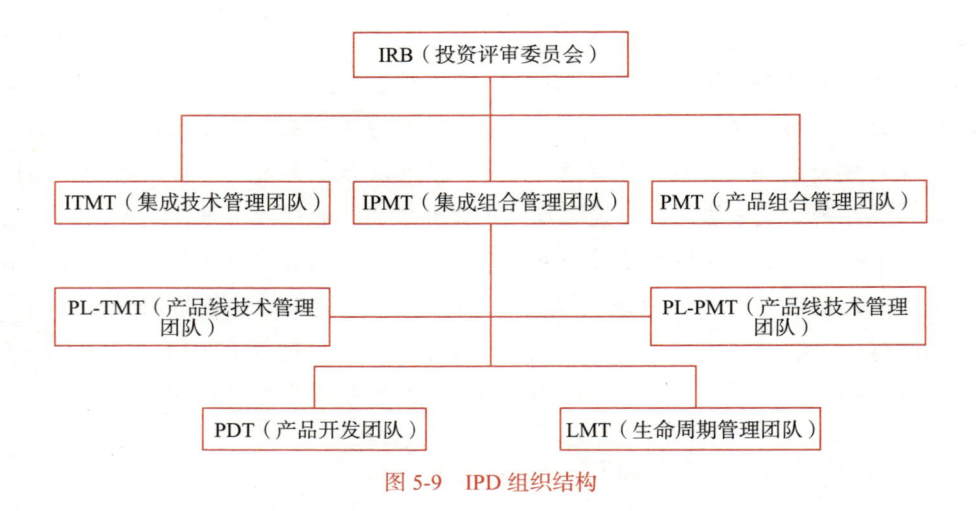

以 PDT 为例，PDT 的目标是完成开发项目任务书的要求，确保产品包在财务和市场上取得成功。PDT 对产品开发的整个过程负责，项目成员由开发、制造、采购、技术服务、财经、PQA（Process Quality Assurance，全程质量检测认证）和营销的代表组成核心组，由各功能部门的成员分别组成扩展组。核心组代表在 PDT 经理的领导下管理各自负责的工作，共同对项目成功负责（见图 5-10）。

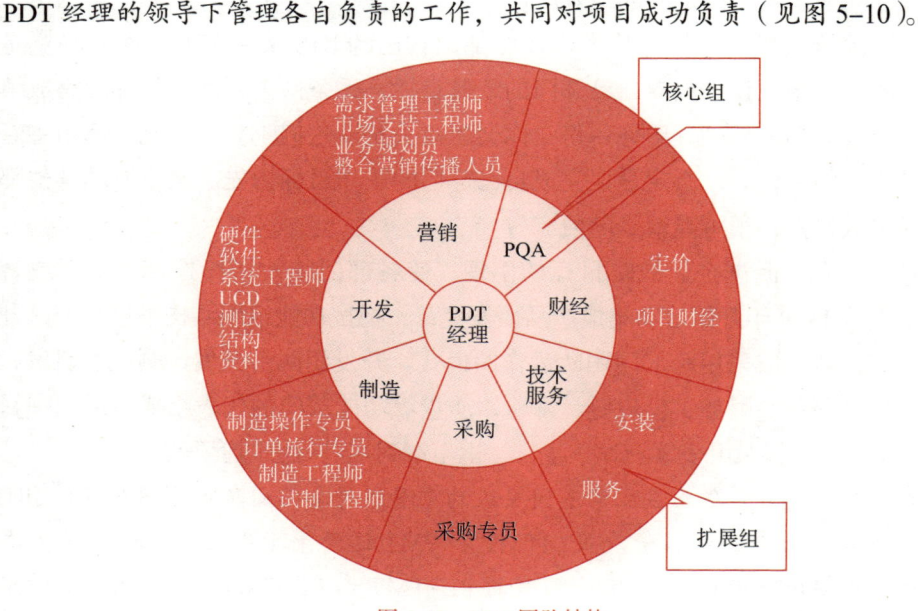

图 5-10　PDT 团队结构

PDT 经理和核心组代表通常是全职的，以保证开发工作的顺利进行和成功。对 PDT 经理有一定的要求，其被任命前绩效结果较好，且有相当的管理经验。

为了支持 PDT 经理开展工作，IPMT 通过体系文件、项目任务书、合同等方式对 PDT 团队充分授权。在绩效考核中，PDT 经理被赋予考核 PDT 成员的权力，尤其是全职成员。这种跨部门团队运作模式打通了封闭的部门脉络，使来自不同领域的专业人员聚集到一起，形成一个统一的团队，共同研发产品。这种工作模式打通了产品线上的各个环节，形成了产品研发中的消息传送通道和控制机制，有利于各部门的沟通，形成产品需求的高效反馈和跟踪机制。

华为采用 IPD 跨部门团队项目管理模式取得了较好的成果，产品可靠性、可生产性、可销售性、可服务性等方面均有很大提升。跨部门团队的模式也使并行工程得以实施，从而缩短开发的时间。

实现团队目标才是真正的成功，共赢才是真正的成长。跨部门团队运作模式一方面汇聚了集体的智慧，整合了各部门的专业优势；另一方面提高了工作协同效率，打破了部门墙，进而达成组织绩效目标 1+1>2 的结果。

5.3.3 组织绩效指标要有挑战性且可达成

组织绩效管理的目的是确保每个组织发挥其最大的潜力，实现其独特价值，为组织做出应有的贡献。但是部分企业在设置不同部门的绩效考核指标时，通常采用一刀切，而不是基于各部门的不同价值定位进行差异化设计。

华为研发部门是负责开发产品，而销售部门是负责开拓客户，把产品销售给客户。基于它们不同的职责和定位，华为设计了对它们的绩效考核指标，如表 5-1 所示。

表 5-1 华为研发部门与销售部门的组织绩效考核指标（示例）

部门	考核指标	
	相同	差异化
研发部门	战略目标、新产品销售、客户满意度、网络运行质量、市场份额、收入/订货、利润率、存货周转效率	产品竞争力、产品进度偏差、产品规格实现、技术断裂点、专利覆盖率、产品质量（返修率/事故）、研发降本
销售部门	战略目标、新产品销售、网络运行质量、客户满意度、市场份额、收入/订货、利润率、存货周转效率	客户关系、客户成功、回款/现金流、资金周转效率/服务成本率/销售费用率

从表中可以看出，这两个部门虽然一个在内，一个在外，但是通过基于部门的价值定位设计的绩效指标都实现了以客户为中心，从而使得研发部门和销售部

门"力出一孔"。

借鉴和参考华为设计不同业务单元的绩效指标方法，通过差异化设计企业的组织绩效指标，能够让各部门共同围绕公司的战略目标奋斗，发挥各自价值优势和独特贡献，提升公司整体的绩效。

与此同时，组织绩效指标设计还要能够牵引业务发展和绩效目标达成，而不是抑制。表 5-2 表示的是针对不同绩效目标设置的不同组织绩效指标。

表 5-2　组织绩效指标设计牵引目标达成（示例）

部门 不同阶段	销售组织	产品线组织
市场导入	避免用收入、利润这样的考核指标；发放战略补贴，并将阶段性市场目标与战略补贴挂钩	为了牵引市场成交量增长，要加强收入和销售毛利率考核，但不宜考核利润
市场成长	为鼓励它们做大市场规模，选用收入和回款等考核指标，不宜考核利润	适当加入利润考核，牵引它们有质量地扩张
市场成熟	均衡考核它们的收入、回款和利润，牵引效益和盈利能力	加强成熟产品的人均效益考核，以牵引它们将研发人员迁移到新的产品领域或公司其他领域

为了牵引绩效目标达成，企业设计的组织绩效指标要有挑战性并且能够达成。考虑到不同组织、部门以及员工个体之间存在能力上的差异，企业可以通过设定"底线值""达标值""挑战值"的方法来解决。

其中，达标值要反映企业正常发展诉求，是维持管理的基本水准，是绩效指标的正常目标值；底线值是绩效指标达成结果的最低要求，是公司战略落地的最基本保证，通常为达标值的 80%；挑战值是在达标值基础上所设定的挑战目标，要体现公司自上而下的目标强有力的牵引，需要付出很大努力才能达成，一般为达标值的 120%。

每年年初，华为会根据上年实际完成的各项指标制订新一年的工作指标。各部门负责人必须根据公司指标的分配情况，对自己部门下年度的计划指标立下"军令状"，承诺内容根据目标的高低，分为持平、达标、挑战三个等级。一个财年结束后，公司会根据每个部门目标的实际完成情况进行评估。

不能完成承诺目标的部门会受到处罚，不仅会影响部门的奖金、分红，还会使整个部门员工被连带处罚，例如部门负责人被降职、免职，副职不能补充升为正职；同时这种处罚还会延续到下一年度，冻结整个部门成员下一年度的调薪资格等。

正是这样严苛的绩效考核管理，督促着所有华为人都和部门、团队拧成一股绳，团结一致，全力以赴。

由此可见，企业设计组织绩效指标要科学并合理，既要留出空间，又要有足够的牵引性。企业战略目标不能太容易得到，但也不能高到永远也碰不着，"跳一跳能够得着"才是最好的状态。

5.4 卓越的战略运营管理

卓越的战略运营以经营为导向，以组织系统为支撑，协同目标管理，通过运营活动的计划与实施保证从战略到执行的落地和闭环。

5.4.1 构建战略闭环管理团队

卓越的战略运营需要战略管理体系和战略管理团队来支撑，SDBE 领先模型将其定位为公司的战略落地者和变革推动者，他们不仅承担公司的战略规划（SP），同时也负责监控部门年度经营计划（BP）的实现。

如图 5-11 所示，华为在卓越的战略运营管理之下，从原来的大而不强成长为行业领导者和生态守护者。华为完整的战略体系架构如下：[1]

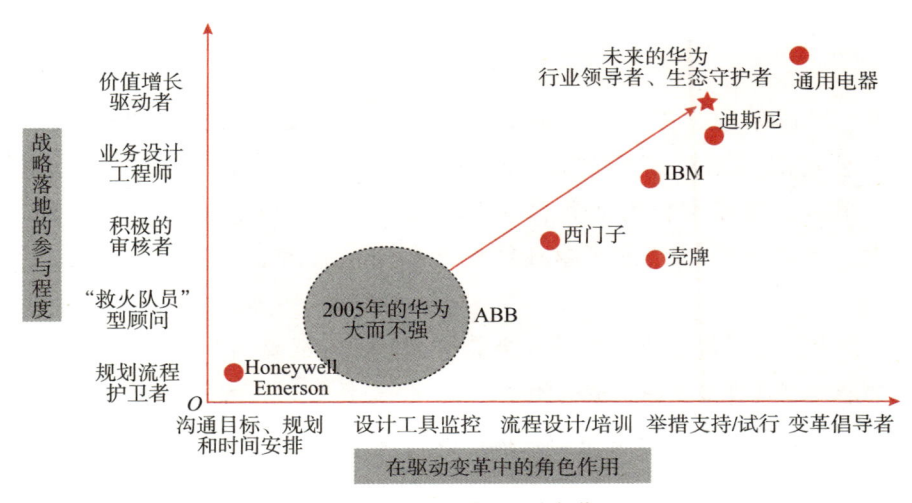

图 5-11 战略运营的定位与作用

---

[1] 蓝色研究. 华为该撤并战略部吗？［EB/OL］.（2022-07-22）［2022-09-23］.http://user.guancha.cn/main/content?id=810385&page=1.

战略与发展委员会（SDC）

战略与发展委员会隶属于常务董事会，由公司高层构成，徐直军常年担任委员会主任，只做重大战略决策，不参与日常事务。

战略研究院

战略研究院成立于2019年，统筹华为公司创新2.0的落地。侧重于5年以上的前沿技术的研究，担负起华为在未来5～10年技术领域的清晰路标，承担起确保华为不迷失方向、不错失机会的重任。

公司战略部

战略部职能与大部分公司的战略部类似，侧重行业业务机会研究和执行管理。部门负责人为公司副总裁级，级别低于战略研究院。据华为内部交流纪要显示，任正非已撤销此部门。

两大业务管理委员会战略与MKT

ICT战略与Marketing部和消费者战略与Marketing部，分别管理2B和2C业务群的战略，支撑两大业务商业成功。

BG/BU/业务单元/产品线的战略与业务发展部

属产品或业务级，为支撑业务单元或产品与解决方案的成功，开展战略研究与管理工作。

地区部/代表处的战略与Marketing部

基层组织，基于当地细分市场的洞察，主要做细分市场的精准快速决策。

在上述体系中，战略与发展委员会（SDC）是核心权力机构，战略研究院和公司战略部对其形成支撑，一个负责技术方向，一个负责行业业务方向。其中，战略部作为业务管理BP，通过体系建设方法提供的专业化运作方式，支撑从产品线或者事业线的端到端的业务，一般在各产品线进行配置。

华为常说的最高管理团队或业务管理团队，一般是指Staff Team（ST），是团队中最高或其直接下属组成的团队，他们通过例行运作的方式来共同商议决策重大事务，促使全公司形成合力，保证战略规划（SP）和年度经营计划（BP）的实现。

5.4.2 企业商业成功与持续发展的关键驱动因素

卓越的战略运营管理是企业商业成功与持续发展的关键驱动因素。为实现完美的战略闭环，SDBE 领先模型认为企业在对战略规划进行战略澄清和解码之后，通过实现管理重点工作、管理预算执行、管理运营绩效、管理战略目标，进行战略运营管理以保证战略执行落地时，要注意从以下四个方面进行思索与考量：

（1）关键任务/依赖关系

- 基于业务设计，我们是否清楚地知道要完成哪些关键任务？
- 有哪些事情是我们需要很好地执行以便提供业务设计的？

（2）人才及能力

- 我们有完成任务所需的技能吗？
- 我们有对这个业务设计必要的训练吗？
- 我们有这种能力还是需要找外面的资源？

（3）文化和氛围

- 价值支持业务方向吗？
- 我们需要培养哪种文化？

（4）正式组织

- 组织结构支持关键活动的实施吗？
- 我们需要重新设计组织结构以完成关键任务吗？
- 评估体系与战略相一致吗？

在此基础之上，结合华为多年战略运营管理实践，SDBE 领先模型认为战略运营管理的灵魂在于以客户服务为中心贯穿始终，打造企业核心竞争力。例如华为将以客户为中心作为企业核心价值观，始终坚持"为客户服务是华为生存的唯一理由"，强化企业宗旨，注重培育员工对终端客户需求的敏感度和为客户创造价值的思维，从而提高员工的客户服务意识，进而更好地服务客户。

在组织建设上，华为采用矩阵型组织架构，以确保组织灵活性和对客户需求的快速响应，且专门设立了战略与客户常务委员会来推动公司整体战略的实施并提供决策支持。还有遍布全球的客户服务中心和能力中心，都是从全方位贴近客户、深刻把握客户需求出发的，进而支持战略机会"看得到，看得清，抓得住"。

在人力资源管理上，华为也以客户为导向，将客户满意度作为员工绩效考核的重要指标之一，甚至围绕客户服务能力进行人员招聘和培训，由此在公司内部形成统一的价值观和文化理念，建立以结果为导向的激励机制。

最后，在整个管理运营体系上，华为也始终坚持以战略驱动变革，应用 IBM 集成化管理，协调整个运营流程，以客户需求为核心进行决策。卓越的战略运营管理不仅帮助华为构筑了独特的核心竞争力，并且有助于保证其从战略制定到执行的切实落地，实现战略闭环管理。

5.5 持续改进，追求完美

企业中的业务流是天然存在的，流程则是承载业务流的通道，是业务发展的载体，是业务的反馈。SDBE 领先模型建议，企业必须建立规范的业务流程体系，以最低成本、最高效率、最佳体验为客户创造价值，取得超额利润，打造企业长期核心竞争力。

5.5.1 流程是业务最佳实践的总结

没有流程支撑的业务是自发的、低效的和不可重复的，没有业务支撑的流程是僵化的、没有生命力的，业务和流程是互为表里的统一整体，流程为业务构筑"护城河"，使业务流循环顺畅。

流程来源于价值创造过程中产生的业务分工。传统意义上，流程可以理解为业务活动的流向和顺序，由于这些业务活动需要多个部门、多个岗位的参与和配合，且部门、岗位之间会有工作的承接和流转，因此流程也可以说是"跨岗位、跨部门的工作流转的过程"。合理的业务流程，加上简洁有效的规章制度，可以组成有效的业务运作系统。

在企业的各种流程中，每个高一级的流程都是由低一级的流程构成。每个流程可以细分为一项作业，每一项作业再往下细分，又可以细分为相互联系的任务。流程通过层级划分，可以使其复杂程度逐级降低，使流程管理趋于清晰化、精细化。

如图 5-12 所示，通常我们可以把企业的流程归纳为三大类：战略经营流程、业务流程和管理支持流程。其中，战略经营流程是围绕公司主经营计划的管理流程，业务流程是围绕公司主要价值增值部分的流程，而管理支持流程是协助公司业务开展的辅助流程。

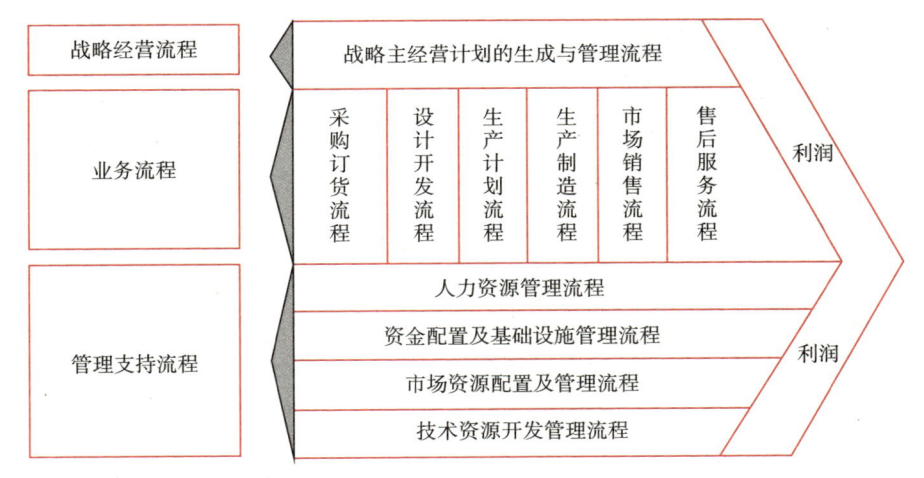

图 5-12　企业流程的类别划分

流程是业务发展的载体，企业引入的各种管理理念、制度，建立起来的种种管理体系会通过流程的整合与集成，形成对实际业务运作的指导，从而推动业务的发展，实现战略目标。因此，作为业务最佳实践的总结，任何流程都必须能够完整地将业务本质反映出来。

首先，企业在进行流程规划时，要以业务为导向，根据业务需求和目标来规划设计整个流程，进而使业务和流程融为一体；其次，各部门在执行流程时，要以一套业务流程为准，要认识到流程是为业务服务的，业务发展要按照流程进行，促进流程高效运作。

此外，流程规划工作还需要注意跳出具体的流程，站在全局的视角审视理解流程，要把握好业务流程与企业整体流程体系的关系，以及各业务流程间的对接关系。一旦流程规划团队陷入具体的流程描述中，不能从全局视角考虑流程规划时，就会造成如表 5-3 所示的问题。

表 5-3　非全局视角下流程规划易产生的问题

问题	具体描述
流程冗余或遗漏	由于业务活动划分不清晰，不能确定将活动归属为哪个分段流程，可能出现分段流程有重叠或是遗漏了某项活动
流程推行不顺畅	各部门对流程的理解和执行的精细化程度、描述的口径存在差异，导致跨部门横向业务流程的推进并不顺利
流程间关系不清晰	只关注了业务流程的内部，忽视了业务上下游流程间的关系

以业务为导向规划流程体系，需要在各分段流程现场识别问题，避免美化流

程。为了让流程描述与业务贴近，要跟踪记录每个环节工作人员的具体工作内容，精细化到每个动作和所用时间。记录得越精细化，越能在这些琐碎的行为中发现问题、分析原因，最终提出合理高效的解决方案，从而实现业务流程上的改进。同时要注意，在流程规划的过程中要多一些维度和信息，形成融合各管理制度和体系要求的业务流程体系。

流程是业务流的一种表现方式，越能满足业务需求的流程，运行越流畅，执行效率也会越高。如果流程背离了业务流，反而会影响业务的开展。企业规划流程可以遵循的思路就是：流程里只有业务，看不到部门，在流程中只定义角色，组织要来承载流程角色。同时如果流程能够很好地反映业务流，则不需要对流程进行优化。

5.5.2 建立规范的业务流程体系

【案例】

某企业的人力资源部屡次接到员工的投诉，理由是奖金的发放不及时。负责该工作的人力资源部主管却认为奖金发放流程本身没有问题，平时都是严格按照奖金发放流程来执行，因此不该由他们承担责任。后来，经仔细分析发现，奖金发放不及时主要有两个原因：一是每月奖金核算数据交到人力资源部的日期不确定，经常有延误现象；二是业绩核算方法频繁变化，当数据不正确时，来回反复确认工作非常耗时。而奖金核算部门认为人力资源部并没有对核算的时效做出一个明确的规定，人力资源部又不能将存在问题的数据及时反馈到核算部。

要满足案例中及时发放奖金这一需求，单纯强调奖金发放流程是不够的，还应该包括奖金核算流程。只有把从开始核算数据到奖金下发看作一个完整的端到端流程，规范业务流程体系，才能真正有效地解决问题。

端到端流程强调从客户需求出发，经过一系列流程运作活动，最终实现客户满意。其中从客户需求出发，不仅仅是外部客户的业务需求视角，也包括组织内部客户，即组织内流程的下一环节也可以被看作是客户。

因此，以满足客户需求为出发点，并在末端实现客户满意的端到端流程在运作（见图5-13）的各个环节都能够实现良好的产出，衔接顺利、不存在重复环节，从而提高端到端流程的运营效率。

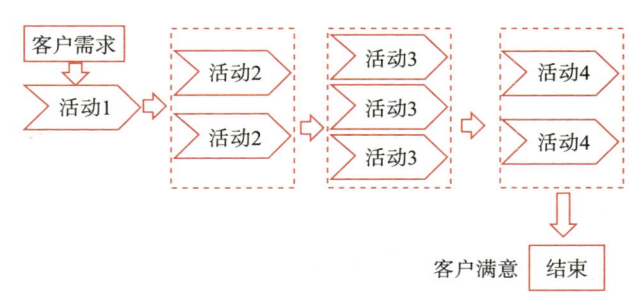

第 5 章　运营力：化战略为年度经营计划　　155

图 5-13　端到端流程的运作过程

华为一直倡导流程化的企业管理方式，用流程把公司内重复的、简单的、大量的工作模板化。根据公司最核心的三类业务活动，华为设计了三大主要流程，即按 IPD 设计制造产品，按 LTC 流程交付把产品与服务进行销售、交付变现，用 ITR 把问题解决，高效关闭，最后实现客户满意。

【案例】华为驱动商业成功的三大流程：IPD、LTC 和 ITR

华为原高级副总裁费敏曾在华为大学高级管理研讨班上指出，一个公司就有三件大事：第一件是把产品开发出来，产品从有概念开始到面市；第二件是把产品变现，要有客户买，形成订单，发货、安装、验收、回款；第三件是解决并关闭客户问题。

这三件事也对应了以客户需求为主线的三大主要业务流。如图 5-14 所示，华为基于这三大业务流建立了三大从客户端到客户端的流程（IPD、LTC、ITR）。

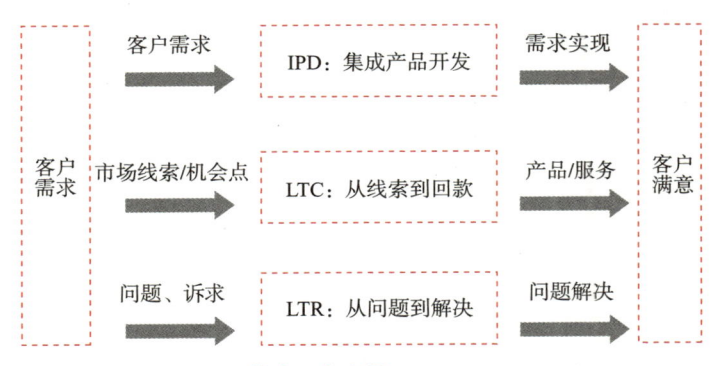

图 5-14　华为三大流程：IPD、LTC、ITR

IPD（集成产品开发）强调以客户需求作为产品开发的起点，组织跨职能团队承接任务，通过市场规划、产品开发和技术开发三大流程满足客户需求，包含概念、计划、开发、验证、发布、生命周期六个阶段。

LTC（从线索到回款）是企业生成高质量的合同，对线索到回款进行管理的端到端流程，包含线索管理、验证机会点、项目立项、标书准备、投标、谈判、合同评审、合同签订、合同交接、管理合同执行、开票回款、管理变更等若干个节点。这些节点涉及营销、交付、财经、供应链、采购等多个部门，整个业务活动围绕合同与回款，周期很长，通过 LTC 使全流程整合信息、商品和资源变成了可能。

产品的运维是产品完成销售和交付后必要的商业环节，它对产品质量的提升及市场拓展有着重要的推动作用。产品当时可能没问题，但时间长了也会有各种问题，因为客户有这样或者那样的需求，产品需要不断地改进升级。于是，有了第三大流程 ITR（从问题到解决，即售后）。ITR 的根本任务是面对和解决客户服务请求、诉求、网上问题，对产品进行改造升级。

华为以 IPD、LTC、ITR 这三大流程为主线，进行了一系列管理变革，建立了包含执行类、使能类、支撑类三类的端到端流程体系，实现了流程贯通。企业要想更好地为客户创造价值，就要从内部开始变革，打通以客户需求为主线的端到端流程，建立规范的业务流程体系，实现全业务流的流程化。

规范化的流程管理能够保证流程执行过程中各个环节的质量，减少问题的出现，提高流程运作的效率。企业实施规范化流程管理一方面是要将清晰的、重复运行的流程标准化，另一方面则是要将流程制度化。

将清晰的、重复运行的流程标准化

如图 5-15 所示，要将清晰的、重复运行的流程标准化，首要环节是明确流程上各个岗位的操作标准，制定一份完善的岗位标准化工作指南，即 Checklist。通过将重复运行的流程和流程中的突发情况记录到岗位标准化指南中，将操作流程规范固化下来，为各层级流程参与人员提供指导。

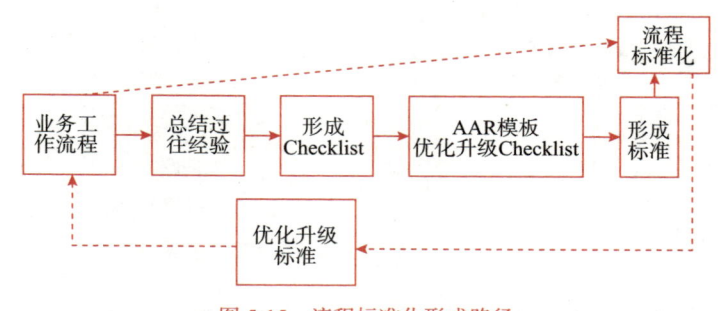

图 5-15 流程标准化形成路径

注：AAR 模板（After Action Review）指行动之后的反思。即每次业务完成后对流程进行回顾和反思，从中得到的经验与教训将会成为下一个流程及 Checklist 设计的基础。

值得注意的是，在业务流程的运行过程中，要在阶段性流程或全项目流程结束后，展开经验教训的总结，并形成反思模板。如此不断优化完善岗位标准化工作指南，逐步形成全业务流程的标准化操作，并在这一过程中同时升级流程标准，从而提高流程运作的整体效率。

将流程制度化

企业流程制度化的关键是搭建以业务流程为主线、条例清晰、层级分明的分类分级的流程制度架构。高质量的流程管理制度一方面能较好地指导岗位工作，减少对人的依赖；另一方面能帮助新员工快速掌握岗位所需知识和具体的操作要求，并实现独立操作。

如图 5-16 所示，通过将各层级流程操作制度化，逐渐形成从末端操作规范、各层级流程分解，再到主干流程规划原则的一整套流程管理制度体系。通常主干流程的流程文本相对末端流程内容更简洁，逻辑更清晰；而末端流程涉及具体的工作规范和活动操作，文件描述应该尽可能细化易懂，真正起到指导作用。

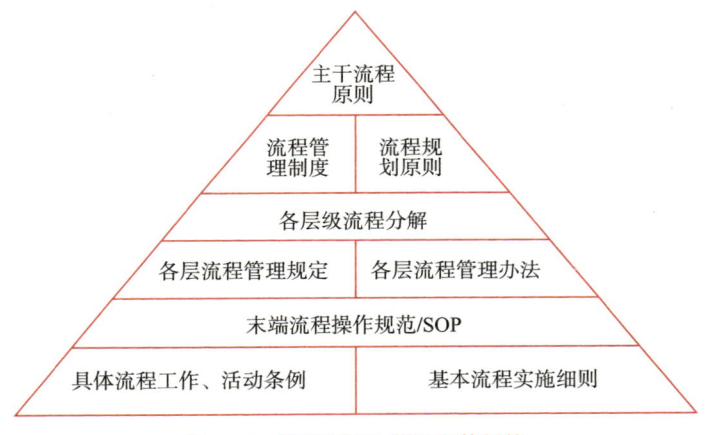

图 5-16 流程制度文件的整体架构

SDBE 领先模型认为，流程管理并不是一成不变的，而是需要经过规划、建设、推行、运营、持续优化的过程。企业要想更好地为客户创造价值，就要从内部开始变革，建立规范的业务流程，确保公司管理体系像眼镜蛇的骨骼一样环环相扣、灵活运转、支撑有力。

5.5.3 全面质量提升，水滴石穿

华为公司最重要的基础就是质量。我们要从以产品、工程为中心的质量管理

扩展到涵盖公司各个方面的大质量管理体系。

——任正非

作为一家拥有世界级产品质量的标杆企业，华为凭借"以客户为中心"的质量管理模式，在 2016 年获得中国质量领域最高政府性荣誉"中国质量奖"制造领域第一名的殊荣，该奖项的获得是对华为长期坚持以"质量为生命"的肯定和褒奖。

根据华为质量管理的发展路径，其体系建设可分为四个渐进与突变交织的升级阶段：[①]

（1）起步阶段：1987 — 2000 年

在起步阶段，华为由于资金、科学管理方法的缺乏，以及存在技术劣势等因素的影响，其产品质量与同时期的思科、朗讯等国际主流企业相比，还存在一定差距。这一时期华为质量管理的具体表现主要在两个方面：①以生产质量管理为主体的现场质量控制；②公司质量保证体系的初步建设。

华为 1996 年通过 ISO 9001 质量体系认证，通过推行 ISO 9000 系列的质量管理各项标准和对各项工作质量的严格把控，来初步建立、健全质量管理机制并逐步与国际接轨。

（2）突破阶段：2000 — 2010 年

华为在 2000 年引入基于 IPD 集成产品开发流程的质量管理体系，在消化吸收的基础上，进行更加适应自身发展模式的"二次创新"，并在实施过程中不断加以修正以更加符合自身情况。

IPD 的实行给华为带来的变化主要体现在四个方面：①搭建了跨部门的研发团队，将部门间串行的产品管理流程变为并行的流程，减少了重复工作的问题；②将工作流程和模板进行标准化，同时将技术研发活动从产品研发中独立出来，提高产品稳定性；③建立起基于市场绩效的评价体系，将产品的市场效益纳入员工的考核指标；④重新定义"以客户为中心"，将华为内部对它的理解和实践变得更加趋于统一。

（3）体系化阶段：2010 — 2015 年

从围绕客户满意度、更加重视客户的体验的角度出发，华为逐步建立以客户为中心的闭环质量管理体系，即"CSQC"（见图 5-17）。

---

① 吴晓波，李思涵.技术—制度—文化：华为质量管理体系建设的启示 [J].中国质量，2019（8）：106-110.

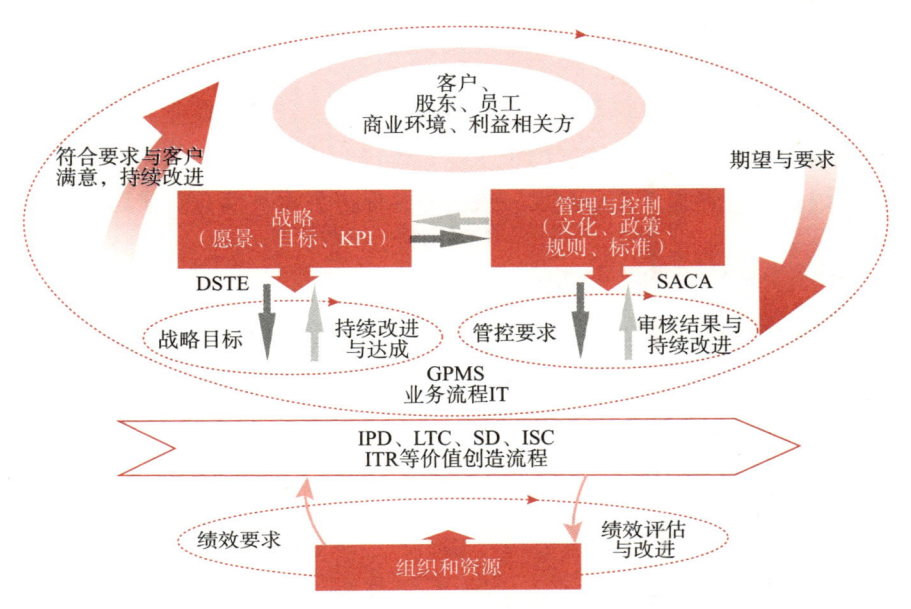

图 5-17 以客户为中心的闭环质量管理体系（CSQC）

这是一个按照公司管理层级而设计的正向体系，并作为一个虚拟化的组织存在于公司的各个层级当中。在公司层面，由公司的轮值 CEO 亲任 CSQC 的主任，而下面各个层级也都有相应的责任人，保证每一层级的组织对质量都有深刻的理解，了解客户的诉求，通过客户的需求来驱动创新。同时，各层级的 CSQC 都有自己明确的任务，必须要定期审视自己所管辖范围的客户满意度，并找到客户最为关切的问题，来制定重点改进的项目，保证客户关切的问题能够快速得到解决。

（4）文化根植阶段：2015 年至今

2015 年以后，华为的发展逐步进入无人区，成为行业引领者。其质量管理体系建设从制度层面进入文化层面，大质量管理体系逐渐介入公司的思想建设、哲学建设、管理理论建设等方面，形成华为的质量文化。

华为的质量文化，就是"一次把事情做对"和"持续改进"的有机结合，不断完善质量管理体系。通过质量文化的建设、价值观的导向作用，让华为的质量理念与公司的发展密不可分。

从华为质量管理的阶段性升级过程可以看出，随着企业的阶段性发展，其不同时期的质量工作也会由于量变而进行质变，因此企业要在正确把握其发展的动态性和阶段性的同时，还要积极转变对于质量管理的认知，树立正确的质量观念，要明白质量管理不单单限于产品本身的合格率，更在于客户的满意度。

5.6　高效协同的项目化运作

经过多年的持续管理变革，在职能组织的基础上，华为在业务运作中已经形成了以项目为中心的、高效协同的组织运作模式。华为强调，公司未来的变革还要进一步强化项目管理，充分激发一线活力，促进公司长期有效增长。

5.6.1　组建高效运作的项目团队

在现代企业管理中，项目团队通过团队成员之间的相互沟通、信任以及合作，利用有限的人力资源，协调一致并有效地推进工作。作为一种特殊的团队模式，项目团队越来越表现出目标性、多样性、开放性和临时性的鲜明特点。

目标性：每一个项目都有明确清晰的目标。团队成员紧紧围绕着目标开展一系列活动，使目标得以实现。

多样性：由于一个项目涉及的专业众多，因此项目团队是跨部门、跨专业的多样性的团队。项目团队成员具备实现目标所需要的互补的基本技能，在项目过程中相互依赖、相互信任，进行良好的协同合作。

开放性：随着项目的进展，团队成员的工作内容和职能常会根据项目需要进行变动，因此项目团队成员的增减也具有较大的灵活性和开放性。

临时性：项目团队是为完成某项一次性的特定任务而临时组建起来的团队，当任务完成以后，团队也随之解散，因此项目团队通常是短期的、临时的。

随着华为在全球电信市场获得的大型项目越来越多，客户需求愈发复杂和多样，需要全方位满足客户需求、提供全面解决方案；同时，伴随着全球经营以及业务的增加，华为内部组织部门不断扩大，部门壁垒逐渐增厚，内部竞争也日益加剧，需要以客户为中心来打通相关业务和部门间的流程。

为此，华为结合自身的发展情况，设计了一种面向客户的以项目为核心的一线作战单元——铁三角，通过面对面主动地去对接客户，确保客户需求能够得到快速满足。

【案例】华为：面向客户的"铁三角"作战单元

2006 年，华为苏丹代表处在非洲某电信运营商移动通信网络的招标中失利了。在总结会上，代表处一位主管注意到一个细节：在客户召开的网络分析会上，华为参会的七八个员工都会向客户解释自己所负责领域的问题，而没有形成一种整体相互协同的效应。

在吸取了此次失利的经验教训后，苏丹代表处调整了自己的组织模式：以客户为中心，构建了一个以客户经理（AR）、交付专家（FR）、解决方案专家（SR）为核心，能够以合理分工的团队形式面对面主动去对接客户的一线作战单元。

如图 5-18 所示，铁三角组织对准的是客户，在市场的最前端，使用联合力量作战，体现的是综合的能力。客户经理、解决方案专家、交付专家三者共同承担着同一个目标，只是侧重点不一样。

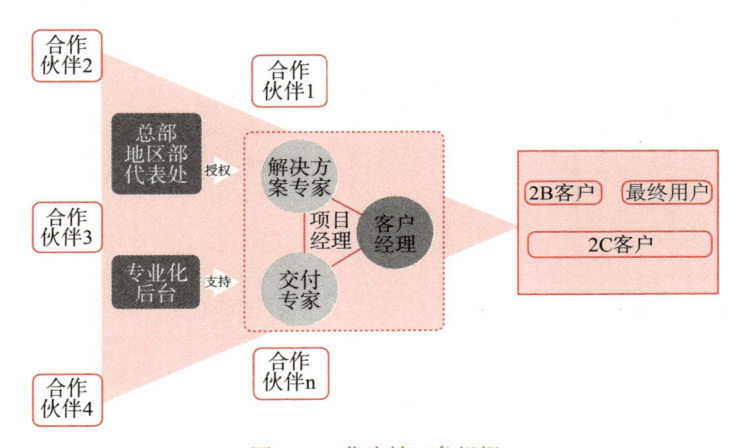

图 5-18　华为铁三角组织

其中，客户经理是项目运作、整体规划、客户平台建设、整体客户满意度、经营指标的达成、市场竞争的第一责任人；解决方案专家负责项目的整体产品品牌和解决方案，从解决方案角度来帮助客户实现商业成功，对客户群解决方案的业务目标负责；交付专家则是项目整体交付与服务的第一责任人。

"铁三角"这个说法源于军事，意思是指小股特种部队作战的模式。这种模式机动灵活，反应迅速，实现了后方资源平台支撑和一线快速决策的平衡，是组织模式和作战方式的创新。目前，华为铁三角构成模式包含两个方面，一个是项目铁三角团队，一个是系统部铁三角组织。其中，项目铁三角团队是铁三角模式的核心部分，是华为贴近客户、感知市场变化、满足客户需求的最基本组织和一线作战单元。

犹如一支装备精良、纪律严明、作战勇猛的军队是打胜仗的保证，一个配置合理、团队合作的项目组是项目的核心，也是项目成功的保障。组建一支高效运作的项目团队，是项目开始阶段最重要的工作，直接关系到后期项目能否正常进行。

5.6.2 团队内部责任分配与高效协作

一般而言，项目团队是因某些任务而组建的，成员来自不同部门，在项目结束以后可能要回到原来的部门工作，并且在项目推进的过程中，也有可能由于项目需求变化而加入新的团队成员。因此，项目团队需要以合理的团队结构作为支撑。

如表 5-4 所示，为了尽可能避免团队内分工不明确、责任分散的发生，打造一支战斗力十足、真正能够产生项目价值的项目团队，华为通常会在组建项目团队时输出一张项目成员表，明确描述各项目成员的角色和职责。

表 5-4 项目成员表

一、项目基本情况			
项目名称		项目编号	
制作人		审核人	
项目经理		制作日期	
二、项目组成员			

成员姓名	项目角色	所在部门	职责	项目起止日期	投入频度及工作量	联系电话	主管经理

签字：		日期：	
项目赞助人			
项目经理			

【案例】明确权责，促进"铁三角"落地

为促进"铁三角"的落地，华为通过进行充分授权，明确团队以及团队成员的责任。华为强调，充分授权"铁三角"，让其在授权范围内能够直接指挥炮火，大大提升了企业的作战能力，但是当授权超越范围时，就需要按程序审批。

在分配责任上，华为强调量力而行，能力越大责任越大。如表 5-5 所示，"铁三角"作战单元中，第一责任人是客户经理，也就是团队领导；解决方案专家和交付专家负责全力协同配合，在共同目标的引导下合作发力，实现"铁三角"的高效运行。

表 5-5　华为铁三角各角色职责

成员	主要职责	详细介绍
客户经理	负责总体客户关系和营利性销售	负责建立并维护客户关系； 管理客户在各种机会点活动中的期望； 驱动营利性销售，确保合同成功； 负责财务概算和预测、定价策略、融资策略、条款及相关风险识别； 制定合同谈判策略，并主导合同谈判；确保交易和 PO（产品/业务负责人）签署、回款以及尾款回款
解决方案专家	负责技术和服务解决方案	负责解决方案策略、规划解决方案、保证解决方案质量、标书总体质量以及提升竞争力； 制定满足客户需求的恰当方案，引导客户接受我方方案； 确保解决方案与华为产品/服务组合和战略保持协同； 准备报价清单，识别解决方案风险以及风险规避措施； 负责与客户共同解决有关技术与服务方案的问题； 支持客户关系的维护
交付专家	负责合同履行的客户满意度	总体负责合同履行、项目管理和服务交付； 领导 DPM（直接部件标示）协同履行团队在售前阶段进行早期介入，保证合同质量及可交付性； 负责合同执行策略以及相关风险的识别和规避； 保障合同成功履行（包括开票），确保华为和客户双方都完全履行了合同义务； 负责与客户之间的履行中的争议解决

作为聚焦客户需求、紧贴市场的最小作战单元，华为通过明确"铁三角"模式中各方的权责，极大地提升了一线的作战能力，从而使得企业能更快速响应客户需求，为客户提供其所需要的产品与服务。

古语云："一个和尚挑水吃，两个和尚抬水吃，三个和尚没水吃。"可见，一个团队如果分工不明确、责任分散，那么不仅可能无法发挥出团队应有的效用，还极有可能适得其反，导致竹篮打水一场空。

5.6.3　打造协作型项目管理模式

美国项目管理协会将项目管理定义为"项目管理就是在项目过程中通过应用各种知识、技能、技术和工具，从而达到项目的交付目标"。与传统的企业管理

相比，项目管理具有以下几方面特点：[①]

（1）项目管理的对象是某个具体项目。

（2）项目管理思想的基础是系统工程的方法论，它依据先整体再分解再综合的原理，将一个项目分解成多个子模块并指定不同的责任人。

（3）项目管理的组织结构十分特殊，它不同于职能部门，项目组成员并不固定，具有临时性、开放性的特点。

（4）项目管理采用多层次的目标管理方式。项目经理以第一责任人和协调者的身份向项目组中各专家讲解各人应承担的责任，协商项目交付时间、成本和质量要求。

（5）项目管理采用基于团队管理的个人责任制。由项目经理作为第一责任人对项目结果承担主要责任。

（6）项目管理的要点是构建和维护使项目顺利进行的内外部环境。

（7）项目管理的方法和工具有先进性和开放性。

随着市场对现代企业管理的要求越来越高，项目管理在中国也越来越受到企业重视。然而，高效协同的项目化运作要以规范化的管理模式作为支撑，因此，企业需要快速转型以适应发展需要，将原来的传统机制打破，建立有效的项目管理机制，打造协作型项目管理模式，让有不同想法的一群人按照公司的诉求统一思想和目标，达成共识，为公司的统一目标找到一个最佳实践。

协作型项目管理模式是一种新型项目管理模式，其重点在于以客户为中心、以目标为导向、以计划为基础、以控制为手段。通过协作型项目管理可以解决以下问题：[②]

（1）实时同步与记录项目信息：通过实时记录来实现项目管理整个协作过程中的全员信息同步，包括项目任务信息、项目进度信息、项目文档信息、项目日程信息、项目成员沟通与讨论信息等。

（2）兼顾计划制订与任务执行监控：项目整体工作的分解与计划制订，包括项目阶段与任务层级划分、任务的时间要求设置，同时，也能关注到每个任务的执行情况，备注任务要求与执行记录、可追溯的任务执行沟通和评论、任务实际工时和计划工时的对比，并根据情况进行干预。

（3）更现代与高效的项目汇报机制：可视化的项目和项目进展呈现可以使项目负责人一目了然地知道项目情况，包括看板视图、时间视图、自动化的项目

---

① 赵淼. 敏捷交付下的项目管理模式研究［D］. 南京：南京邮电大学，2015.
② Teambition. 什么是协作型项目管理？［EB/OL］.（2017-09-28）.［2022-09-23］. https://zhuanlan.zhihu.com/p/29750698.

报告、定制的高级分析服务报告等。

（4）**全员同步的项目文档管理**：项目文档可以被统一管理和共享，同时文档在更新、删除、归档、版本更新等各个状态的信息可以第一时间实现相关人员同步。

（5）**灵活的全局项目计划调控**：可视化的项目时间计划、为前置后置任务创建依赖关系，并可以动态调整全局项目计划，这些都保证了灵活的全局项目计划调控。

（6）**可追溯的结构化项目沟通**：以项目为基础的基于任务、日程、分享和文件等项目过程元素的结构化沟通确保项目沟通的及时性。另外，也保证沟通上下文和场景的可追溯。

由此可见，协同有效的项目管理模式能够将公司从战略到项目组合管理再到项目执行落地，以及周边的数据和系统支撑结合起来，进而实现从战略到执行的全业务价值流贯通。

第 6 章

执行力：将能力建在流程性组织上

　　企业制定了战略决策，并不意味着真正解决问题。如果一个决策不能得到有效的实施，那么无论这个决策本身有多英明，它也只是一纸空文；即便最终取得了结果，往往也是灾难性的结果。只有完成从战略决策到行动实践的过程，才能使管理者的决策取得良好的成果，为企业在市场竞争中赢得优势。

概述：执行力

战略的错误会导致企业的失败，但是战略的正确却不能一定保证企业的成功。研究结果表明，凡是业绩卓越的公司，尤其是那些世界上受推崇的公司，无一例外地都表现出卓越的组织执行力。

华为公司创始人任正非曾说："战略是方向大致正确，组织充满活力。"由于客观环境复杂多变，企业不可能把未来预判得非常准确清楚，因此组织执行能力有时候和战略规划一样重要，它能够保障企业在面对变化的时候可以迅速纠偏，重新找出一条正确的路径。

那么，究竟什么是执行力？

拉里·博西迪（Larry Bossidy）、拉姆·查兰（Ram Charan）以及查尔斯·伯克（Charles Burck）在《执行：如何完成任务的学问》（Execution:The Discipline of Getting Things Done）中指出："执行"是目标与结果之间的桥梁，是实践行动的关键环节，同时提出了企业执行力的三个核心流程，即战略、人员及运营，并认为将这三大流程的有效结合是提升企业执行力的根本。

执行与企业战略紧密相关，是实现企业战略的内在组成部分。对于企业而言，战略的制定和目标的实现都不能离开执行，当战略一旦确定，执行就变得极其关键。意识是行动的先导，企业的管理层还必须有强烈的执行意识，并将这种执行意识自上而下层层传导给每一位员工，形成企业的执行意识，确保战略目标的实现。

此外，执行也是系统的、具体的行为和技术，需要探究企业面临的内外部环境、内部组织能力、战略、人员、协调能力等，它包含对方法和目标的讨论、质疑、跟进以及责任落实等一系列流程。

综上，执行是连接组织的战略目标与实现目标之间的桥梁，是通过各种努力使组织的战略目标得以实现的过程；而执行力则是组织将战略付诸现实的能力，它直接反映组织对战略方案和目标的贯彻程度。

随着企业规模的增长，组织所具备的整体能力将逐渐成为一种战略性资源，它能够在企业目标的整合作用下，把那些处于不同状态且不均匀地分布在企业内部各个业务单位和不同员工身上的有价值的资源和能力有机地串联起来，发挥互补相乘的效果，建成力出一孔的"集体执行力"，这是企业作为一个集合体所能迸发的力量，也是追求任何远大目标的能力保障。

6.1 未来企业间的竞争是组织能力的竞争

杨国安教授的经典"杨三角"理论高度概括了企业成功的关键要素。企业成功＝战略×组织能力，即正确的战略配上合适的组织能力，两者缺一不可。战略是方向和路径，确保企业做正确的事；组织能力是保障，确保企业正确地做事。如果一家企业仅有正确的战略，而没有与之匹配的组织能力，那么这家企业也只能昙花一现，难以基业长青。

6.1.1 战略落地要依靠有力的组织能力

战略在组织中落地要依靠有力的组织能力水平，包括资源配备、人员协调、产品优化、机遇把控等组织活动都要依托组织水平提升来实现。"组织能力"是指一个团队所发挥的整体战斗力，植根于组织内部而非个人的，决定了团队的竞争力能否支撑战略落地。

组织能力是一个广义的概念，它包括组织架构、业务流程、运营管控、制度体系及相应管理支撑机制，它们共同构成了与组织战略相关的、指向未来的能力。

如果将企业比作人体，战略是人的大脑，组织能力则是人的骨架及一个个的器官。正是这些关键的管理系统和流程设计的运转和动态优化，才能确保组织整体的常态化发展。

如图 6-1 所示，为了保障战略落地，企业必须要充分考虑需要采取什么样的组织架构、管控模式与业务流程体系，如何建立完善的组织架构与管控模式，如何有效实施业务流程体系；需要什么样的人员，具备什么样的能力；如何吸引和引进人才，如何系统化地提升人员的专业化能力，如何评价、激励和保留人才；要在企业中倡导什么样的价值观和文化；如何系统化地塑造企业价值观与企业文

需要采取什么样的组织架构、管控模式与业务流程体系，如何建立完善的组织架构与管控模式，如何有效实施业务流程体系？

需要什么样的人员，具备什么样的能力？如何吸引和引进人才，又如何系统化的提升人员的专业化能力，如何评价、激励和保留人才？

要在企业中倡导什么样的价值观和文化？如何系统化的塑造企业价值观与企业文化？

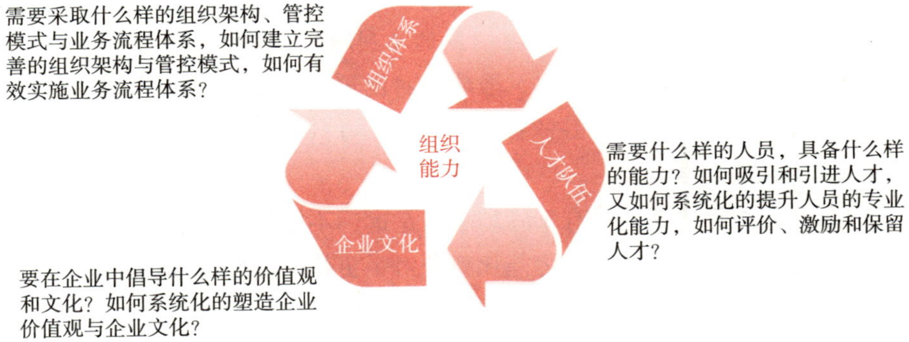

图 6-1 组织能力

化。企业要构建强大的组织能力，就必须对这些事项考虑清楚，重点关注并着力推进。

【案例】京东与苏宁的战略

京东创建于2004年，最初聚焦于3C类（计算机类、通信类和消费类电子产品三者的统称）产品。从2008年开始，在创始人刘强东的带领下，京东一方面投入大量资金进行图书、家电等新品类的扩张与价格战，另外一直大力投入资金，建设自有仓储物流体系。虽然京东当时的这种做法受到外界很多批评与质疑，但是京东并没有改变初衷，始终坚持自己的战略方向。

2012年，京东宣布"所有大家电保证比国美、苏宁连锁店至少便宜10%"，向传统家电零售连锁巨头苏宁、国美发起挑战。2015年，京东超越国美、苏宁，成为阿里巴巴的强劲竞争对手。

京东在发展的过程中，创始人刘强东一直对未来趋势有着深刻的洞察与清晰的战略思考，一旦选定了方向，就会保持一往无前的强大信念坚决执行，去打造支撑战略实现的组织能力。在2020年的"新春致员工信"中，刘强东表示："面对未来市场和竞争环境的巨大挑战，京东要求新求变、持续升级、不断进化。在这个过程中，战略、组织、人才、绩效、文化依然是京东关注的核心。"

当苏宁看到京东从卖3C转为全品类，同时自建物流体系后，营业收入直逼自己。于是照葫芦画瓢，先是大力发展线上业务；再将"苏宁电器"改称"苏宁云商"，进军全品类；同时，还收购了天天快递等几家物流公司，在全国广建仓库。可是，得到的结果却不尽如人意：2015年，苏宁易购市场份额为3.8%，同期京东为22.9%；到2018年，苏宁只剩下1.9%了。

2016年当看到阿里巴巴开始布局新零售时，苏宁又制定了智慧零售线上线下一体化战略。为了实现这一战略，苏宁开启了一轮并购潮：先是疯狂线下拿店，扬言开10000家苏宁小店；然后27亿元收购万达百货；最后以60亿元接盘家乐福中国。结果，苏宁小店是连年亏损。苏宁年报显示，苏宁小店自2019年1月1日至股权出售日6月24日止，半年贡献的净利润约为 -22.1亿元。

从京东和苏宁的案例可以看出，战略相对比较容易复制和模仿，但流程能力和组织能力很难打造。没有不好的行业，只有不好的企业，最主要的就是体现在流程管理和组织能力上。

所以企业要取得成功，光有正确的战略是远远不够的，还必须努力打造与之相匹配的流程和组织能力。这样才能比竞争对手更快、更好地执行战略，从而确保企业在市场上的竞争力，支撑企业实现可持续发展。

6.1.2 组织能力缔造华为的成功

根据麦肯锡对全球 700 家企业的研究，企业的组织能力与业务绩效呈高度相关性，良好的组织能力是提升经营业绩的坚实基础。组织能力指数排名前 1/4 企业的股东回报率约为排名后 1/4 企业的 3 倍，组织能力强弱和业务绩效差距之间的相关系数在 0.5～1。

由此可见，组织能力是一个组织为客户创造价值的内部合作方式和特征，其影响力远远超过个体创造力和个体影响力的简单相加，只有凭借组织机制的力量，企业才能长久生存。

作为中国科技企业的领跑者，华为在 30 年的发展历程当中，其组织能力也是逐步成长起来的，我们可以将其组织能力的发展大致分为五个阶段（见图 6-2）。

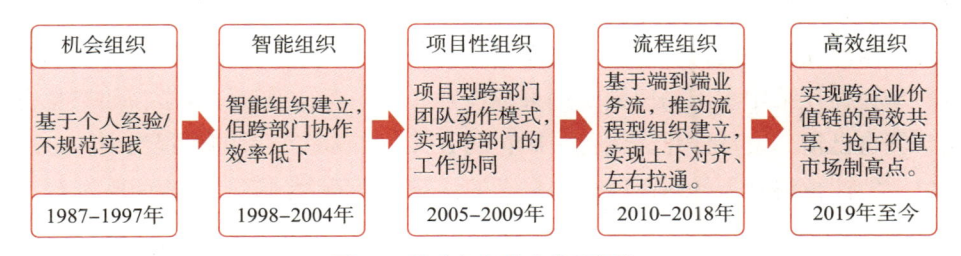

机会组织	智能组织	项目性组织	流程组织	高效组织
基于个人经验/不规范实践	智能组织建立，但跨部门协作效率低下	项目型跨部门团队动作模式，实现跨部门的工作协同	基于端到端业务流，推动流程型组织建立，实现上下对齐、左右拉通。	实现跨企业价值链的高效共享，抢占价值市场制高点。
1987—1997年	1998—2004年	2005—2009年	2010—2018年	2019年至今

图 6-2　华为组织能力发展阶段

（1）野蛮生长期：华为最开始成立的时候是一家贸易公司，只有十几个人，组织也没有成型，管理边界也很模糊。这个阶段主要是基于个人的经验以及不规范的管理实践。对于这种阶段的企业而言，意愿比能力更重要，员工们作为创业者努力工作，管理上虽然有些混乱，公司整体却有着无限的生机，发展速度也很快。

（2）理性生长期：随着业务与人员的增长，模糊混乱的组织渐渐无法适应公司的成长，这一时期就要求企业基于所需要的功能建立职能组织，在垂直领域逐步走向专业化。但是这样的组织发展在业务运作中会遇到两个问题：一方面在于跨部门工作运行效率比较低，另一方面在于各职能部门的资源配置不均衡。

（3）全球化时期：由于职能组织厚重的"部门墙"，企业在解决很多实效性要求很高的问题的时候，会采用跨部门的临时型团队，久而久之就产生了项目型跨部门团队运作模式。这一阶段华为不再是简单地卖通信设备，而是提出要做电信解决方案供应商，化竞争对手为友军，变竞争为竞合。

（4）组织变革期：这一阶段华为建立起基于端到端的业务流程型组织，实现上下对齐、左右拉通，追求云—管—端一体化。华为也据此形成了与其他公司差异化的竞争优势，那就是集矩阵式管理、流程型组织、授权行权监管的权利分配机制三位一体的组织运作模式。

（5）战略驱动期：从 2019 年开始至今，华为开启了新一轮的组织变革，构建了新的高效组织，以期通过业务战略与区域拓展战略的双驱动，实现跨企业价值链的高效共享，抢占价值市场制高点。

管理学家彼得·德鲁克说："我们无法左右变革，我们只能走在变革的前面，变革是无法避免的事情。"当一个企业面临绕不过去的坎时，必须来一次深层次的变革，不管是人力资源变革、组织变革还是战略变革，只要突破这层桎梏，企业就能不断向前发展。华为的成功是管理体系的成功，也是规则制度战胜人制的成功，更是组织能力学习的成功。

企业的管理提升是没办法假手于人的，对于企业问题理解最深的只能是企业自己。因此在组织能力的学习和建设上，不同于多数公司过于依赖外部咨询的力量，华为往往采用实用的原则，如果觉得别人的东西有用就好好学；如果觉得没用，就自己悟。遵从僵化、优化、固化的方针，华为在学习的过程当中，参悟华为之道，注重将别人的东西转化为自己的认知，进而做到青出于蓝而胜于蓝。

6.1.3　加强群体作战，构筑更强大的"护城河"

组织能力是一种基于人力资源管理体系形成的"组织记忆"，不是一个人的个人能力，而是一个团队所发挥的整体战斗力，它指引了企业的"群体行为模式"，表现为一个团队或组织的某些专长，在某些方面能够明显超越竞争对手、为客户创造价值的能力。

因此，企业要持续发展，必须摆脱对任何个人的依赖。小企业的成功，常常依赖企业家的个人能力，特别是企业家抓机会、抓风口的能力非常强，但是这种对个人的依赖性也往往造成小企业活不长、做不大，难以突破成长的瓶颈，因为企业没有形成团队，没有打造一个有凝聚力和整体作战力的组织。这就导致企业做到一定规模以后，进一步的成长就受制于企业家有限的生命时间和有限的精力。企业家如果不能致力于构建一个不依赖于个人的组织，不能完成从机会成长到组织成长、从个人能力到组织能力的转型升级，企业的成长就会止步不前，进而越做越艰难。

任正非在 2003 年 8 月发表的《在理性与平实中存活》这篇讲话里强调：

（我们）就是在摆脱企业对个人的依赖，使要做的事，从输入到输出，直接端到端，简洁并控制有效地连通，尽可能地减少层级，使成本最低，效率最高。就这么简单一句话。要把可以规范化的管理都变成扳铁路道岔，使岗位操作标准化、制度化。

我就讲管理就像长江一样，我们修好堤坝，让水在里面自由地流，管它晚上流、白天流。晚上我睡觉，但水还自动流。水流到海里面，蒸发成水汽，雪落在喜马拉雅山上，又化成水，流到长江，长江又流入海，海水又蒸发。

外界认为我们公司出去的干部个体并不怎么有特色，其实他们在公司的作用是依赖了我们这个大平台。他以前在大公司搞得那么好，如果在小公司干不好，就是因为他已经离开了这个大平台，没有了这个条件。

《华为基本法》里面提到一个非常重要的理念，是任正非当年要求加上去的。他说，不是所有的人才都是人才，只有管理有效、负责任的、具有高度责任感的人才，才是人才。反过来说，一个人才到了华为，不受组织约束，个人凌驾于组织之上，就不算人才，可能还是个害才，害企业之"才"。个人必须遵守组织规则，受组织约束，必须是管得住的，这样的人才方为企业真正的人才。

华为强调效率，强调清晰的组织边界，强调标准化和制度化。组织更像是一部机器，每一个部件都被清晰定义，所有的人都被固定地放入组织架构图的方块之中，所有的业务也被定义到流程结构图的方格之中，华为希望通过先进的方法论和强大的管理流程来实现公司的长远发展。因此，华为通过大量引入西方先进的管理体系来武装从销售、市场、财经、研发到人力资源的每一个部门。

华为很注重能力的沉淀，凡事做完一次之后，都力求将其形成一套打法，以便其他团队可以原样照做，从而避免再次探索试错，使组织得以不断地快速进化，一个个的组织方法和机制构成了华为的组织能力。如果你不能构建机制，不能输出方法论，那将很难有更好的发展。

在华为，无论你的职位有多高，你永远不应该认为你是不可替代的。公司在每个重要岗位上都有后备计划。如果你今天调岗或离职，公司明天就能从后备梯队里选择一个人快速地顶替你，这个人可能干得比你还好，干得比你更有激情，这就是华为体系的强大所在。

换言之，华为强调群体作战，强调将能力建在组织上。任何人，都首先是组织中的人，组织是第一位的，组织能力不因人员变动而波动。

6.2 作战部门聚焦"多打粮食"

在当今这个瞬息万变的时代，当市场上存在很多选择，消费者难以抉择时，消费者的理性选择往往就是通过品牌来进行购买决策，因为知名品牌可以为消费者提供一种承诺和保证。因此，为了实现作战部门"多打粮食"，企业不仅要坚持以客户为中心，聚焦客户需求，同时也要致力于打造自身独特的品牌价值。

6.2.1 品牌服务于市场目标，对准商业成功

当社会的商品生产变得极其丰富，产品的同质化越来越严重，市场竞争变得异常的激烈，如何让消费者选择自己的产品？这是众多企业不得不面临的问题。

除了不断的降低价格，取得价格竞争的优势之外，品牌就是对抗竞争的有力武器，有品牌的产品就比没品牌的产品好卖，名牌产品就比杂牌产品好推销。

华为CBG首席营销官张晓云曾分享了一个她所经历的故事。

【案例】没有品牌，你依靠什么把商品卖出去？

2003年张晓云在香港做华为终端的销售，香港的电讯盈科（PCCW）是她的客户，PCCW的第一单华为"定制机"是10万部3G手机。有一天，PCCW的一个高层带着沮丧的口吻打电话给她，让她去一趟。

去了才知道，这些定制机卖得并不好，货已经铺到运营商的店里，但是销量极其惨淡。香港是一个理性成熟的竞争性市场，铜锣湾的电子一条街，到处都是索尼、LG的广告，华为手机没有广告，PCCW只是一个新锐的运营商，不是一个消费电子品牌，香港的消费者对这些手机没有任何感知。运营商只能加大补贴，让消费者能够用最小的代价甚至白拿，才能降低库存，但是，通过这种方式获得的少量消费者是有价值的用户吗？

PCCW的高层有点哀求："帮帮我们，要不，这些货只能填海去了。"她的心被狠狠地刺痛了，随后弥漫着巨大的恐惧，因为她发现她根本没有能力帮他们。她已经给了对方最好的机器成本（BOM清单[①]），货也都铺到店里，广告促销也有，但是产品没有品牌，没有跟消费者的连接。就像一个巨大的黑洞隔在中间，信息发不过去，永久地失联了。

华为追求以"客户为中心"，为了客户，华为人可以忍受各种劳累、加班和指责。销售背后的研发、服务团队没日没夜地拼命，干着苦活累活，终于交付了这一单手机。做出了全世界第一批3G手机，但结局却是客户要拿它们"填海"的哀叹。

这次经历是她人生中第一次品牌启蒙，让她深刻意识到2C跟2B业务不一

[①] BOM清单，Bill of Material，BOM为物料清单。指产品所需要的零部件的清单及组成结构，即生产一件产品所需的子零件及其产品中零件数量的完全组合。

样。如果2C业务没有品牌，和消费者之间会失联，就像在无尽黑暗的大海里面溺水，怎么努力也没用。"好的品牌营销，是要让那些放到市场上的产品'自己能够长脚'，让销售团队真正有做甲方的感觉，而不是让他们辛苦低效地去敲门叫卖。"

从张晓云的经历可以看到，品牌对企业发展有着非常重要的意义，不仅有助于产品的销售，而且品牌一旦形成一定知名度后，企业可以利用品牌效应扩大市场，稳定产品价格，减少价格弹性，增强对动态市场的适应性。利用品牌知名度，还有助于开发研究新的产品，抵御竞争者的攻击，保持竞争优势。

当企业建立了清晰的品牌体系，包括品牌的定位、价值主张和品牌的表达系统后，在营销管理的过程中，就会有规可依，有章可循。符合品牌建设的营销动作，就要多多益善；不利于品牌建设的营销动作，就要谨慎小心；有损品牌建设的营销动作，就应该明令禁止。如果有了清晰的品牌策略，营销协同也就变得更加容易。

比如说，针对年轻一代的产品，可以利用微信、微博等年轻人经常使用的新兴媒体以及网络平台做活动，将双方的优势结合起来，根据年轻人的喜好做一些宣传，很快就会引起很多人的关注。

【案例】麦芒5手机抓住年轻人的注意力

华为麦芒5手机在2016年携手电信天翼举行了分享日活动。在天翼分享日活动中，因为有华为麦芒5手机大力支持，该活动在中国电信官方微博等集团大号，以及各大传统媒体、新媒体官方微博等得到宣传，还有很多拥有众多粉丝的个人微博转发和关注，一时间成为微博、微信朋友圈讨论的焦点。

华为麦芒5手机的巨大市场号召力，使天翼举办的这次活动共吸引了数十万名网友报名参加。这次活动也是在暑假期间开展的，因为华为麦芒5针对的就是年轻的消费群体，华为对他们的痛点需求十分了解。

华为麦芒5手机还联合电信终端一起开展了"麦芒主题曲"征集活动，邀请有激情的年轻人一起谱写有关青春的旋律。获得主题曲征集大奖的作品还有奖励，那就是在12月天翼校园歌手大赛中现场演唱歌曲，这对想展现自己的年轻人来说是很有吸引力的。

一家企业在技术上的进步，将为企业的发展提供巨大的力量，但它只是溢价的一种力量构成。还有一种隐形的、润物无声的、长期的拉升力量，就是品牌的力量，无论进攻还是防御，都会帮助企业。也许人们记不住它的具体产品是什么，但是，人们依然会觉得它是一个优秀的品牌，因此就不贬低它的产品。品牌就像厚棉被，在冬天来临的时候给企业"御寒"。

品牌建设的征途是漫长的，是一个在摸爬滚打中不断重塑自我的过程。只有创造出属于自己的品牌，找准最能阐述品牌意义的自我定位，一个企业才能在激烈的市场竞争中披荆斩棘，塑造成人人称道、面向国际的大品牌。

6.2.2 聚焦客户需求，定制有竞争力的产品解决方案

很多企业都在提倡以客户为中心，但真正做到的并不多，其中很大的一部分原因就在于企业没有完全理解以客户为中心的含义。以客户为中心，就是要想客户所想，做客户想做，为客户创造价值，而客户最大的价值就是获取巨大的商业利益和成功，这也是客户愿意花钱购买企业产品和服务的原因所在。

企业生存需要利润，客户同样如此，否则客户就没有资金购买企业的产品。企业只有让客户获得成功，收获丰厚的利润，客户才会继续购买企业的产品，形成一个良性循环。

【案例】华为向印度Supreme公司提供桌面云解决方案

印度Supreme公司作为印度最大的塑料处理公司，是印度塑料业公认的领导厂商，每年会向印度市场提供品种最齐全的塑料产品。这家公司技术实力雄厚，产品和设备一流，年销售额超过100亿美元。庞大的业务网络使Supreme公司在印度各地部署了30多个办事处，每个办事处人员几人到几十人不等，PC设备和网络设备种类繁多，无法做到统一的管理和运维，难以管控。PC个人数据管理和维护复杂、数据和信息安全等问题都是客户急需解决的。

经过几番考察，Supreme公司最终选择了华为的解决方案。华为在对客户办公场景进行实地调研和分析后，针对其需求和痛点，结合华为桌面云解决方案，采用集中式方案进行部署，使桌面云系统及所有服务器等相关硬件资源全部部署在总部数据中心，由总部数据中心统一集中管理运维，各分支机构用户通过TC等接入设备远程接入访问总部数据中心服务器硬件上的虚拟桌面。最后，实现了资源的共享和弹性伸缩，降低了硬件资源需求。集中化的管理方式，也为分布在各地的办公人员设定了相应的权限和灵活的数据访问策略，使信息安全风险得到极大降低，运维成本也大大减少。

解决方案实施后，客户实现了高效率的统一管理，并能保证业务的连续性，实现了信息安全管理，数据损坏及信息泄露事件至今没有发生过，并促进了客户业务持续增长，华为的桌面云解决方案也在印度市场获得认可。

企业帮助客户实现商业成功的过程，是企业与客户相互建立信任，并最终确立长期合作伙伴关系的过程。有些客户对自己的需求后知后觉，企业要利用自身

优势，引导客户转变观念，不仅满足客户的现实需求，还要帮助客户发现自己的长远需求，为即将到来的市场变化和技术创新做好准备，这样才能赢得客户信任和尊重。

【案例】华为提前引导，帮助客户实现转型

华为在与 K 省客户合作时，经过一段时间的接触，发现客户系统建维工作界面较模糊，在网建的长期主导下，粗放式发展使客户网络积累了很多问题。华为认为随着客户建设步伐的放缓，网络建设优化向精细化转型迫在眉睫。

为了说服客户进行转型，项目组首先想在观念上影响客户。针对客户室内用户投诉的响应力度不够的问题，项目组向客户展示室内才是未来，并申请公司专家组就新形势下网规网优发展方向，向客户高层汇报，让客户看到网规网优在精细化转型中的价值。

此举成功打动了 K 省客户，其网络发展的聚焦点也从大面积的覆盖拼图转向了价值区纵深覆盖。为了达成目标，华为利用专业分析工具，对客户深度覆盖的问题进行了识别，精准定位深度覆盖问题集中区域。光识别问题还不够，还得落实解决方案，而在深度覆盖的情形下，基站落地的难度倍增。为此，华为提出了多维覆盖方案，并用加小微设备的灵活配合协助客户解决了难题，成功帮助客户实现转型。

华为站在客户视角，牵引客户看清未来趋势，主动转型是既成就客户也成就自己的双赢做法。2020 年 12 月 3 日，华为举办首届技术服务伙伴大会。会上，华为全球技术服务部总裁汤启兵指出："华为作为数字化转型的先行者，希望将我们在 ICT 领域积累的知识和经验开放给运营商和行业客户，与合作伙伴一起助力数字化转型，实现商业价值。"客户通过转型获得更好的发展，他们与华为之间的合作会越来越牢固，也会创造出更多的合作机会。

6.2.3 全心全意做好客户服务，维护品牌形象

华为有一句口号叫品牌是打出来的，这句话的意思就是说，品牌不是通过宣传做出来的，而是通过强大的内在的实力支撑起来的。

宣传和推广可以增加品牌的影响力，但是要想在客户心中树立起良好的品牌形象，更重要的是要让人觉得可以信赖。这种信赖感的建立，需要企业能够对客户负责，与客户同舟共济，成为客户愿意长期合作的伙伴。

面对挑战，华为坚持把客户放在心中，把核心价值观传递给客户、合作伙伴、员工，使其能够真正地认知、认可，能够充分地体验到这才是做品牌的核心。产品质量、服务质量、客户满意度等，都是华为一直不变的核心竞争力，也

顺理成章地成为了今天华为品牌形象的核心。

2011年，日本"3·11"大地震后，余震仍然不断，福岛核电站核泄漏不断恶化。华为在较为危险的地方正在为客户做着一项重要测试，不少企业在这一地区的实验都暂时中止了。可华为的测试工作到了关键时期，如果这时中止，对客户利益将产生极大的不利影响，不仅会失去客户的信任，甚至会降低华为在整个日本通信业界的信誉。

为了不辜负客户的信任，华为项目组经过认真考虑后，决定与客户同舟共济，只要客户的决定不变，华为就会按照原计划继续测试，并按期完成。最终，华为项目组如期完成测试，并满足了客户的所有要求。华为始终不抛弃客户的表现，给客户留下了深刻的印象，客户评价道："遇到危难，能够同舟共济的伙伴越来越少，华为是真正地为合作伙伴着想，华为人用行动赢得了我们的感动和信赖，下次选择合作伙伴，必然只选华为。"

品牌形象的树立是日积月累的结果，是靠着一个又一个好口碑树立起来的，需要企业有真才实干，并且能够始终为客户利益着想。在发展中对产品研发和生产不断积累经验，通过市场销售不断积累人气，得到众多客户的信赖，才能将品牌形象慢慢树立起来。

2014年，华为作为第一家进入"Interbrand全球最佳品牌100强"（Best Global Brands Rankings）的中国企业，位居94位（品牌价值43.13亿美元）；2015年，华为二度蝉联榜单，位居88位（品牌价值49.52亿美元）；2016年升至72位（品牌价值58.35亿美元）；2017年升至70位（品牌价值65.36亿美元）；2018年升至68位（品牌价值76亿美元）；即使在2019年和2020年，华为也保持在100名以内，分别位居74位、80位。据全球知名的市场调研机构IPSOS报告显示，华为品牌认知度增幅位列全球第一。

华为作为来自发展中国家的后起之秀，通过自己艰苦卓绝的努力，能够在高端市场站稳脚跟，取得这样的成绩，是难能可贵的。要知道，早期国外公众对中国产品还存在"质次价低"的刻板印象，中国品牌要想获得海外运营商和消费者的认可是件非常不容易的事情。

【案例】华为用"请进来""走出去"方式实现品牌国际化

华为早期为了打开中国品牌在国际市场上面临的困局，采取了"请进来走出去"的方式。"请进来"就是邀请海外客户，包括合作伙伴访问中国，组织海外运营商先参观北京、上海、深圳，后参观深圳坂田基地。因为耳听为虚，眼见为实，通过参观，绝大多数海外运营商对改革开放后的中国有了全新的认识，对华为的规模和实力也刮目相看，对产品产生了从陌生到熟悉、从拒绝到接受的心理转变过程，对华为的品牌逐步建立起了积极的认知。参观完后，大部分客户基本会在一两年内采购华为的设备。"走出去"就是要把产品、服务带出去，要让别人看到。华为每年都要参加20多个大型国际展览，参展投入往往上亿元，在国际舞台充分展示自己的品牌。在这些大型展览会上，华为的展台和很多国际巨头的展台连在一起，而且通常比它们的更大、布置更细致，展出的也是最先进的技术和产品。通过这些展览会，在视觉上令参展的运营商感到震撼，然后会关注华为的产品和技术。

此外，华为还与海外合作商联合举办行业高层峰会，密切沟通、交流各自的战略发展规划，借此加深对彼此品牌及产品的认知，确认双方未来几年的合作走向。同时，也借助海外合作商的行业影响力，提升了自身品牌的知名度。

不少企业看到有些品牌通过电视广告、互联网推广等方式迅速崛起，仿佛也看到了希望，采取同样的方式大肆宣传，可结果却不尽如人意。这主要是因为这些企业没有看到那些成功的品牌背后都经过了多年的积累，有了资本和底气，才能通过宣传迅速提高产品的销量，而且通过人人相传的口碑，这些品牌才会越卖越好。

6.3 支援保障部门生产充足的"弹药"

"巧妇难为无米之炊"，强悍的执行力要以强大的生产能力作为支撑。企业的生产能力是指某一时期内，企业、车间、工段、班组在一定生产技术条件下，所能生产一定种类和质量的产品的最大能力。

6.3.1 做"工程商人"，工作以商品化为导向

早期，为实现"以技术为中心"向"以客户为中心"的转变，任正非要求研发体系的人不仅仅要做工程师，还要做商人，多一些商人的味道。他说"客户要什么，我们就赶快做什么"。任正非强调："紧紧抓住产品的商品化，一切评价体系都要围绕商品化为导向，要建立商品意识，从设计开始，就要根据价值规律构建技术、质量、成本和服务的优势。""工程商人"就是不再追求纯粹的技术，而是在谋求产品的利润最大化的基础上做产品。这样的自我认知和自我批评，在华为内部始终没有停止过。

某项目经理在华为内刊上撰文说道，华为一直都在做专家的培养工作，内部评选的专家越来越多，但从客户的感受来看，华为的专家却越来越少。

比如，现在一线都在踏踏实实地做网络巡检整改等预防工作，最怕发生网

络事故，一旦出现事故，我们固定的打法就是研发、二线、一线建立 war room（"作战室""指挥室"），采集数据、专家攻关，有时候眨眼间时间就过去了。而客户的期望是，立即恢复业务，让最终用户的负向感知降到最低，后续再分析改进。再如，客户需要一个新的解决方案，而我们的专家却往往拿出一个公版的大而全的方案，客户想要一条船，能过河就行，我们设计出来的却是航空母舰。

对于华为内部这种远离客户实际需要的工程师思维，任正非提出了尖锐的批评："我们要真正理解客户需求，要积极地服务市场，特别要反对'孤芳自赏'。"任正非希望华为内部培养更多的是能够实现商业转化的工程商人，他讲了一个关于小盒子的故事："什么是小盒子？日本的数字相机就是小盒子，他们的小盒子把全世界都打败了。这个小盒子看起来没有最新的技术，但真的没有技术吗？技术不是理论，不是功能，而是包括工艺、材料等多种科学在内的综合技术。我们华为也需要能做这种小盒子的工程商人，而不是仅仅做出功能来的科学家。"任正非极力鼓励那些能把功能简单做好的工程商人，激励做小盒子的人要拿高工资、做总监。其目的是鼓励以客户为中心的理念在研发中成长和落地。

"工程商人"思维让华为工程师们在实践中不断成长。成长起来的"工程商人"也成为华为开疆拓土、持续发展的中坚力量。然而，不同的时期也有不同的指导思想。2018 年，任正非在 Fellow 及部分欧研所座谈会上的讲话中指出："今天我们已经度过饥荒时期了，有些领域也走到行业前头了，我们要长远一点看未来，我们不仅需要工程商人、职员、操作类员工……，也需要科学家，而且还需要思想家。"到今天，华为既需要工程商人，又需要科学家，不是人人都被要求做工程商人。

6.3.2 围绕客户需求创新，领先市场半步

创新是企业持续发展的动力，但是我们应该坚决反对刻意为了创新而创新，为了标新立异而创新，创新应该以"以客户为中心"，但是，"以客户为中心"并非简单地听客户说什么就是什么，而是要通过与客户的深入交流，找到客户真正的痛点和问题，打中客户需求的靶心。

很多时候，客户告知的可能是要求（requirement），它是一种确定的产品需求，有明确的产品功能、性能、尺寸等；但有的时候，客户告知的可能只是一种潜在需求（want），比如，客户需要一个行业最先进的电感，但先进到什么程度，它自己也不知道，只知道要比原来更好，是别人做不到的；还有时候，客户提出的是痛点需求（pain），就是客户不想要，但又不得不去解决的问题，是一种被动需求，比如，根据政府的环保要求，客户必须要去解决的污水排放问题，就是

痛点需求。

因此，针对客户提出的需求，要进行正确的分析、理解以及有效的管理。华为在 IPD 变革实施之后，对于"以客户为中心"的理解发生了变化，目光不再局限于客户提出的需求上，而是强调产品开发过程关注客户共性的需求和未来的需求，进而有针对性地进行研发和创新，使之更加符合市场未来的发展方向。

由于需求比较难以描述和识别，过去需求分析大多依赖基于经验的主观判断，华为在引入 IPD 时使用了一种客户需求分析工具"$APPEALS"框架进行分析。

【案例】客户需求分析参考模型 $APPEALS

华为在引入 IPD 时，也从 IBM 引进了 $APPEALS 需求分析型模型来理解客户需求。

$APPEALS 把需求分成八个维度：价格、可获得性、包装、功能性、易用性、保证程度、生命周期成本和社会接受程度。

（1）维度一：价格（$）

客户希望为其寻找的价值付出的购买价格及商务条款。

比如，客户希望供应商帮助提高产品的外在品质感，这样营销的效率会更高。本质上看，客户并不是让产品的成本更低，而是希望设计方案更有传播性，这样就能提高产品的营销效率。

（2）维度二：可获得性（Availability）

客户是否能便捷地获得你的产品或服务，包括渠道、到货周期、信息沟通等。

比如，在没有数字化的时代，餐饮店铺的位置很重要，好的位置能得到很大的曝光量和人流量，这是典型的解决可获得性的需求。

（3）维度三：包装（Packaging）

既包含产品的外包装，也包含软件的可视化的美观感，是客户的非功能需求之一，有时是决定性的。

（4）维度四：功能性（Performance and function）

产品或服务能提供的功能或效用，比如，餐饮的口感、味道、食材的健康程度，包括上菜的速度和服务的温暖性等。

（5）维度五：易用性（Easy of use）

方便客户的使用或维护，比如，SaaS 软件系统易用性非常重要，要简单易用，充分考虑用户体验。

（6）维度六：保证程度（Assurance）

保证有前保证和后保证。前保证（insurance）是通过过去的实际表现提供的可靠性保证。比如餐饮，过去没出现过食品安全事故等。后保证是一旦出现了问题，能够给予的补救或赔偿。比如，一套网络系统出现了崩塌，损失将数以亿计，同时赔偿也会数以亿计。

（7）维度七：生命周期成本（Life cycle cost）

产品从购买到报废/停止使用所支出的所有费用，不仅包括可以使用的时间成本，也包括使用的能源消耗、维护成本、升级或二次开发成本。

（8）维度八：社会接受程度（Social acceptance）

其他人如何看待你使用这个产品，包括品牌、口碑、法律关系、社会责任、环保安全等。

需求分析型参考模型 $APPEALS 不仅可以用来理解客户需求，知道需求要解决的最核心的问题在哪里，还可以对产品以及市场上的竞品进行评估，分析优势和劣势，从而确定策略，最终完成满足客户需求的交付，甚至超出客户的预期。

华为通过对客户需求的分析，将客户需求分为长期、中期和短期，将研发人员的主要时间和精力从紧急需求、定制产品开发中解放出来，重点关注和探索客户共性和长期需求，更好地积累核心技术能力，平台化、系列化地研发产品，使得产品和服务更加结构化且面向未来，和公司的长期战略保持一致，从而实现客户需求和研发效率的合理平衡。

6.3.3 生产制造与智能化

一直以来，华为终端制造坚持自制与外包相结合的策略，一旦自制生产出现异常情况，外包工厂则可以迅速替补，确保终端产品的持续稳定交付，以此降低供应链风险。

【案例】华为自制工厂：松山湖南方工厂的智能制造[1]

松山湖基地的南方工厂占地150万平方米，投资约100亿元，负责华为终端手机的新产品导入、验证测试以及部分高端手机的生产和测试。

在华为终端手机生产车间内，设有40多条自动化生产线，配备了美国原装进口的超精准MPM双轨全自动锡膏印刷机、世界领先的Camalotdispenser精密点胶机、全自动机械臂控制的整机组装测试线，还有全自动的无人驾驶运货车。此外，华为制造还拥有全球领先的生产工艺和质量控制体系，平均每20秒就能生产出一部高档手机。

从来料质量控制（IQC）到自动化物流中心，再到生产车间；从表面贴装技

---

[1] 辛童. 华为供应链管理［M］. 杭州：浙江大学出版社，2020.

术（SMT）的印刷电路板组装（PCBA）贴片，到后段整机组装、测试和包装，完全是一条龙的自动化作业流程。对比过去那种靠几百个工人手工组装的生产线，现在华为的自动化生产线上，不到30个人就可以完成一部手机的生产、组装和测试。

华为手机的自动化生产线集成了制造执行系统（MES）、全球唯一识别号（GUID）的生产定制系统、自动导引运输车（AGV）等先进管理系统及方式……并且，自动化生产线上的很多管理和测试系统是华为人自己开发的，比如主物料管理、辅料管理、老化测试和功能测试等系统。

与此同时，华为手机生产线上使用的可以精确定位的工业机器人、机械臂，可以对制造中的工具、半成品、原材料和人员进行实时定位和互通互联，实现工具预置管理、生产进度控制、成品质量管理、原材料物流控制、作业人员调度管理等，极大地提升了生产效率和产品质量。

华为严格执行六西格玛的质量管理标准，将生产线上的不良率控制在百万分之三以下，防水、点胶等关键制程通过高精密的设备在线完成；老化、跌落、电磁安规等测试必须在老化室50℃的环境下严格进行8小时测试，通过后才能继续后面的流程，再包装出货。

在华为的智能生产车间内，设有一个可视化的智能指挥系统，整个生产状态是公开可视的，生产管理人员可以通过大屏幕实时调取华为的所有产能数据，全球关键供应商、外包工厂和合作伙伴的信息数据，智能指挥系统还具有预警功能。

【案例】华为外包工厂：富士康及其智能制造[1]

从1988年至今，富士康在深圳开厂已经30多年，凭借丰富的生产制造经验、先进的工程技术和强大的供应链能力，以及管理数百万生产线员工的经验和能力，富士康获得了几乎世界上所有顶尖高科技公司的加工订单，从电脑、手机，到智能终端，从惠普、戴尔、诺基亚、摩托罗拉，到苹果、谷歌、微软、华为等。

近年来，富士康为了满足苹果等大客户对自动化的要求，降低生产成本并减少对人工的依赖，在生产线上安装了数量可观的工业机械臂和自动化设备。借助工业互联网，富士康实现了智能制造的成功转型；通过自动化机器设备的互联互通和大数据的应用分析，优化了资源配置及生产流程，提升了管理效率和产品质量，并降低了经营成本。

在富士康SMT（Surface Mounted Technology，表面组装技术）生产车间里，

---

[1] 辛童.华为供应链管理［M］.杭州：浙江大学出版社，2020.

设备的实时可视化设计和制造网络，协同大数据智能决策，让富士康的人均产出提高20%，制造良率提升30%。在富士康绿色生产大数据中心，隧道式冷却设计与收纳式混风箱结构达到世界级PUE（电源使用效率标准），让富士康生产能源损耗降低20%，能源利用率接近1∶1。

此外，富士康的供应链智能决策系统，将生产流程数字化、订单交付可视化，让库存周期缩短15%，整体效率提升30%；还有它的系统组装线上，全线设备实现智能保养，极大降低了停机概率，提升了整体效率。核心层的自动化使富士康的库存降低33%，人均产出提升31%。

通过与世界顶尖高科技客户的合作，富士康培养了数千名软件工程师、工业设计工程师、硬件工程师、模具工程师等。如今，富士康已经从过去那种只能代工的制造企业升级为一家可以独立生产智能硬件产品的高端制造企业。

华为创始人任正非说："我们所有业务的本质是实现高质量。"以前华为生产是批量生产模式，生产过程中等待多、浪费多、周期长。而现在，华为不断加强供应的快速响应能力，整个生产体系缩短制造周期，持续进行精益改善，把制造业务做精做简，大力推行生产自动化和智能制造，取得了生产周期、质量和效率的同步改善。

无论是自制工厂还是外包工厂，华为终端手机的自动化生产和智能车间采用的都是目前业界最高标准的设备，其先进的装备、工艺、质量控制、制程管理系统等，更是体现了华为智能制造的核心能力及其精益生产的匠人精神。

6.4　后端及时为一线提供服务支撑

"兵马未动，粮草先行。"如果说执行力在企业市场、业务等前线作战部门体现为"多打粮食"，那么在后方的采购、行政、财经等业务支持部门则表现为一种"服务力"，着重于及时向前方一线提供支撑性后勤服务，以保障前方作战军需。

6.4.1　采购与供应商管理

采购是指企业在一定的条件下，从供应市场获取产品或服务作为企业资源，为企业经营在合适的时间、地点、价格获取质量、数量合适的资源，以保证企业生产及经营活动正常开展的一项企业经营活动。

采购成本是企业成本控制中的主体和核心部分，直接影响着企业最终产品的定价和企业的利润，良好的采购对增加企业利润、提高企业竞争能力、降低经营风险也具有极其重要的作用。

随着经济全球化和信息网络技术的高速发展，全球经济运行方式和流通方式产生了巨大变化，企业采购模式也随之不断发展，采购已经从单个企业的采购发展到了供应链上的采购。在供应链中，采购使供应链各节点间的联系和依赖性进一步增强，对于降低供应链运作成本，提高供应链竞争力起着越来越重要的作用。

任正非对华为采购工作提出的要求是，采购要有战略纵深，理解行业趋势，要深入研发领域，加强对生产和制程工艺的理解。为了让采购人员的时间更多地分配到战略性工作上，去思考策略性问题，华为在采购组织结构上将策略性的岗位和事务性的岗位进行了区分。

【案例】华为采购部组织架构

华为采购部的组织架构将采购策略与采购订单（PO）履行分离开来，如图6-3所示。其内部建立了多个物料专家团（Commodity Expert Groups，CEG），各CEG负责采购某一类物料，通过制定不同物料的采购策略，满足业务部门、地区市场的需要。按物料族进行采购运作的目的是在全球范围内利用华为的采购杠杆。每个CEG都是一个跨部门的团队，通过统一的物料族策略、集中控制的供应商管理和合同管理提高采购效率。

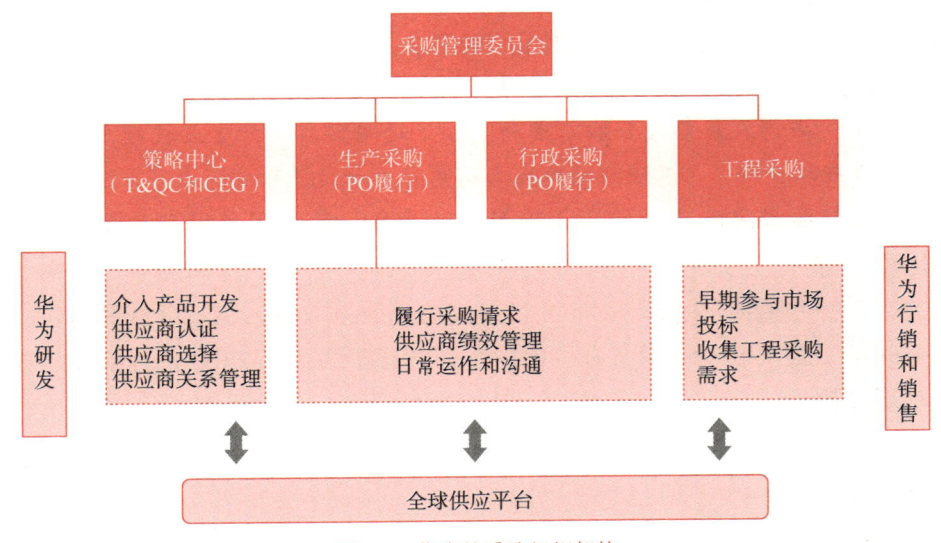

图6-3 华为的采购组织架构

每个物料专家团内部都有供应商接口人，负责与供应商的沟通，处理供应商与华为来往过程中可能碰到的任何问题和疑问。各物料专家团从技术、价格、质量、交货周期、响应速度及创新等方面，充分了解供应商的能力和特点，对各类物料供应商或服务供应商进行采购认证和选择，对供应商进行日常管理及绩效评估。

CEG 和华为的技术和认证中心（Technology & Qualification Center，T&QC）在华为研发和供应商之间架起了沟通的桥梁，推动供应商早期参与华为的产品设计来取得双方的技术融合以及在成本、产品供应能力和功能方面的竞争优势。

华为的工程采购部（Customer Solution Procurement，CSP）将与华为销售和行销部门一起积极地参与客户标书的制作。参与市场投标将使采购部了解客户配套产品的需求，在订单履行过程的早期充分了解华为向客户做出的承诺，以确保解决方案满足客户需求并能够及时交付。

生产采购和行政采购负责日常采购运作以及与供应商和内部客户的沟通，及时处理采购请求和解决双方的问题，从而提高供应商的表现和内部客户满意度。同时华为也关注于不断提高采购履行流程的自动化程度，让采购执行人员有更多的机会积极地参与物料族采购策略的制定。

华为的采购决策由采购委员会集体确定，采购委员会授权各物料专家团主任或地区采购代表，领导采购评审组对所管理的物料进行评审决策。评审组成员通常由采购、交付、质量、财务等多部门的成员组成，对采购问题进行集体讨论并集体表决，以此避免个人决策引发的职权滥用。

针对采购人员，任正非也提出了明确要求：

"采购体系人员要苦练内功，踏实提升专业技能；开拓视野，不断提升战略洞察能力。采购人员要做到胸有成竹，除了踏踏实实提升专业技能，做精、做细，更要开拓视野，有意识地培养战略洞察能力和战役管控能力。"

任正非要求采购人员要深入现场了解业务，踏踏实实提高专业技能。必须严格遵守《华为员工商业行为准则》（BCG），任何以身试法者，将面临法律的审判，并追回从违反 BCG 之日起的内部股票收益，包括分红和增值。在对采购员工的入职培训中，有一项内容是学习华为员工 BCG 的违规案例并参观深圳龙岗看守所，探访原华为违法犯罪的员工，以警示新人。领导干部必须进行自律宣誓，承诺个人收入只能来源于工资、薪酬和分红，否则将接受严肃查办。

采购是企业供应生态的主角，在供应紧张状况下的"抢货"能力也是优秀企业能茁壮发展及"弯道超车"的标配。通过对采购组织架构的优化，对采购人员的赋能，华为打造了一套独特的采购体系。在华为的发展过程中，新产品能快速上市，采购部门功不可没，在面对一次次需求高峰的挑战时，采购部门始终能经受住一次次考验，成功完成交付任务。

6.4.2 行政支撑基础与体系建设

华为内部有一支专业化的行政队伍负责内部日常事务的处理，以及为一线业务提供支持。

引入文秘体系，解放生产力

不论是经理还是员工，精力都是有限的，如果忙于处理琐碎的事务，无疑会令本职工作大打折扣，降低其应创造的价值。华为为了保障一线人员集中精力处理事务，特别设置了秘书岗位。在任正非看来，之所以设置秘书岗位，就是为了解放企业的生产力。

任正非在1997年的《在秘书座谈会上的讲话》中指出，华为之所以要建立秘书体系，就是为了能够让研发人员、经理等专业人员专心从事那些别人做不了但他们能做的事情。如果让专业人员去做类似打字复印等重复性的劳动，就会影响他们的工作效率。为此，建立秘书服务队伍，能够从根本上解放管理人员的职能工作，降低企业的成本。

后来，华为针对文秘体系进行了改革。每个经理的秘书只对该经理负责，为其减轻负担，其余杂事在一定范围内由统一的文员来完成。在华为，作为经理秘书，必须做到"善解人意"，理解并协助上级完成工作，并及时帮助上级处理职责以外的工作，以减少其工作量。

基础保障服务与增值服务并行

任正非强调："行政仅提供基础保障服务，不提供增值、超标准服务。对该由行政承担的基础保障，行政要有能力提供专业化的支持，要符合基本规则，要学会正确利用外包机制，以补充能力的不足。外包要加强适当的集中性，减少供应商的数量，找到一些优质供应商，优质服务可以优质价格。"因此，华为的行政工作是分成两部分来完成的，公司的行政部门负责基础保障服务，增值服务、优质服务则交由慧通公司来完成，互不越权，但边界模糊地带可以相互协商解决。

随着公司执行精兵策略，任正非还强调行政也要适当调整人力，逐步提高人均贡献值。以前缺乏管理平台的支撑，华为的行政人员都是靠个人的协调能力来完成工作。在平台建立起来以后，通过逐步提高行政人员的任职能力，将其充实到其他相关部门去工作，实现人员的精简，从而提高行政工作效率，降低企业的成本。

对于提供增值服务的慧通公司，只有尽可能使碎片业务私有化经营，才会使管理更加简化，同时也能提供差异化的优质服务。在任正非看来，在业务私有化方面，慧通公司要贯彻契约精神，增强外包者对公司的信任。

任正非在《关于行政与慧通工作讲话的纪要》中指出："慧通公司的管理人员无权收回契约，只能反映问题。即使外包方有小的过错也很正常，不能把收回契约时刻挂在嘴边。为了增强外包者的经营信心，可以采取一定的激励措施。对于经营业绩排名靠前的门店，可以适当延长合同期限；对于经营排名靠后的门店，要增加租金，以激励他们的经营斗志。"

华为强调增值服务私有化，是为了繁荣园区，使园区更加环境优美、服务到位。因此，任正非鼓励大家用低成本来实现高品质的服务。但无论是基础保障服务还是增值服务，华为都强调要不断减少监管人员，降低运作成本。

行政服务公开化、透明化

随着企业的壮大与发展，行政服务、采购、物料检验等方面都会不可避免地产生一些问题，例如，官僚腐败、工作效率低下、畏惧承担责任、在其位不谋其职等。华为在发展壮大后，也出现了类似的问题，任正非把这些问题称为"小鬼难缠"。

在任正非看来，行政作为不影响公司流程的部门，可以作为整改的试点部门。行政部门的整改首先就得从简化流程开始，只有管得越少，才会管得越好。之所以有人会不作为，就是因为流程过于烦琐，审批环节多。如果能够对这些流程节点进行考核问责，那么不作为的情况就会减少很多。

任正非在《行政服务解决"小鬼难缠"工作进展汇报上的讲话》中指出："管理规则公开透明，严格制度化管理。'小鬼'只有执行权，不能替天行道，只要公开透明，他就没有空子可钻。政府办事已经公开透明，我们把行政服务的业务也要建成一个公开办事平台，公开 SLA（服务水平承诺）。'小鬼难缠'就是需要通过流程、系统等各种改革来解决，而不是依赖人盯人。不要求你们做到绝对的好，只要在逐渐进步就行。对于这些管理措施，你们制定一些规则，贴在办公室和递标书地点的门口。哪些规则是开放的，哪些规则是需要管理的，所有批示、管理都要公开透明，贴在公告栏。"

华为通过一系列制度化的改革，从而减少行政服务工作中的不良问题。在行政部门完成整改后，这些改革的经验又能推广到其他部门，使其他部门在解决"小鬼难缠"问题的过程中少走弯路。

6.4.3 财经预算与内控管理

2007 年，华为推行财务重大变革 IFS，即集成财经服务。为什么叫财经服务而不叫财务管理？因为财务本身是一个知识，它只能提供服务。这是财务职能变革的一种趋势，财务不再是躲在后面的账房先生，而是要走向前台，实现职能转型以及角色的重新定位，为业务提供支持与服务，推动企业变革，实现企业价值的持续增长。

华为对财务人员有较高的要求，认为财务人员要融入业务。财务是建议提供者和业务监督者，只有了解业务，才能满足业务的合理需求，提供有价值的财经服务；才能识别业务的合理性与真实性，提供有效监控，协助业务主管成长。

【案例】华为财经人员"三下两见"

华为对财经人员有一个"三下两见"的要求："三下"即下站点、下仓库、下项目组，"两见"即见客户、见分包商。

财经人员要通过多下站点、多下项目组，来真正了解业务场景，学习产品知识，了解不同站型的配置和技术特点及难点，理解成本的构成和基线。只有这样才有可能发现存货管理和成本管理中的改进机会，提出切实可行的改进建议，从"算账"走向"经营"，参与更多的交易活动并创造价值。

财经人员要多见客户和分包商，包括参与客户谈判、分包商合同谈判，感知客户关注的核心点和非核心点，从而对合同条款和交易质量进行改善，发现冗余流程、交付浪费等问题点，并建立相应的规避机制。通过谈判了解分包商的盈利空间，助力分包商招标，找到交付过程中可能产生的寻租问题并推动建立关键控制点等。

华为财经人员会见客户还要完成一个很重要的目标，那就是争取拿到客户预算，如果成功，将对业务给予极大的帮助。

华为财经人员通过"三下两见"完整地参与一个项目周期，能在最短的时间内了解企业业务运作的全过程，培养出了全局视野，从而能站在新的高度俯视企业业务运行的全貌。

华为要求财经人员必须要懂业务，同样，业务主管不仅要懂技术，也要具备最基本的财务知识，要懂得计划、预算、预测等基本手段。为此，华为制订了财经干部与业务干部的双向交流计划，有序开展财经和业务的干部互换及通融，从各业务部门抽调干部到财经管理部任职，加强财经组织的业务建设，改变财经组织一直以来简单、固执、只会苦干不会巧干的做法。

【案例】华为研发领域的"混凝土"式财经组织

华为的财经部门是一个混凝土结构组织，有专业的财经人员，也有大量的非财经人员在其中构成了一个整体，既是财经人员也是业务人员，这是华为财务的一个特点。

华为在产品线研发领域也配置了非常多的财经人员，但在研发端配置的财务人员，与传统财经人员有非常大的区别。他们中的很多人既不会做会计分录，也不懂"借"和"贷"的关系，因为他们都是开发工程师出身，而不是财务出身，但是他们有深厚的技术背景和多年开发经验，所以能看得懂编码，能看得懂材料成本的可替代性。让他们做成本管理，才能真正做好成本控制、成本改进。

当财务和业务真正融合在一起，成为业务不可或缺的伙伴，才能充分挥财经人员在预算、决算、核算中的作用，更好地支持业务部门做出正确的决策，有效规避风险，实现公司更大的经济利益。

除此之外，2007年，内控管理作为IFS的子项目，开启了从零起步的变革大门。如今，华为的内控意识、内控机制、内控能力已浸入各个业务活动之中，形成了以"流程责任和组织责任"为基础的全球内控管理体系。

内控体系常常被误解为是为了阻止业务的快速通过，受到业务部门的抵触，针对这样的局面，华为提出"内控价值要体现在经营结果改善上"的管理目标，并沿着这个目标，找准定位，把内控工作不断细化，在各个区域逐步推进。最终内控管理在经营活动中扎下了根，渐渐被一线团队所接受，愿意沿着内控的管理要求展开作业。

M代表处内控团队推行自动化验收、开票与核销系统，以提升OTC流程的作业质量，使得开票时间从80分钟缩短至10分钟，客户拒票率下降98%。

L代表处内控团队同样聚焦OTC流程改进，针对业务实际痛点，他们选择的主攻方向是PO与客户自动对接，项目实施后，当年减少3200万美元的应收账款差异和1100万美元的退货损失。

内控机制在"润物细无声"的运行过程中，既发挥着制动器的作用，做到分权制衡、数据透明；又起到润滑剂的作用，能够改善经营、优化作业，为企业带来实实在在的经营收益。

华为有效的内控管理为"积极授权、有效行权"提供了制度性的保障，让听得见炮火的组织，敢于行权、积极行权；让看得见全局的组织，合理授权、有效控制。这是理想的管理和控制机制，真正受益者是公司的各级作业组织，权力更多、责任更大、边界更清，每个组织都能在自己的权责边界内享受最大的自由、发挥最大的作用。

6.5　打造协同作战的流程型组织

流程的落地与实施必须要有对应的组织进行适配。企业只有打造协同作战的流程型组织，才能使所有员工面向流程、面向客户。客户的需求才能够不断的像脉冲一样冲击整个组织，不断地激发个体的内在主观能动性，这样的组织才真正具有生命力，才能在不断地满足客户的价值过程中实现提升。

6.5.1　没有完美、只有合适的组织

组织是人们为实现一定的目标建立起来的集体或团体，包括工会组织、企业、军事组织、学校、医院、机关等。组织要素是组织的各个构成部分或成分，是组织的最基本单元。了解组织的基本要素构成有利于对组织形成更直观的认识。不同理论学派对组织的要素划分也有所不同。

（1）组织目标

共同的组织目标是组织存在的前提。就企业组织而言，企业在成立之初就会确立自己的组织目标。这个组织目标也会随着组织的发展而不断演进和变化。

巴纳德指出，当两个人或更多的人为一个共同的目的而协作时，组织就形成了。组织目标是让组织统一起来的根本，没有组织目标，组织也就失去了存在的意义。

（2）组织人员

在任何组织中，人都是组织的主体。脱离了人这一基本的因子，组织就无法形成。《管子·霸言》有云："夫争天下者，必先争人。"人是组织一切活动的载体。组织无论是求生存还是谋发展，人是最关键的。

（3）组织环境

组织的环境可分为外部环境和内部环境。组织的外部环境包括宏观环境和微观环境。外部宏观环境分为政治法律环境、经济环境、技术环境和社会文化环境等；外部微观环境包括顾客、竞争者、供应商等利益相关者所构成的环境等。组织的内部环境包括流程系统、结构环境、制度环境、文化环境等。

一般来说，企业组织结构的类型包括直线型、职能型、直线职能型、事业部型、矩阵型、流程型等。

（1）直线型：直线型组织结构是最古老的组织结构形式，其特点是：组织中

每一位主管人员对其直接下属拥有直接职权；组织中的每一个人只对他的直接上级负责或报告工作；主管人员在其管辖范围内，拥有绝对的职权或完全职权。它适用于规模较小、管理比较简单的企业。

（2）职能型：职能型组织结构是按职能来组织部门分工，即把承担相同职能的管理业务及其人员组合在一起设置相应的部门及职务。

（3）直线职能型：直线职能型组织结构是在直线型和职能型的基础上，取长补短而建立起来的。它把企业管理机构和人员分为两类，一类是直线领导机构和人员，按命令统一原则对各级组织行使指挥权；另一类是职能机构和人员，按专业化原则，从事组织的各项职能管理工作。

（4）事业部型：事业部型组织结构是指将一个公司按地区或按产品类别分成若干个事业部，事业部实行单独核算、独立经营，公司总部只保留人事决策、预算控制和监督大权，并通过利润等指标对事业部进行控制。它适用于规模庞大、产品品种繁多、技术复杂的大型企业。

（5）矩阵型：矩阵型组织结构是指既有按职能划分的垂直领导系统，又有按产品（项目）划分的横向领导关系的结构。其适用于一些重大攻关项目，企业可用来完成涉及面广的、临时性的、复杂的重大工程项目或管理改革任务。

（6）流程型：流程型组织结构以客户为导向，通过业务流程搭建企业的运行秩序。流程型组织结构通过流程将不同的职能统一起来。

企业组织结构的演变过程本身就是一个不断创新、不断发展的过程。近年来，团队型组织、无边界组织、网络型组织、平台型组织、敏捷性组织、市场化生态组织等新型组织结构形式相继被提出。

【案例】市场化生态组织

2019年，杨国安与美国密歇根大学罗斯商学院教授戴维·尤里奇在研究了阿米巴组织、学习型组织、指数型组织、网络型组织、扁平化组织等多种新兴组织模式后提出了市场化生态组织的概念。他们认为市场化生态组织至少有三大组合类型：创意驱动型、技术或产品驱动型、效率驱动型。

（1）创意驱动型生态组织

创意驱动型生态组织的主要特点是由小而独立的团队和精简平台构成。组织中的所有职能都是为前端业务团队服务，共享平台则倾向于使用合作伙伴的资源。业务团队中不存在管理层级，每个团队独立运作（见图6-4）。

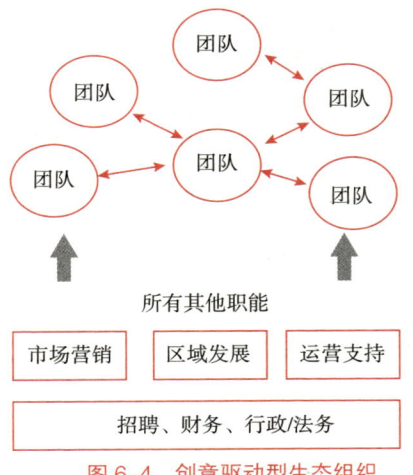

第6章 执行力：将能力建在流程性组织上

图 6-4 创意驱动型生态组织

（2）技术或产品驱动型生态组织

技术或产品驱动组织是按产品领域进行组织设计。业务团队通常由 6～7 个人组成敏捷项目团队，从事产品的研发与迭代。谷歌、Facebook（见图 6-5）、腾讯、华为是技术或产品驱动型生态组织的代表。

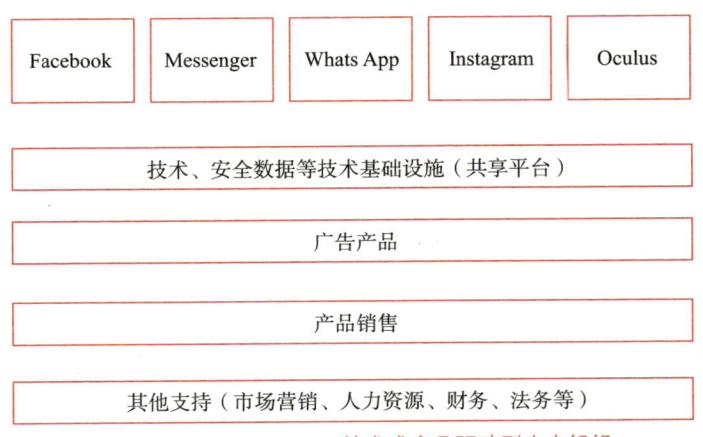

图 6-5 Facebook 技术或产品驱动型生态组织

（3）效率驱动型生态组织

杨国安与戴维·尤里奇认为效率驱动型生态组织着重提升把用户流量变成有效销售的转化率，通过共享服务实现的成本效率以及业务的迅速规模化成长，其需要强有力的共享平台支撑。亚马逊、阿里巴巴、京东、滴滴等都是效率驱动型生态组织的代表。

随着经济生态不断向前发展，企业组织结构发展呈现出重心两极化、外形扁平化、无边界化、运作柔性化、结构动态化等趋势。未来，相信会有更多新型的组织结构涌现。

6.5.2　分析组织结构与流程的匹配性

业务流程要落地，必须匹配相应的组织结构。具体来讲，就是组织结构中要有与流程匹配的角色岗位、决策体系、考核体系。因此，在完成业务流程梳理后，要对照组织结构，检视组织结构与业务流程的匹配性。

组织与流程不匹配将出现以下问题：

（1）组织设计变化无常，调整频繁。
（2）以领导为中心，容易形成山头主义。
（3）部门墙厚重，业务流程割裂，效率低下。
（4）利益保护，好大喜功，缺乏自我批判。
（5）企业战略难以落地。

组织设计是服务于战略和流程的。当企业战略、核心业务流程改变后，组织也要顺势而变。

2019年，B公司跟随市场环境调整业务战略，将业务模式从以代理销售驱动业务发展转变为以产品驱动。在新的业务战略下，"产品开发"成为内部核心流程之一。为了推动业务战略的顺利实施，B公司决定顺应形势进行组织变革。

B公司对业务与组织进行了全方位的审视后发现：产品开发对信息技术的要求较高，但是在现有的组织模式下，技术部门只是充当"维修工"的角色，其主要工作就是管理和维护公司网络及计算机与相关设备。为了支撑"产品开发"流程的高效运转，B公司整合原先的技术部门成立产品与解决方案中心。

产品与解决方案中心承担产品与解决方案开发、信息化管理两个功能，其主要职能包括：①负责公司产品规划、开发与迭代、解决方案制定，做好竞品分析等工作；②负责公司信息化建设整体规划，设计开发方案并实施。新的组织架构让B公司的技术部门从"维修"的事务工作中解放出来，进而专注产品开发，这促使B公司的产品开发速度和能力都得到了进一步的提升。

我们该如何具体分析组织结构与业务流程的匹配性呢？在完成核心业务流程梳理后，需要对业务流程进行分级，通过分级把业务流程从宏观到微观、端到端地分解细化到具体操作的活动流程（见图6-6）。再对照组织结构，检视组织结构与业务流程的匹配性。

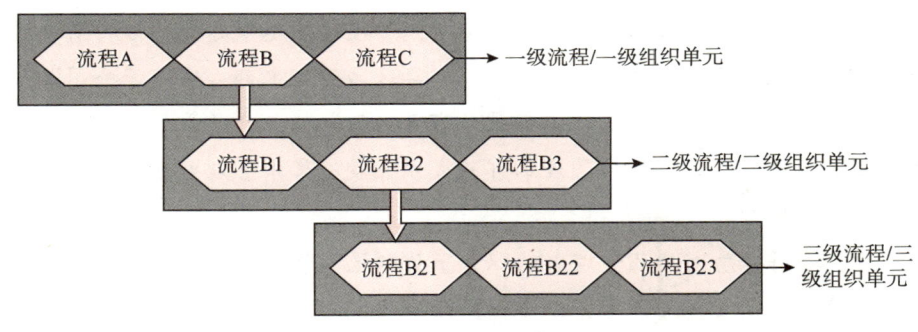

第 6 章　执行力：将能力建在流程性组织上　　195

图 6-6　业务流程分级

根据流程分级结果，对组织结构进行一一对照，分析组织结构中是否有与业务流程匹配的角色岗位。实践中，组织中的部门和岗位数量设置、组织层级设置可能会因为组织分工的粗细要求不同而不同。

例如，图 6-6 中二级流程可以分成三个二级组织单元；也可以将 B2 和 B3 两个二级流程合并，同时将三个三级组织单元划入 B2 组织单元里，这样就形成了两个二级组织单元；也可以将三个三级组织单元独立成为与 B1、B2、B3 并列的二级组织单元，这样就形成了四个二级组织单元。因此，在进行组织结构与业务流程的匹配性分析时，要灵活应对。

6.5.3　设计以客户为中心的流程型组织

一个好的组织设计，最根本的目的是确保组织中的每一个部门、每一个岗位都能敏捷、灵活、高效地为客户服务。因此，流程化组织建设需坚持客户导向，让组织更有弹性、更有活力。

企业组织结构的演变过程往往体现着企业不断接近客户的努力。一般来说，越贴近客户的企业，在客户中影响力越大的企业，竞争实力也会越强。华为在组织内部一直主张：让听得见炮火的人来呼唤炮火，将决策权力前移。这就是以客户为中心的原则在组织设计中的体现。与华为一样，很多优秀的企业都坚持以客户为导向设计组织。

【案例】万科组织变革演进

作为地产界的领先企业，万科始终跟随时代而动，聚焦客户，设计组织。2001 年开始，万科逐渐完成地产业务聚焦，走专业化发展道路。2002 年，万科在企业内部进行了业务流程的重组和优化，逐渐建立起"总部强管控、城市子公司弱矩阵项目化管理"的组织架构。此时的管控体系是"总部建立标准，城市子公司执行标准"。

随着业务的扩张，城市子公司越来越多，管控难度越来越大。万科着手进行组织架构调整，成立区域公司，形成"总部—区域管理本部—城市子公司"的三级组织架构。最开始，区域管理本部是"有责无权"的，只是承担着城市子公司的监督者的角色。因此，区域管理本部的成立并没有带来管理效率与客户需求响应速度的大幅提升。

随后，万科将总部产品管理部的职责下放到区域管理本部，区域管理本部承担项目进度和品质管理等职责，以更加灵活的方式支持一线运作。2018年9月，万科再次宣布调整总部组织架构：撤销总部根据专业分工设置的12个部门，成立事业发展中心、管理中心、支持中心。三大中心的运营相对独立，进一步减少了部门壁垒，提高了总部的决策效率以及对一线的服务效率。

万科的多次组织变革始终是围绕"面向客户需求，提升组织灵活性"进行的。在这样的组织结构保障下，万科也不断向前发展，成长为千亿级房企。

如今，在激烈的市场竞争下，各个优秀企业都紧跟环境变化，以客户为导向频繁调整组织，促使组织始终保持高效作战能力，进而抓住市场战略机会，打造领先优势。纵观优秀企业组织变革的趋势，我们可以发现，以客户为导向设计的组织有几大特点：

（1）决策链短，可以快速做出反应，应对竞争环境的不确定性

在面对复杂、动态的外部环境时，企业能否更快感知环境因素的变化，快速做出反应并及时调整，是关系企业生存发展的关键。

（2）可以更好地满足客户的差异化需求

以客户为导向设计的组织，其权力注重向一线倾斜，由后方平台提供充分的支持。当一线拥有调动资源、及时决策的权力时，有利于企业加强对当地市场的组织和管理，及时捕捉当地市场信息，快速响应客户需求，并使客户需求及时得到满足。

（3）可以促进产品的差异化演进

当组织能及时掌握客户的差异化需求时，就可以根据不同的客户需求研发设计新的产品，推进产品多元化发展。

实践中，市场环境、客户需求是不断演变的。在这样的前提下，企业就要不断以客户为导向对组织进行适当调整，以牵引组织持续前行，实现企业的可持续发展。

6.6 构建流程 IT 系统

流程是业务最佳实践的总结，大多数非数字原生企业在企业流程化和信息化建设的过程中都积累了大量的 IT 系统。随着时代的发展，企业的业务作业越来越依赖 IT 系统，决策越来越依赖数据与算法，IT 系统的作用不再只是企业流程固化的工具，而是成为业务开展的"作业平台"。

6.6.1 打造流程信息化平台

信息化正在深刻影响所有行业，要想在市场竞争中占得优势，企业必须要建立信息化网络系统，实现内部管理的全链接，贯通企业内外的交流，从而有效提升组织运作效率。具体来说，实现信息化的关键在于流程（制度手段）+IT（技术工具）。

随着华为不断发展壮大，面对的市场竞争越来越激烈，作为支撑企业发展的重要基石，华为的信息化系统面对的挑战也越来越多。华为每年会投入销售收入的 2% 左右用于信息化系统的建设与完善。

如今，华为已经打造了一个覆盖公司全球业务的全球性企业网络，建设了 ERP、Notes、E-mail、智真系统等 2000 多种 IT 系统，网络带宽达到 70GB、云存储的容量达到 70PB，并接入了公司分布在全球各国和地区的上千个办公点。庞大的、全球化的企业网络现已成为华为的神经系统，支撑着华为全球业务的高效运转。

【案例】构建全球化信息系统，实现便捷办公

华为的 IT 共享中心能够让所有员工都能享受到 IT 系统的服务，在全球范围内，只要有华为机构的地方，华为的 IT 系统就支撑到哪里。

一卡通系统连接到公司所有办公区域，每天能实现对三万人的精确考核管理，并准确把数据纳入每月薪酬、福利计算中。在全球办公或出差的员工，随时随地都可使用网上报销系统，费用结算和个人资金周转一周内就能完结；通过 Oracle 财务系统建立全球财务共享中心，财务制度、流程、编码和表格实现全公司"统一"，具备四天内快速完成财务信息收敛和结账的能力。

分布在世界各地的 14 000 名研发人员可以进行 7×24 小时全球同步研发和知识共享；借助 ERP 系统实现端到端集成的供应链，供应链管理部一天就能执行两次供需和生产计划运算，周期缩短到以"天"为单位，对市场变化的响应更加灵活快速，而且客户还能在网上对订单执行的情况进行查询和跟踪。

华为的员工、合作伙伴以及客户，可以在一天内随时安排网上学习、培训、考试；建立了主动安全的预防与监控管理机制，是国内第一家通过BS7799信息安全国际认证的企业，知识产权与机密信息能得到有效保护；在客户现场的服务工程师，可以借助云端，随时调阅客户工程档案与相关的知识经验案例，还能发起并及时从公司总部或各地区部获得技术与服务支持，让他们不再感到孤立无助，从而大大提升客户服务的质量，改善客户满意度。

构建强大的IT体系是为了给企业的战略发展形成有力的支撑，使企业更快、更安全地实现战略目标。

华为对IT建设的要求是把全球建成一个办公室，任何人在任何时间、任何地方都能办公，创造无障碍办公条件，把信息放在云端，手机就是一个总指挥台，随时可以发出指令。经过多年的探索与实践，华为的办公IT系统一直在进步。同时，在办公IT系统的支撑下，华为的员工都实现了跨地区的沟通和信息共享，大大提高了员工的工作效率。

华为轮值CEO郭平说："华为希望自己的降落伞自己先背着跳一回，通过在自己园区实施数字化改造，把所有的风险和困难都经历一遍，以便后续为客户提供更好的价值服务。"未来，华为将继续利用多种数字技术，帮助企业办公IT平台变得更加完善，持续构建高绩效团队的业务运作能力。

6.6.2　保障流程数据信息采集的效果

在从传统信息化向数字化转型的过程中，企业积累了海量数据，并且仍在爆发式增长。在如此容量的数据信息中，真正能产生价值的却很少，甚至普遍存在着分散、不拉通的问题。如何在缺乏统一的定义和架构中，净化数据环境，实现数据标准化、规范化，以此保障流程数据信息采集的效果，是企业实行数据治理的目标之一。

作为一家业务范围涵盖研发、营销、制造、供应、采购、服务等领域的非数字原生企业，华为在信息化时代初期也建立了很多相对独立的IT系统。这些系统形成了"一类业务、一个IT系统、一个数据库"的封闭式架构特点，直接导致了不同的IT系统之间的数据不贯通的"数据孤岛"问题，进而限制了企业运营效率的提升和整体效益的改进。

为此，华为从2007年开始启动数据治理，历经两个阶段的持续变革，系统地建立了华为数据治理体系（见图6-7）。

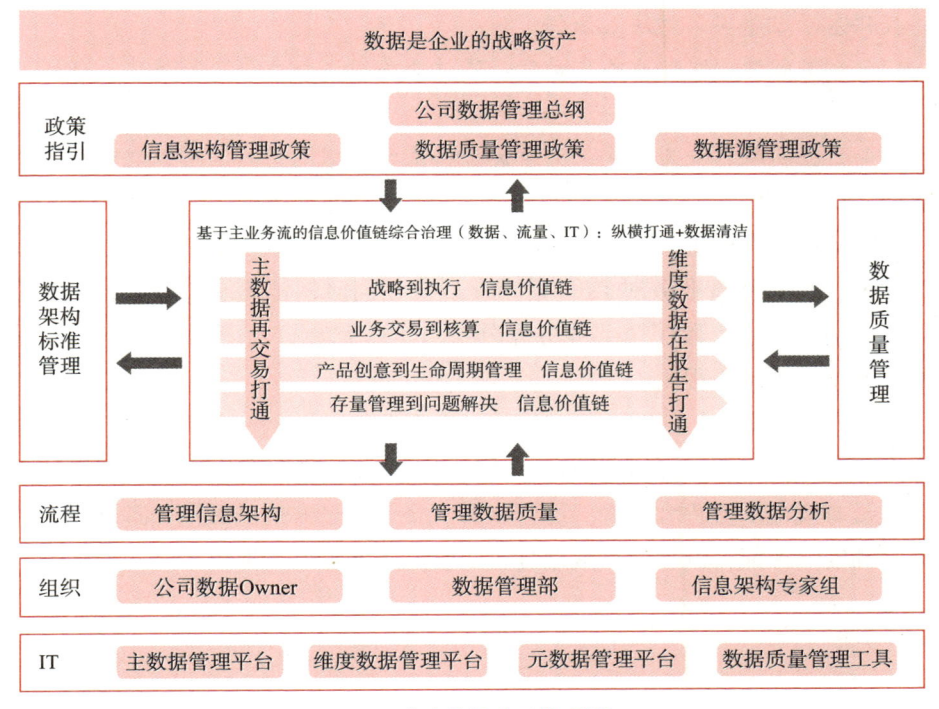

第 6 章 执行力：将能力建在流程性组织上

图 6-7 华为数据治理体系框架

【案例】华为数据治理历程[①]

第一阶段：2007—2016 年

在这一阶段，华为设立数据管理专业组织，建立数据管理框架，发布数据管理政策，任命数据责任人（数据 Owner），通过统一信息架构与标准、唯一可信的数据源、有效的数据质量度量改进机制，实现了以下目标。

（1）持续提升数据质量，减少纠错成本：通过数据质量度量与持续改进，确保数据真实反映业务，降低运营风险。

（2）数据全流程贯通，提升业务运作效率：通过业务数字化、标准化，借助 IT 技术，实现业务上下游信息的快速传递、共享。

第二阶段：2017 年至今

在这一阶段，华为建设数据底座，汇聚企业全域数据并对数据进行连接，通过数据服务、数据地图、数据安全防护与隐私保护，实现了数据随需共享、敏捷自助、安全透明的目标。数据底座支撑着华为数字化转型，实现了如下数据价值。

（1）业务可视，能够快速、准确决策：通过数据汇聚，实现业务状态透明可

---

① 华为企业架构与变革管理部. 华为数字化转型之道 [M]. 北京：机械工业出版社，2022.

视，提供基于"事实"的决策依据。

（2）人工智能，实现业务自动化：通过业务规则数字化、算法化，嵌入业务流，逐步替代人工判断。

（3）数据创新，成为差异化竞争优势：基于数据的用户洞察，发现新的市场机会点。

数据从业务中产生，在IT系统中承载，这不仅意味着业务和IT系统的关系更加紧密，也意味着业务对IT的需求比以往任何时候都要多。因此，企业要对数据进行有效治理，除了需要业务充分参与，还需要IT系统确保遵从，这是一个非常复杂的系统工程。

华为的实践向我们证明，只有构筑一套企业级的数据综合治理体系，才能确保企业的关键数据资产有清晰的业务管理责任，IT建设有稳定的原则和依据，作业人员有规范的流程和指导。综合来看，企业有了有效的数据治理环境，数据的质量和安全才能得到保障，数据真正的价值才能得以发挥出来。

第 7 章
协同力：发挥人才主观能动性

在企业管理中，任何成功都不是凭借某一个能人就能够完成的，而是要借助团队整体的力量。但同时也存在这样的现象，即华盛顿合作规律所体现的"一个人敷衍了事，两个人互相推诿，三个人则永无成事之日"。可见，一群人如果没有规则地在一起，那就是乌合之众，只有用公正、公平、公开的制度把他们连接起来，才能使组织变成一个高效协同的团队。

概述：协同力

【案例】微软公司平板电脑研发受阻

比尔·盖茨喜欢在不同部门之间制造竞争氛围，但当业务部门发展到不愿协同合作时，公司业务发展就将受到严重影响。

2001年，微软开始进行平板电脑的研发，但当时负责Office产品的副总裁对这一创意却并不认同。原因是当时研发的平板电脑只能用虚拟键盘或者手写输入，但他更喜欢实体键盘，他认为微软把时间浪费在没有实体键盘的平板电脑上是没有前途的，因此他拒绝针对平板电脑优化Office软件。

当时的Office部门在微软内部资历很深，且对公司的贡献显著，由于Office产品副总裁不愿意协同配合，导致新研发的平板电脑严重影响用户的使用体验，用户对产品都不满意，阻碍了新业务的发展脚步。

由此可见，提升公司的协同力是非常重要的。组织具备协同力才可以让员工在工作中不会因为走弯路或做无用功而产生内耗，因此在开始工作之前、工作进行期间以及完成工作后，都要得到协同力的保障。那么企业究竟要协同什么呢？

通用电气前董事长兼CEO杰克·韦尔奇在《商业的本质》一书中讲道：协同力究竟要协同什么？

——让使命、行动与结果协同起来。

"使命"决定着一个公司要抵达的终点，也就是说，你要去哪里以及为什么去。同样重要的一点是，如果要成功完成一项使命，还必须回答好一个问题，即"完成使命对于每个员工的生活意味着什么？"

"行动"是指员工思考、探索、沟通和做事的方式。使命不是挂在墙上招来灰尘、惹人讥讽的牌匾，也不是堆砌一些晦涩的、华丽的辞藻就行了。要完成使命，必须付出切实的行动。

"结果"是为了确保整个过程顺利推进。我们所说的结果，是指我们要根据员工是否认可使命、是否推动使命的完成及其工作效率来决定是否给予晋升和奖励。

协同力指的是团队成员相互协调共同完成某一目标的能力，团队成员协同合作所能创造的价值远大于他们独立、分散所能创造价值之和。协同力是团队精神的核心推动力和黏合剂。没有协同力的企业就是没有竞争力的企业，企业只有打造了协同力，才能持续焕发活力。

7.1 华为人力资源管理理念

人是战略和执行的最大连接点，战略所需的关键人才是企业高层在战略执行过程中最为关注的问题。当人才队伍无法满足战略需求时，企业需要采取措施优化人才结构，形成新的人才队伍，推动战略目标的实现，促使企业进入新的发展阶段。

7.1.1 "炸"开人才金字塔

在知识经济的背景下，每个公司都应该明确"人是资本而不是成本"的人才定位，充分认识到人才的价值，通过对人力资本的积累、投资和扩充，实现人力资本的增值。

华为是国内最早提出人力资本优先发展战略的企业。为了炸开人才金字塔，形成开放的人才系统和组织架构，实现全球能力中心的人才布局，华为用开放的心态，内生外引，通过内部培养和外部引进两种方式聚集国内外优秀人才，取得有利于企业发展的人才优势。

内部培养

为了使人才得到更好的利用，任正非提出在华为建立人力资源池。通过人力资源池，实现公司员工的合理化流动和配置。

根据细分职能的不同，华为的人力资源池也被分为多种类型，比如，储备干部资源池、新员工资源池、待岗员工资源池以及师资资源池等。其中，储备干部资源池顾名思义，就是用来储备后备干部资源的，谁有能力做干部，就会被放在资源池里，等合适的岗位出现空缺，就会将其调过去。其他资源池大多也是同样的原理。

以华为师资资源池为例，它是专门为华为大学输送教师资源的。华为首先通过人力资源管理部门将各级管理者、专家骨干和对培训感兴趣的员工组织起来进行分类考评，凡是被确认为"有成功实践经验者"，就会被选拔到"师资资源池"，成为预备的师资力量，只要通过进一步的锻炼和考核，就有机会成为华为大学的讲师。而不合格者，则要等待下一次考核机会。

此外，经过不断地发展和改进，华为的内部人才市场制度也已经十分完善。只要具备足够的能力，通过内部人才市场的筛选，许多有一技之长的员工，总能在华为内部人才市场上找到真正符合自己的岗位，发挥出个人最大的价值。

人才资源池的建立，促进了人员的循环流动，为人员的优化配置创造了良好的物质条件。而内部人才市场则能够很好地消化企业内部的人才，优化企业内部的人才结构，将企业的人力资源发挥最大的价值。

对华为这样一个有着自己独特企业文化的超大型企业而言，内部招聘一方面避免了外部招聘的盲目性，减少了员工到岗所需的适应时间；另一方面也有效地避免了人才大量流动给企业造成大的震动，给员工和企业双方都留出了一定的缓冲空间。

对员工而言，他可以借此考虑清楚自己是否真的需要换岗，是否真的适合新的岗位；对于企业而言，部门主管则可借此找到合适的继任者，以免工作出现断档、断片的现象。可见，内部人才市场能够有效促进组织管理水平和员工工作效率的提升，进而促进人才的优化配置和激活沉淀，使组织更有活力。

华为通过强化资源池管理以及内部人才市场的运作，最大限度地促进了员工的流动。通过内部人力资源的有序流动，以及项目运行中组织、人才、技术、管理方法及经验的循环流动，帮助华为发现更多优秀的干部和专家，激活了沉淀人才，实现了人才资源的优化配置。

外部引进

华为除了注重培养内部人才，同时也注重从外部获取世界级优秀人才。为了加强全球新技术"优才"的获取，华为在全球进行布局，围绕全球人才聚集地建立研究所和"能力中心"，让机构随着人才走。任正非表示："全球能力的布局要聚焦主航道，不要为了建而建。"华为不会盲目地选址建设能力中心，而是围绕华为的战略计划和发展方向定位到优秀人才的集中聚集地，然后围绕人才建立团队。

【案例】华为"为凤筑巢"，建立全球人才体系

米兰有一个微波领域的顶尖专家，华为招聘该专家之后，就把"能力中心"建在了米兰，围绕着这位专家建立了一个团队。如今华为在米兰的这个研究所已经成为微波的"全球能力中心"。

在任正非看来，人才的产生是需要环境的，一个人的创新能力跟他所处的环境关系很大。离开了人才成长的环境，凤凰就成了鸡，而不再是凤凰。因此，华为提出要开放创新，构建"为我所知、为我所用、为我所有"的全球能力布局。

近年来，华为在全球建立起了26个"能力中心"，把行业人才聚集起来，并提供合适的场景、条件来激发创新，一起探讨和打造解决方案。在俄罗斯研究数学算法，在德国研究工程制造，在美国研究软件架构，在日本研究材料应用，在法国研究美学应用……通过"能力中心"的建设，华为实现了"利用全球能力和资源，做全球生意"的目标，也提高了华为在世界范围内的竞争力和影响力。

与此同时，为了开阔高级干部的全球化视野，华为不断输送大量专家、干部到世界各地的先进企业学习交流，鼓励华为的专家和干部多参加国际论坛和产业研讨会，希望借助开放的科学研讨平台，让华为的人才与世界顶尖人才加强交流，碰撞出思想的火花，让他们学习更多先进的科学知识，吸收更多顶尖人才的能量，开阔自己的思维，站在不同的角度思考问题，找出最佳的解决方案。

7.1.2 将军是打出来的

人才选拔的结果不仅会影响人才发展的效果，也会影响企业战略目标任务的完成。因此，企业要建立有效的人才选拔机制，提高企业选到合适的人的概率，进而确保企业各项活动的顺利开展和进行。那么，华为是如何选拔干部的呢？用任正非的话说，就是"将军是打出来的！"，企业要从实践中选拔干部。

早在20世纪末，华为就引进了英国NVQ职业资格标准系统，在与美国Hay Group公司的胜任能力标准相互融合之后，形成了华为独有的类别明晰的任职资格管理体系。

华为的任职资格管理体系分为三个模块：

（1）基本条件：基本条件就是用于初步判断是否可以申请一定级别的资格，主要包括学历、语言（英语、法语等）；目前的职业情况；以往的从业经验。

（2）资格标准：资格标准是衡量能否获得资格的主要标尺，主要包括任职资格模型（即行为标准和素质标准）和必备知识。

（3）否决项：否决项就是对资格标准认证结果的调整，主要考察的内容有就职后的绩效情况和个人品德。

任职资格管理的评议内容分为三个模块：

（1）绩效贡献：绩效贡献是评估员工在当前职级岗位所要求的责任结果，分为员工在当前职位的责任要求，即责任贡献；以及员工对组织的专业贡献，如案例、专利等，即专业回馈。

（2）关键能力：关键能力则是评估员工承担上一职级岗位责任的能力准备度，分为能力模型和能力描述两个部分，能力模型指的是描述各职类专业能力的内容及各任职级别的能力要求；能力描述指的是专业能力的行为描述及达标关键点。

（3）必备知识：必备知识是获得关键能力的基础，即描述各任职级别的必备知识以及知识要点、具体学习材料和来源。

完善的任职资格管理体系为企业明确了不同职位的任职条件，同时，不同职位的任职资格都有一整套标准以及详细说明，员工可以依据自己的能力、爱好、公司要求应聘相应的职位。

同时，华为非常重视一线基层干部转身的过程，开发了基层干部角色认知和在岗实践检验项目，实行训战结合的方式，为人才赋能。

如图 7-1 所示，华为基层干部角色认知与在岗实践检验项目让基层干部进行为期一周的核心价值观学习研讨、角色认知的研讨，之后再进行半年左右的在岗实践，然后再进行述职、答辩，合格的人才能够进行人岗匹配。

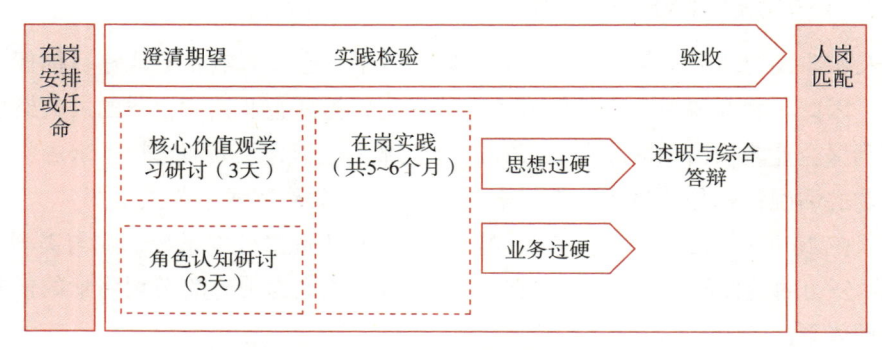

图 7-1　华为基层干部角色认知与在岗实践检验项目

（1）在澄清期望阶段，通过核心价值观的学习和角色认知的研讨过程，将公司对于岗位的期望明确传递出去，让员工知道公司希望自己做什么，建立起对岗位的清醒认知。

（2）在实践检验阶段，对员工进行为期 5～6 个月的在岗实践，帮助员工把学习的知识带回工作岗位上进行实践练习，如此通过具体实践固化行为，真正实现训战结合。

（3）在验收阶段，员工进行述职与综合答辩，只有"思想过硬"和"业务过硬"的员工才能通过考核。

此外，为了挤压队伍、激活组织，鼓励先进、鞭策后进，充分激发员工的工作积极性，华为引用了通用电气前 CEO 杰克·韦尔奇提出的 GE 活力曲线，即末位淘汰制。

2019 年 6 月 18 日，任正非在干部管理工作汇报会议上总结说："主官、主管一定实行每年 10% 的末位淘汰，迫使他们自我学习，科学奋斗。下岗的管理干部一律去内部人才市场重找工作机会。实在需要向下安排岗位的，一定先降到所去岗位的职级，并继续考核不放松；专家一定通过'以考促训'提高自己的能力，不断地通过循环考核、考试，在实践中作出贡献才给予评价。在循环考核、考试中区别使用，以及合理淘汰；专业人士主要做好自己的本职工作，对过程负责，不对结果负责，准确、及时、认真的服务，实行绝对考核，不进行相对考核，不实行末位淘汰。"

华为的末位淘汰思想，最早是任正非在 1995 年的年底总结大会上提出的。2011 年时强调了干部的末位淘汰，目的在于逼迫先进者更先进，从而为企业培养更多的将军。

任何企业想要谋求长远发展，都要主动适应市场的变化，转换思维去思考与客户的关系，以更高远的视野探寻更多发展机会。为此，企业需要鼓励员工在实战训练中开拓视野，找到适应新环境的方式，探寻新时代赢得客户青睐和信任的特质，以此来推进组织发展。

7.1.3　用优秀的人培养更优秀的人

【案例】贝尔纳效应

英国学者贝尔纳天赋极高，是一名科学天才，有很多人看好他在晶状体和生物化学领域的研究，认为他能够获得诺贝尔奖。但贝尔纳没有按照别人的预期走上科学的高峰，而是走上了另外一条道路。他尽自己所能将一个个开拓性的课题提出来，指引其他学者登上科学高峰。这一举措大大推进了世界科学发展，他这种伯乐精神和牺牲精神也被称为贝尔纳效应。

在企业中也需要管理者具备贝尔纳的这种人梯精神，为更多有才干的下属创造脱颖而出的机会。华为基于贝尔纳效应提出用优秀的人培养更优秀的人，指导更多有才能的人为企业做出贡献。这一人才培养理念也是华为人才"倍"出的主要原因之一。

在华为，公司会给每一名新员工都安排一位导师。通过这种捆绑的"导师制"实现"一帮一，一对红"，以让新员工迅速成长起来。为了推动导师制真正落到实处，华为对担任导师需符合的条件做了明确要求，也制定了相应的导师激励政策。

华为规定导师必须符合两个条件：

（1）绩效必须好；

（2）内心充分认可华为文化。

华为同时规定，一名导师最多只能带两名新员工，目的是确保成效。

华为对导师的激励政策：

（1）晋升限制，凡是没有担任过导师的人，不能得到提拔；

（2）给予导师补贴；

（3）开展年度"优秀导师"评选活动，以及导师和新员工的"一对红"评选活动，在公司年会上进行隆重表彰。

这些激励措施激发了华为人踊跃担任导师的积极性和带好员工的责任感。

华为导师对新员工的指导实际上可以被分解为两个动作，也就是先教后做。要让新员工在工作上有突出表现，导师就要先教会他什么是应有的表现，什么是应做的贡献。传递完这些信息之后，还要帮助新员工熟悉工作，并真正掌握工作技能。最后就是带着新员工操作，让他明确应该如何将自己的长处发挥出来，这些动作就是业务上的"传、帮、带"。

一位担任过导师的华为员工说："每个人都是一步步成长起来的，每个人都有自己的特点，要发挥自己的特点并不容易。看见新人，就感觉看到了当年的自己，觉得自己有责任帮助他们，让他们少走些我当年走过的弯路。担任导师的过程，也让我不断去完善自己。只有自己不断进步，才有底气去辅导他们进步。"

在华为，不仅新员工有导师，所有老员工也都有导师，而且几乎所有华为干部都有过当导师的经历和被导师手把手传授技能的经历；导师制不仅在生产系统实行，在研发、营销、客服、行政、后勤等系统也实行；导师职责比较宽泛，不仅仅在于业务、技术上的"传、帮、带"，还有生活细节上的指引等。

通过推行导师制，不仅大大缩短了干部与员工进入新环境的"磨合期"，迅速适应新岗位，同时也拉近了干部和员工之间的距离。借助于"导师制"，让"老狼"带"新狼"，华为培养了一大批后备人才，为企业的持续性发展打下了坚实的基础。

用优秀的人培养更优秀的人，这句话很好地指出了当今企业在培训与人才培养方面的根本症结所在：不敢、不能用最优秀的人去做培养人的工作。而华为秉承这个理念，用最优秀的干部为企业培养更出色的接班人，为企业发展注入源源不断的活力，从而有力支撑了公司的可持续发展。

7.2 人力资源管理与业务需求相匹配

在华为，人力资源部门的定位是业务部门的战略伙伴，人力资源部门不是一个职能部门，它的价值是支撑业务打胜仗。人力资源负责人就如同军队的政委，深入业务，理解业务，设计支撑业务发展中的组织、人才、氛围和激励的解决方案。

7.2.1 人力资源管理角色的演进

在中国加入 WTO（世界贸易组织）开启全球化征程后，越来越多的中国企业进入财富 500 强榜单。但是在这个榜单中成长最快的中国企业是华为，从 2010 年的第 397 位升至 2020 年的第 49 位，9 年时间提升了 348 位。华为能取得今天的成绩，其根本的原因是什么？

《华为人力资源管理纲要 2.0》对此的结论是："人力资源管理是公司商业成功与持续发展的关键驱动要素。"

如图 7-2 所示，华为的人力资源管理经历了一定时间的转型和发展。在人力资源转型前，最大的痛点是 HR 对业务的理解不深，无法针对业务需求为各部门提供针对性的人力资源解决方案。而公司各级管者希望 HR 能根据各业务特点，提供与业务发展相匹配的专业服务，而非只是执行总部的统一策略。

图 7-2 华为人力资源管理发展历程

为此，华为将 HR 定位做了升级，作为战略伙伴，人力资源人员要参与战略规划，理解业务战略，将业务战略与 HR 战略连接，并组织落地；作为业务的伙伴，HR 始终需要聚焦企业的价值创造，使自身的各项工作能真正起到助力业务的作用，达成为业务服务的目的。

于是，在 Hay Group、IBM、BCG、AON 等咨询公司的帮助下，华为遵循"先僵化、后优化、再固化"的方针，学习和借鉴业界最佳实践的各种人力资源管理方法，构建了独具华为特色的人力资源管理体系（见图 7-3）。

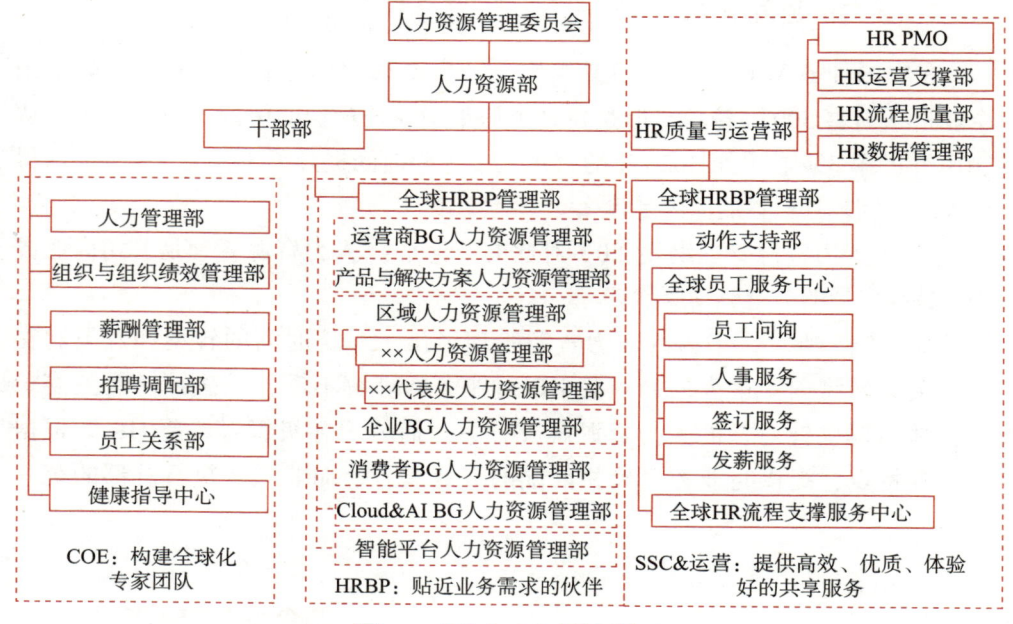

```
                        ┌──────────────────┐
                        │  人力资源管理委员会  │                    ┌──────────────┐
                        └──────────────────┘                    │   HR PMO     │
                                │                               ├──────────────┤
                        ┌──────────────┐                        │  HR运营支撑部 │
                        │   人力资源部  │                        ├──────────────┤
                        └──────────────┘           ┌──────────────┐  HR流程质量部│
        ┌──────────────┐       │                  │ HR质量与运营部 ├──────────────┤
        │    干部部    │       │                  └──────────────┘  HR数据管理部│
        └──────────────┘                                            └──────────────┘
```

图 7-3　华为全球人力资源体系

2018年，华为成立总干部部，与人力资源部权责分离。这一人力资源管理层面的创新举措，使得华为的人力资源部和总干部部各司其职，协同推进华为的人力资源管理工作。

人力资源部的职责主要聚焦于三项工作：

（1）基于公司的经营发展战略，制定人力资源管理政策，保证公司人力资源政策的统一，以及企业文化导向的一致；

（2）人力资源制度的制定、实施与评估；

（3）人力资源管理组织体系和公共平台的建设。

总干部部主要负责两方面的工作：

（1）落实管理责任，包括公司人力资源政策在本部门的实施与落地，部门组织文化和组织氛围的建设，落实与细化人力资源管理制度；

（2）落实业务责任，包括以业务为导向进行人力资源的建设与管理，协助部门主管培养、考核与推荐干部。

华为人力资源部主要负责专业化工作，即公司人力资源政策与规则的体系性、专业化建设工作；总干部部主要负责差异化工作，即将人力资源部的政策与规则和业务部门的实际相结合，最终让政策的效果能达到预期。用任正非的话说："人力资源部体系管理的规则就是长江的河道，管好两侧的堤坝；干部部体系就是管好水里的船和人，让船及人在河道内的主航道里跑，追逐百舸争流，冲击上甘岭。"

华为总干部部的设立进一步强化了对各级管理干部这个特殊且重要的人力资源的专项管理工作，同时降低了人力资源管理本身的重心，使得人力资源管理能够真正放下身段，深入业务，为业务做好服务。

7.2.2 更新HR制度，精准匹配业务需求

为了适应时代的变化，传统职能式的HR结构需要将重心从管控式向支持业务转变。华为构建了客户导向的人力资源"三支柱"模型，以更好地为客户提供端到端的服务，确保公司始终保持强大的核心竞争力。

如图7-4所示，在华为的"HR三支柱模型"中，HRCOE（HR Center of Excellence）是HR领域专家，根据公司的战略和人力资源政策，综合运用专业知识，为企业各部门统一设计合适的人力资源政策、流程和方案，并不断进行优化，对人力资源政策和流程的合规性进行管控，控制风险，HRCOE同时为HRBP（HR Business Partner）、HRSSC（HR Shared Service Center）以及相关业务管理人员提供技术支持。

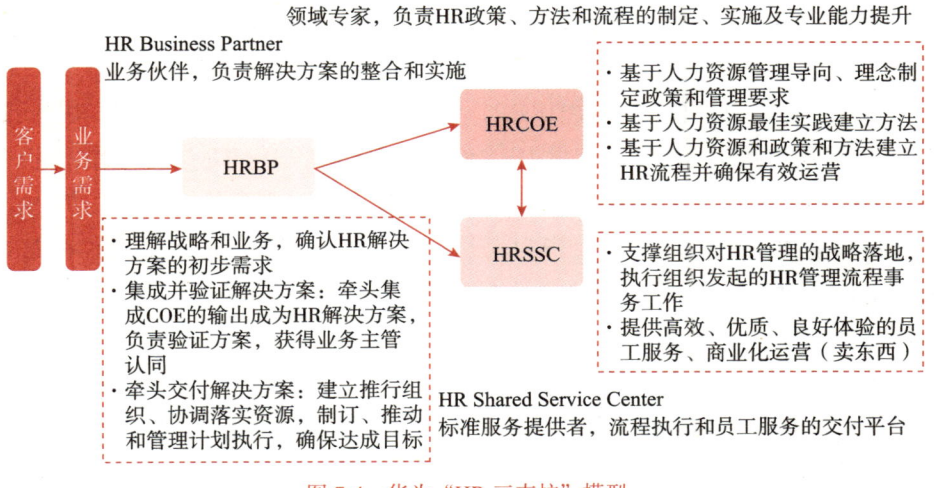

图7-4 华为"HR三支柱"模型

HRBP是一线主管的HR业务伙伴，扮演顾问和HR客户经理的角色。华为每150人配一个HRBP（人力资源业务合作伙伴），其工作的核心理念是理解业务，识别痛点，能够针对客户痛点提供解决方案。解决方案不一定是人力资源解决方案，但是肯定要能解决业务问题和痛点。

HRSSC 是人力资源共享服务中心。在华为，HRSSC 的主要使命是帮助包括员工和管理者等 HR 服务目标群体，提供高效率、高质量以及低成本的 HR 共享服务。华为从 2011 年开始建设 HRSSC，目前在全球已经建立了四个 HRSSC 中心：中国 HRSSC、亚太 HRSSC、中东欧洲及非洲 HRSSC、美洲 HRSSC。

华为的"HR 三支柱"模型进一步强调了关注客户需求和业务需求：通过 HRBP 对业务需求的承接，有效整合并实施人力资源解决方案。COE 的功能更多地在于提供专业化的支撑，而 SSC 则是以服务为导向，致力于卓越运营的 HR 服务交付。

2009 年 2 月，华为开始在研发体系全面推行 HRBP 运作模式。HRBP 需要从业务中来，又到业务中去，而不是只做一个"二传手"，因此华为提出要"把指导员建到连队去"，在基层团队设立 HRBP，按比例在业务部门配备 HRBP 人员。对于从哪里抽调懂业务的 HR，华为是这样做的：

一方面从干部部抽调一批 HR 到一线做 HRBP，另一方面从业务部门转一些管理者做 HRBP。由于从业务部门抽调会导致业务主管减少，因此华为当时"妥协"了一下：转过来的干部可以继续支撑本产品线，只在本产品线内交叉到另外一个部门做 HRBP，也就是说网络产品线 A 部门的管理者，继续在网络产品线，但是到网络产品线 B 部门做 HRBP，这样业务部门就有动力输出优秀的管理者做 HRBP。

为了让业务主管愿意转做 HRBP，华为在内部达成了一种机制：优先选拔有人员管理经验的优秀管理者做 HRBP，同时承诺在 HRBP 岗位工作两年，就可以选择回业务部门，以解除他们的后顾之忧，吸引更多优秀人才的加入。在该机制的助力下，在一年之内华为就几乎配齐了所有的 HRBP。而且在 HRBP 岗位工作了两年、干得比较好的业务主管，回到业务部门后大部分都得到了提升。

另外，有业务主管可能担心转为 HRBP 后"做不好"。为了解决这个问题，华为首先会通过很多专业工作，比如说，人力资源战略（BLM 项目）、TSP（干部继任计划）、PLDP（项目经理发展计划）/PMDP（项目管理发展计划）等项目，来提升 HRBP 的人员管理、团队建设、组织发展等水平，确保业务主管从事这份工作后能力确实有所提高。

其次，提倡每打一仗就总结一次，在实战中提升能力（第一次跟着别人做，第二次在别人的辅导下做，第三次自己独立做），让大家感受到 HRBP 工作经历对自己的能力是一种提高，同时也认同 HR 工作的价值。

总的来看，业务主管是既懂业务又了解业务的需求，通过赋能，他就能掌握人力资源的政策、工具与方法，转岗 HRBP 后就能与业务实现更好的连接，从而有效解决 HR 与业务两张皮的现象。由于 HRBP 在一线能及时了解客户需求，所以可以针对性地提供解决方案，进而让业务主管充分体验到 HR 的价值。实践也证明，华为研发体系在引入 HRBP 之后，业务主管对 HRBP 价值的认可程度，与以前相比，有了显著的提升。

7.2.3　HRBP 作为业务伙伴，要"眼高手低"

当前很多企业的业务部门其实不太理解 HRBP 的工作，认为他们不仅没帮上忙，反而还添了乱。出现这种情况的原因主要有两个：一是业务部门对 HRBP 的工作职责理解不到位，存在抵触心理；二是部分 HRBP 对自身的定位有偏差，甚至不知道本人要做什么，往往都是按照以往的经验在业务部门做着一样的 HR 工作。他们认为自己是来管好业务部门的，而业务部门成功与否和他没有关系。

为了解决这些问题，HRBP 首先需要明确自己的角色定位。在 HR 向 HRBP 转变的过程中，华为提炼出了一个 HRBP 的角色模型——V-CROSS 模型（见图 7-5），这一模型专门定义了 HRBP 的六个角色。

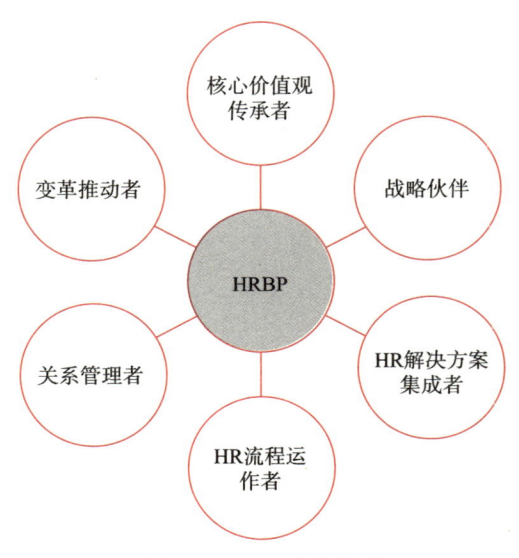

图 7-5　HRBP 角色模型

对于每个角色的具体定义以及关键任务，详细介绍如表 7-1 所示。

表 7-1　华为 HRBP 的角色定义与关键任务

角色	角色描述	关键任务
战略伙伴	理解业务战略，参与战略规划，连接业务战略与 HR 战略，并组织落地	• 战略理解：参与 SP/BP • Outside-in：理解客户需求 • 战略连接：组织制定人力资源战略 • 执行落地：制订 HR 年度工作计划，纳入 AT 议题
HR 解决方案集成者	理解业务需求和问题痛点，整合人力资源专家智慧，制定人力资源解决方案，连接业务诉求与人力资源解决方案，组织落地实施	• 制定解决方案：集成 COE 的专业化工具和方法 • 组织执行落地：发挥业务主管、COE、SSC 的作用 • 总结和回顾：总结固化经验
HR 流程运作者	合理规划并有效运作人力资源工作，提高人力资源工作质量与效率	• 制定 HR 工作日历：保证 HR 工作规范化和可视化 • 制定方案与实施：结合业务需求制定针对性方案 • 运作 AT：规划议题沙盘，提高决策质量 • 赋能主管：借助教练式辅导、90 天转身等工具
关系管理者	理解变革需求，有效识别风险和沟通利益相关人，推动变革成功实施	• 变革风险识别：识别变革中组织、人才、氛围方面存在的阻力和风险，提供应对方案 • 利益相关人沟通：制订沟通计划并实施 • 变革实施：负责组织、人才、氛围等方面的变革实施 • 评估与固化：评估变革效果，固化变革成果
变革推动者	有效管理员工关系，提升员工敬业度，合法合规用工，营造和谐积极的组织氛围与工作环境	• 敬业度管理：组织气氛测评，组织改进 • 矛盾调停：建立例行沟通渠道 • 员工健康与安全：压力测试、3+1 活动 • 突发事件和危机处理 • 雇主品牌建设
核心价值观传承者	通过绩效管理、干部管理、激励管理和持续沟通等措施，强化和传承公司核心价值观	• 干部身体力行：通过干部选拔、辅导和管理，让干部践行核心价值观 • 员工理解实践：通过绩效管理、激励分配、树立标杆等方式 • 建立沟通渠道 • 跨文化传承：尊重不同文化背景的员工，制定针对性方案

从表中可以看出，华为的 HRBP 充分强调发挥对组织战略与业务的支撑作用，同时也体现了"以客户需求为指引"的特征。与此同时，华为的 HRBP 多数是由优秀的业务主管转型而来，能真正发挥对业务的支撑价值。

其次，HRBP 要对自身的工作职责有清晰的理解。HRBP 需要前瞻性地考虑业务战略对人力资源管理的需求，主动与业务需求对接，并思考如何确保业务战略的有效实施。从业务战略制定到业务需求挖掘，到解决方案制定，再到如何让解决方案有效落地，HRBP 在其中都承担着巨大的职责，而且越到后面，职责越大。如表 7-2 所示。

表 7-2　业务主管和 HRBP 的职责

层面	业务主管职责	HRBP 职责
业务战略制定	负责组织制定业务战略	• 参与制定业务战略 • 理解业务中存在的挑战和机遇
业务需求挖掘	• 思考并提出业务战略执行过程中对组织能力的要求 • 和 HR 人员共同探讨提升组织能力	• 帮助与引导业务领导思考 • 澄清业务战略对组织能力的需求 • 寻求业务战略最终在组织、人才、氛围上的落脚点
解决方案制定	• 参与讨论、制定解决方案 • 审视、批准解决方案的实施	• 负责制定组织、人才、氛围上的解决方案 • 在方案制定过程中，HR 人员既要进行内部充分讨论，更要听取业务人员的意见与建议
有效实施交付	• 关注解决方案的实施效果 • 及时发现实施过程中的问题，指导或要求 HR 解决	• 负责整合运用各种资源，有效实施解决方案的交付

华为副董事长胡厚崑表示："HRBP 应该是'眼高手低'的人。所谓'眼高'，就是你要能站在领导的位置，或者他旁边，看到业务昨天发生的、今天发生的和未来将要发生的事情，从公司的业务战略、业务环境中，解读作为 HR 所关注的组织能力方面需要解决的问题是什么，甚至要比业务领袖更早地发现因为业务的变化，组织能力将要面临的挑战；'手低'则是你要扎扎实实地拿出解决问题的方法，这个靠的是专业能力。HRBP 如果没有 HR 专业能力，那就会变成另外一种'眼高手低'——什么都敢想，却什么都做不出来。"

7.3　个人绩效管理

个人绩效管理不仅是促使员工个体达到期望的绩效，而是鼓励他们出于主动，愿意尽最大努力付出超越职责、达到卓越的努力，从而推动组织绩效的提升，激活整个组织的活力。

7.3.1 基于岗位价值，差异化设计个人绩效目标

很多企业在实施绩效考核的过程中，高层领导会要求人力资源负责人搭建绩效指标库，可是在实际应用的过程中，有些企业会剑走偏锋：为不同层级员工都设计一样的绩效指标，使得企业形成了"俄罗斯式套娃"管理，导致企业出现"躺赢"阶层。

【案例】A 企业"一刀切"设计业务部门绩效指标

A 企业是一家连锁药店，有 10 家连锁店。2020 年 A 企业在制定绩效指标时，没有进行差异化设计，对业务员、门店店长、区域经理主要考核的绩效指标都是营业额和毛利。只要门店店长下属的所有业务员完成了当期制定的绩效目标，门店店长的绩效目标就完成了；同样，只要各区域内的门店店长的绩效目标完成了，那么对应的区域经理也完成了当期的绩效目标。换句话说，A 企业的各门店店长、区域经理每次只要把门店、区域的经营目标分解给业务员，其余什么都不用做，就能完成自己的绩效目标，获得工资薪酬。

由此可见，企业对员工的绩效指标设计不能采用"一刀切"的方式。不同层级员工的绩效衡量要素是要有差异的，因为他们的岗位职责以及在企业战略目标实现过程中对他们的要求是不一样的。

SDBE 领先模型认为，应结合岗位与业务需求，合理、有效地将组织绩效分解成组织内员工的绩效，并采用承诺制方式来承接组织指标和本岗位关键职责对应的考核指标，为不同岗位设计差异化的个人绩效指标，以体现他们在部门目标实现过程中的独特价值。企业可以参考以下四个步骤，采用绩效目标责任矩阵法来分解团队目标，如表 7-3 所示。

（1）梳理团队目标。

（2）澄清岗位职责。按照岗位类别的不同，分析并澄清企业内所有工作岗位的职责，奠定个人绩效目标制定的基础。

（3）结合岗位职责和团队整体目标进行分解。

（4）审视目标的协同一致性。在目标分解完之后，需要站在整体的角度来分析各岗位的绩效目标，看它们是否与团队目标实现了对齐，是否可以支撑团队目标的达成。

表 7-3 个人绩效目标责任矩阵分解

部门目标、任务	岗位 1	岗位 2	岗位 3	岗位 4	岗位 5	岗位 n
关键目标 1/ 任务 1						
关键目标 2/ 任务 2						
关键目标 3/ 任务 3						
关键目标 n/ 任务 n						

以华为铁三角为例，铁三角销售团队根据业务目标和不同角色的主要职责，分别设计了各岗位的关键绩效考核指标，如表 7-4 所示。

表 7-4 华为铁三角销售团队成员关键绩效考核指标（示例）

指标	客户经理	交付专家	解决方案专家
销售目标达成	√		√
回款目标达成	√		
客户满意度	√		
收入达成		√	
成本控制		√	
卓越运营目标		√	
产品市场份额			√

综上来看，企业在设计不同岗位的绩效指标时，要综合考虑它们的岗位职责以及在企业战略实现过程中的独特价值，差异化设计绩效指标，这样才能使企业在进行价值评价和价值分配时更加合理。充分发挥绩效管理的"指挥棒"作用，以更好地牵引员工向独特价值聚焦，做他们最该做的事情，激发员工的工作积极性，从而实现企业管理效率的持续提升。

7.3.2 分层分级实施绩效考核

在组织实践中，无论其规模大小，企业内部都会形成若干的层级和部门，各层级之间、各部门之间的职责是不完全相同的，因此绩效考核也应该和战略目标分解一样，分层分级进行考虑，如图 7-6 所示。

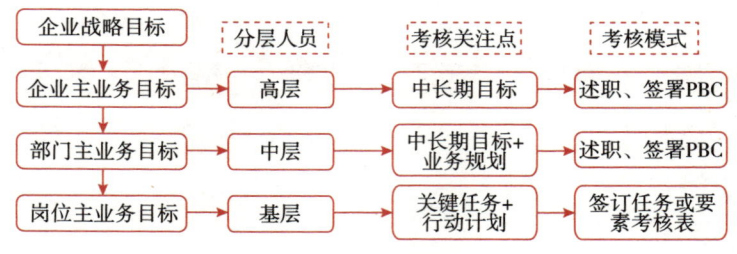

图 7-6　分层分级的绩效考核

对高层管理者的绩效考核主要是通过述职和 KPI 考核来完成的。其中，述职的主要目的是强化高层的责任和目标意识，促进中高层在实际工作中不断改进管理行为，以促进员工和部门持续的绩效改进。同时，强化部门间的协作关系，使各部门及其管理者为实现公司或上级部门的总体目标结成责任和利益共同体。

述职的方式是逐级向上，以平衡记分卡为指引，主要从客户、财务、内部运营、学习成长四个层面，对照经批准的年度业务规划、预算和 KPI 指标，总结实际执行情况，找出差距和成因；预测下一年度业务计划和预算目标，对下一期的各项目标做出承诺，提出具体策略措施和资源需求。述职的具体内容一般包括八个方面，如表 7-5 所示。

表 7-5　华为高层管理者述职内容（示例）

45	述职内容	具体说明
1	不足 / 成绩	总结当期的业务和管理工作，针对 KPI 目标和影响 KPI 的根本原因，按照优先次序，列出最主要的不足和最主要的成绩，并扼要地指出原因
2	竞争对手比较 / 业务环境及最佳基准比较	通过准确的数据与指标，说明客户、竞争对手和自身的地位、潜力、差异和策略；聚焦变化、动向、机会和风险，关注影响公司和部门 KPI 完成的市场因素与环境因素，以及业界最佳基准
3	KPI 达成情况	总结 KPI 完成情况，与历史同期水平相比的进步情况，审视本期目标的完成程度，说明差距和原因
4	核心竞争力提升的措施	核心竞争力提升的措施是指要完成 KPI 和增强管理潜力的措施。各部门围绕公司目标，回顾和评价部门业务策略、重点工作 / 业务推进措施的落实情况，并对措施的实施结果进行规划

续表

序号	述职内容	具体说明
5	客户/内部客户满意度	每个部门说明和分析内部客户满意度，特别是最满意的比率、最不满意的比率，哪些客户和内部部门最满意，哪些最不满意，下一期如何改进
6	组织学习与成长	提出和检查提高员工技能的计划、措施和效果，报告和分析组织氛围指数，检查公司重大管理项目在本部门的推进计划和阶段目标的完成情况
7	预算与KPI承诺	根据历史水平及与竞争对手的对比，对KPI指标和业务目标做出承诺
8	意见反馈	提出在运作过程中所需要的支持，以便公司协调相关资源

对中层管理者的绩效评价，要兼顾中长期绩效目标的达成和业务规划的有效落实，绩效考核重点关注他们在本职岗位上短期绩效目标达成的情况和行为规范。对中层管理者的绩效考核内容主要有：组织KPI指标、个人KPI指标、关键举措、重点工作任务。通常采用述职和PBC相结合的方式来对中层管理者进行绩效考核。

华为对中层员工绩效考核通常遵循四个原则：

（1）责任结果导向原则：引导员工用正确的方法做正确的事，不断追求更高的工作效率。

（2）目标承诺原则：被考核者和公司在考核期前对绩效目标达成共识，被考核者对绩效目标做出承诺。

（3）考评结合原则：考核期初确定绩效评价者，评价时充分征求绩效评价者的意见，并以此作为考核依据，绩效评价者应及时提供客观反馈。倡导良性竞争的"赛马文化"，不同层级的员工分开评价，且都在各自的层级内进行相对评价。

（4）客观性原则：考核以日常管理中的观察、记录为主，注意定量与定性的结合，以数据和事实为考核依据。

对基层员工的绩效评价，则以业绩考核为主，关注岗位短期绩效目标的达成和过程行为规范。让基层员工在日常工作中快速改进，实现个人成长，进而实现对公司总体战略的有效支撑。

华为对基层员工的绩效绝对考核是通过要素考核表来实现的，依据各自的目标达成情况、岗位职责与通用标准来对比。考核分为月度考核、季度考核、年度综合评议，详细介绍如表 7-6、表 7-7 所示。

表 7-6　华为基层作业员工的要素考核表

考核要素	序号	分项描述	得分
工作量			
工作质量			
工作规范性			
合计得分			

注：无须单独设定目标，直接与通用标准比；考核等级简化为 A、B、C、D，无比例限制。

表 7-7　华为基层作业员工年度综合评议表

第一部分：工作产出（70%～80%） 1. 根据月度考核结果计算得出 2. 根据员工做出的贡献确定结果
第二部分：劳动态度（20%～30%） 基层员工劳动态度重点考核"企业员工商业行为准则"中遵守劳动纪律等方面

由此可见，企业需要根据业务特点、岗位层级和职责、价值定位等进行分层分级的差异化评价，以最大限度地保障组织绩效考核的公平合理，从而促进全员奋发创造价值。

7.3.3　绩效结果强制分布与结果应用

绩效管理的关键在于绩效结果运用，通过绩效结果等级划分与强制分布，区分干得好的和干得差的员工，激励绩效优秀的员工，管理贡献较低、绩效待改进的员工，从而牵引各组织协同发展，激活整个组织，最终实现企业与员工的共赢。

绩效等级是绩效考核后对员工绩效考核结果划分的等级层次，它一方面与具体的绩效指标和标准有关，另一方面也与公司考核的评价主体和方式有关。在做到客观公正评价员工绩效的基础上，绩效等级的高低和等级之间的差距会对员工切身利益有着直接影响。

华为的绩效考核等级有五等，并且是强制比例分布的，如表 7-8 所示。

表 7-8　绩效考核等级和比例分布

序号	绩效考核等级	比例范围	备注
1	A	10%～15%	潜在规定
2	B+	75%～85%	B 和 B+ 之间的比例不做严格的要求，各级管理团队根据下属的组织绩效来确定下级团队的比例分布
3	B		
4	C	5%～10%	强制比例限制，具体 C、D 等级比例未限制
5	D		

注：组织绩效考核结果会影响个人绩效考评的比例，如组织绩效得 A，个人绩效 A 的比例达到 15%，甚至 20%，C、D 可能就没有。组织绩效得 B，个人绩效 A 的比例可能只有 5%。

（1）等级 A 意味着是杰出贡献者，指员工绩效表现在各方面明显超越所在岗位层级的职责和绩效期望，绩效结果明显高于他人，是部门员工的绩效标杆。

（2）等级 B+ 意味着是优秀贡献者，指员工绩效表现经常超越所在岗位层级的职责和绩效期望，不断拓展工作范围与影响。

（3）等级 B 意味着是扎实贡献者，指员工绩效表现始终能够满足所在岗位层级的职责和绩效期望，部分能够超出组织期望。

（4）等级 C 意味着是较低贡献者，指员工绩效不能完全满足所在岗位层级的职责和绩效期望，需要及时改进绩效以正常履行岗位职责要求。

（5）等级 D 意味着是不可以接受的，指员工不能履行所在岗位层级的职责和绩效期望，明显缺乏正常履行岗位职责所需的知识技能、工作有效性和积极性。

通过对员工绩效结果进行区分，能够科学合理地分出绩效表现好、中、差的员工，识别出企业精兵，为他们创造更多的表现机会，激励他们向更高的工作目标冲刺。同时，也能及时对后进者提出改进要求，激励员工不断改进绩效水平，进而推动组织绩效的提升。

与此同时，为了让各级主管和员工能够从自身利益出发，重视绩效评估结果，增强绩效考核的效力，华为对绩效评估结果一直是强应用的。在华为，员工的绩效考核结果将直接影响其物质薪酬。

华为的绩效考核结果直接影响被考核者的物质奖励和非物质奖励，以及他的晋升、降职、淘汰等。具体表现有：年终奖金分配、职级调整、工资涨幅、期权额度、职位升迁等。绩效考核结果等级为 C 和 D 的员工，在制度上，不享受涨薪和配股，也没有晋升机会，和绩效等级为 A、B+、B 的员工相差悬殊，如表 7-9 所示。

表 7-9　华为绩效结果应用

绩效结果	职位升迁	工资涨幅	年终奖金	股票分红
A	快速通道	比例高	比例高	比例高
B+	有机会	比例较高	比例较高	比例较高
B	有机会	有机会	有机会	有机会
C	无机会	无机会	无机会	无机会
D	劝退淘汰			

华为在绩效结果的应用上引入了活力曲线，建立了基于绩效考核的强制末位淘汰制度。通过激励先进、淘汰后进的办法，促使整个组织的平均绩效稳步向前。华为的末位淘汰制度重点针对的是干部群体，在对干部的末位考核比例和不合格处理上更加严格和刚性。

【案例】华为干部的末位淘汰机制

作为最早引入末位淘汰的企业之一，华为已经将末位淘汰融入日常绩效考核工作体系：绩效结果为 D 的员工，华为会直接与他们终止合同；连续两个半年考核结果等级为 C 的，基本也会被华为劝退，不被劝退的员工自己一般也会离职。

每个层级不合格干部的末位淘汰率为 10%，对于未完成年度任务的部门或团队，干部的末位淘汰比例还可进一步提高。2019 年 6 月 18 日，任正非在干部管理工作汇报会议上指出："主官、主管一定实行每年 10% 的末位淘汰，迫使他们自我学习，科学奋斗。下岗的管理干部一律去内部人才市场重找工作机会。实在需要向下安排岗位的，一定先降到所去岗位的职级，并继续考核不放松。"

对于已经降职的干部，一年之内不准提拔使用，更不能跨部门提拔使用，以防止"非血缘"的裙带之风。对于连续两年绩效不能达到公司要求的部门或团队，不仅一把手要降职使用，而且全体下属干部和员工也要负连带责任。另外，华为对不合格干部的末位淘汰不仅仅停留在基层主管层面，对于不合格的中高层干部同样是动真格的。

华为设置末位淘汰机制，能让优秀的员工得到应有的奖励和待遇，落后的员工受到相应的处罚。通过末位淘汰增强员工的危机感，使得他们为了不成为最后一名而努力工作，大大提升了员工的工作积极性，同时还能促进干部队伍的"新陈代谢"，保持队伍的活力。

在绩效管理的全过程中，员工最为关注的环节就是绩效结果应用，因为这个环节是对其努力付出的工作结果的兑付与奖励。华为通过坚持对绩效结果的刚性应用，大大激发了员工的积极性，牵引员工聚焦价值创造，最终实现了公司的可持续发展。

7.4 薪酬体系设计

"全球第一 CEO"杰克·韦尔奇说："我的工作就是将最好的人才放在最大的机会中，同时将金钱分配在最适当的位子上。"为了分好钱，激发人才活力，让人才得到激励、获得回报、感受公平、享受满足，企业需要根据自身实际情况设计并搭建薪酬体系。

7.4.1 薪酬体系设计要以薪酬策略为指导

为了将有限的薪酬资源差异化地分配给被激励对象，最大限度激发人力资源的效率，提高企业人力资源的投入产出比，企业需要基于自身战略、文化以及外部环境制定薪酬策略，为薪酬体系设计提供方向指引。

作为薪酬体系设计中的关键环节，薪酬策略体现为企业对薪酬管理运行的目标、任务以及手段的选择，包括薪酬成本与预算控制策略、薪酬水平策略、薪酬结构策略等。

薪酬成本与预算控制策略是指决策者在薪酬管理过程中进行的一系列成本开支方面的取舍，是薪酬控制的重要环节。准确的薪酬预算能保证企业在未来一段时间内的薪酬支付受到一定程度的协调与控制。简而言之，薪酬成本与预算控制是薪酬体系顺利运行的保障。

薪酬水平策略，即薪酬定位，是指企业根据自身实际情况确定其在同行业中薪酬水平的相对位置，直接决定了其在人才市场的竞争力。当企业的薪酬水平策略制定合理时，不仅可以节省人力成本，还能帮助企业招到合适的人才。但是当薪酬水平策略不合理时，就很有可能导致企业人力成本的浪费，甚至是一时难以招到合适的人才。

薪酬结构策略是指企业基于对员工本性以及需求、员工总体价值贡献的认识，确定不同层级人员的薪酬构成与各构成要素所占的比重，以及薪酬划分为多少薪级、薪级之间的关系如何。薪酬结构反映了组织对内部的不同岗位或者能力重要性的看法，体现的是薪酬体系的内部公平性。企业要想使薪酬体系更具内部公平性，就需要合理地设置薪酬结构。

为制定合理的薪酬策略，企业需要充分理解企业文化，以确保搭建与企业文化相契合的薪酬体系，进一步贯彻企业的文化理念和价值导向，在企业内部形成良好的工作氛围。

不同行业、不同类型的企业所呈现的文化氛围是不同的，而它们的文化属性会对薪酬策略的制定有潜移默化的影响。一方面是因为企业的行业属性及竞争需要匹配合适的文化基因，以有效促进企业发展及人才的激励；另一方面是因为薪酬策略及体系搭建需要适应企业文化，而且薪酬体系更是对"文化制度化"的彰显。由此表明，企业的薪酬策略，包括薪酬水平、薪酬结构以及薪酬构成等都应体现出企业的文化特征。

当企业文化倾向平均主义时，员工的薪酬构成中固定部分应该占有较大的比例，而薪酬中的浮动部分绩效工资和奖金等应该占有较小的比例，在薪酬公平性上应更关注内部公平，尽量减少薪酬差距；对于业绩导向的企业文化，薪酬构成中固定部分应该占有较小的比例，绩效工资和奖金等浮动薪酬应该占有较大比例。同时，在薪酬公平性上更应关注外部竞争性，尽量拉开差距，体现多劳多得的思想。

中国人民大学教授彭剑锋说："华为文化本质上是'蓝血绩效文化'。即一切用业绩说话。""蓝血绩效文化"主要体现为各层级员工薪酬固浮比的设置，如表7-10所示。

表7-10 华为各层级员工薪酬固浮比

不同层级	薪酬固浮比
高层管理人员	固定收入占总收入的40%，浮动奖金为60%
中层管理人员	固定收入为年总收入的50%，浮动奖金为50%
专业技术人员	固定收入占年总收入的60%，浮动奖金占40%

从表中可以看出，员工薪酬中浮动薪酬所占比例都在40%以上，而且随着层级的提升，浮动薪酬所占比重是不断增加的。

企业的经济生态决定了组织架构（包括组织的人员规模、层级数量及工作关系）。组织架构不同，薪酬策略也应该是有区别的。为此，在开展薪酬体系设计之前，还需要确定企业的组织架构。

如今，企业主要的组织结构形式包括功能型组织、流程型组织、项目型组织以及网络型组织。对于不同的组织架构，企业制定的与之相匹配的薪酬策略如表7-11所示。

表 7-11　薪酬策略与组织架构相匹配

组织结构形式	典型特点	薪酬策略
功能型组织	• 强调严密的自上而下的行政管理体系 • 有清晰的责任体系，部门和岗位职责清楚明确 • 强调专业化分工	• 体现不同职位差异 • 薪酬体系多以职务工资制为主
流程型组织	• 将以部门为主的管理模式转变为以业务流程为核心的管理模式 • 由对人负责转变为对事负责，改变了权力中心的运作模式 • 实现了扁平化管理，压缩了组织的层级，降低了管理成本，提升了组织的灵活性	• 淡化职位约束，认可员工的能力发展 • 薪酬体系以职能工资为主
项目型组织	• 强调高增长和新市场进入，能根据项目需要随意调动项目的内部资源或者外部资源 • 完全以项目为中心安排工作，决策的速度快，能够对客户的要求做出及时响应 • 权力取决于对资源的控制 • 多为跨部门团队，包括高水准的专家	• 着重于业绩 • 薪酬体系以绩效工资制为主
网络型组织	• 没有严密的层级关系 • 承认个人的特殊贡献，强调战略合作伙伴 • 以合伙人的方式分配权力，强调对企业总体战略目标的贡献	• 通过内部和外部合伙人磋商决定 • 薪酬体系可能采取协议薪酬的方式

美国华盛顿大学教授赫伯特·G.赫尼曼说："最有效的薪酬制度必须与组织的商业战略、组织结构和组织文化相一致。企业需要创建自己独特的薪酬制度，以驱动公司的业绩高于同行平均水平。"为此企业应该在理解自身文化的基础上，结合企业战略与组织架构来制定薪酬策略，以构建合理且有效的薪酬体系。当企业拥有了清晰的薪酬策略后，就能为薪酬体系设计提供明确的方向指引，使薪酬体系设计有章可循。

7.4.2　构建更具竞争力的薪酬，强化对人才的吸引力

21世纪什么最贵？人才。企业间的竞争归根结底就是人才的竞争。如果不给人才有竞争力的薪酬，就吸引不来真正有竞争力的人才。为了让有限的薪酬资源产生最大的效用，企业应该使激励导向符合企业核心人才战略发展要求。

华为、阿里巴巴、百度以及腾讯等企业很早就认识到核心人才对企业的战略意义，所以在人力资本上进行了长期巨大的投入。尤其是华为，它是最早提出薪酬水平要向欧美企业看齐的中国企业。而且任正非认为，想要在商场上立于不败

之地，就必须要有自己的核心竞争力。对于一家企业而言，核心竞争力就是技术创新，而技术创新的重中之重就是人才。

【案例】华为："天才少年计划"

2019年，华为推出"天才少年计划"，旨在用顶级薪酬去吸引顶尖人才。"天才少年计划"薪酬共分为三档，最高年薪为182万～201万元；中档年薪为140.5万～156.5万元；低档年薪为89.6万～100.8万元，远远超出一般应届毕业生的薪资水平，以及同行业企业的薪酬水平。

2019年，华为首次招募了八名天才少年。这八位顶尖的人才都是2019年的博士毕业生。其中有四名博士的年薪处于低档，两名博士的年薪处于中档，剩下的两名处于最高档。这些天才少年的薪酬与许多世界500强公司的CEO不相上下。2020年，全球又有四人拿到"天才少年"最高一档年薪201万元。

当然，当企业的薪酬水平定位过高时，可能会使企业的人工成本支出过高，导致企业不堪重负。因此，企业对于自身薪酬水平的定位也不能一味地抬高，还应该综合考量劳动力市场的供给、企业的支付能力以及竞争对手的薪酬水平等因素，根据总体战略目标，结合劳动力市场行情来确定自身的薪酬水平策略。常见的薪酬水平策略主要有四种，分别是：

（1）领先型薪酬水平策略：企业薪酬水平与同行业、同地区企业的薪酬水平相比处于领先地位，向75分位甚至90分位看齐。采用此策略能让企业在吸引、留住优秀人才上具有优势。当企业的市场规模比较大、人才投资回报率高、薪酬成本在企业经营总成本中占比低以及处于新兴行业的企业，人才保有量少且人才培养困难，可以采用该种策略。华为、谷歌、思科等企业采用的是领先型薪酬水平策略。

（2）跟随型薪酬水平策略：企业薪酬水平与同行业、同地区企业的薪酬水平相差不大，处于市场50分位。通常来说，采取该策略的企业不具有比较强的市场竞争力，在吸引优秀人才方面不具备明显的优势，但是经营风险小、用工成本低。

（3）滞后型薪酬水平策略：企业在制定薪酬水平时不考虑市场与竞争对手的薪酬水平，只考虑尽可能节约经营成本，它们的薪酬水平一般是低于市场平均水平的，比如向25分位看齐。采用该策略的企业，通常外部人力充足，较短时间就可以补充空缺岗位；岗位对人才技能要求不高，较短时间就能将新人培养得达到使用要求。不过，该策略不宜长期使用。长期使用会导致对员工的激励不足，使员工的主动性和积极性被消耗掉。

（4）混合型薪酬水平策略：企业根据职位类型或员工的类型，分别制定薪酬水平策略，而不是对所有的职位或员工均采用相同的薪酬水平。比如，有些企业会针对关键骨干采用领先型薪酬水平策略，而对基层员工实行跟随型薪酬水平策略。

当企业做好薪酬水平的定位，就能确保自身的薪酬水平是富有竞争力的。这样一来，不仅能让员工有充分的发展空间，充满成就感地工作，更能让优秀的人才慕名而来，提升企业的核心竞争力。

7.4.3 规范薪酬结构，分类分级设计薪酬结构

当前不少企业的薪酬构成复杂，而且有些构成要素缺少设定依据，结果导致企业要么过于稳定，要么保障不足，要么激励失效。为此企业需要对薪酬结构进行调整优化，明确并统一薪酬整体结构。同时基于岗位要求，分类分级设计薪酬结构，以有效激发员工的工作积极性，更好地发挥激励作用。

薪酬结构即薪酬组成，是指企业中各岗位的薪酬构成与比例。不同岗位的薪酬结构通常是有差异的。这种结构的差异不仅仅体现出相同岗位的薪酬数额差别，还体现出不同层级岗位的薪酬构成差异。它直接反映了企业内不同岗位、不同技能以及不同业绩的重要程度。

对于什么是合理的薪酬结构，它应该包含以下特点：

（1）与企业战略、组织结构、业务流程以及员工从事的工作是相一致的；

（2）能引导员工为组织目标服务，培育员工间的分配公平感，从而助力组织目标的达成；

（3）能够平衡外部竞争力和内部公平性；

（4）薪酬结构必须支持组织的人力资源战略。

在员工的薪酬构成中，基本工资和津贴补贴等是相对固定部分，被称为固定薪酬；相对于固定薪酬，绩效工资和奖金等的获得通常是非固定的和不可预知的，与劳动者的具体工作表现正相关，被称为浮动薪酬。根据固定薪酬与浮动薪酬比例（简称为固浮比）的不同，薪酬构成策略可以划分为三种不同的类型。

（1）高弹性模式：在该模式下，浮动薪酬是薪酬结构的主要组成部分，固定薪酬处于次要的地位。即薪酬中固定部分比例比较低（通常小于40%），而浮动部分比例比较高（通常大于60%）。这种模式是一种强激励薪酬构成模式，即员工能获得多少薪酬完全依赖于工作绩效的好坏。虽然在该模式下，薪酬激励效果好，但是由于薪酬中很大一部分是由员工的业绩决定的，员工的压力会比较大，同时员工也会缺乏安全感。

（2）稳定模式：它是指固定薪酬比例较高（通常高于60%）、浮动薪酬比例较低（通常低于40%）的薪酬构成模式。在该模式下，员工的收入稳定，几乎

不用努力就能获得全额的薪酬。在该模式下，虽然员工有较强的安全感，对企业的忠诚度高，但是薪酬激励效果差，员工容易失去工作主动性和积极性。

（3）调和模式：它是指固定薪酬比例和浮动薪酬比例持平，通常是各占50%或者差别不大，这是一种既有激励性又有稳定性的薪酬构成模式。这种模式通常适用于经营状况较稳定的企业，以及公司业绩的关联度和岗位人员的能力素质要求并重的岗位。

企业是固定薪酬占主体还是浮动薪酬占主体，是薪酬体系设计的关键问题之一。固定薪酬用来保障员工的日常生活，如果过高，有可能使员工产生惰性，削弱薪酬的激励功能；如果浮动薪酬的弹性过大，又会使员工缺乏安全感，不利于吸引和留住员工。因此，企业需要合理设定固定薪酬与浮动薪酬的比例关系，使薪酬兼具公平和激励作用。

随着企业对员工技能增长和能力提升的重视，以及组织扁平化趋势的发展，许多企业开始思考如何实现"当员工的能力和业绩有所提升时，即使无法予以晋升，也能获得相应的加薪"。为了解决这个问题，国内有不少企业开始采用宽带薪酬。

宽带薪酬是指将多个薪酬等级以及薪酬变动范围进行重新组合，转变为薪级等级相对较少、对应的薪酬浮动范围较宽的薪酬体系（见图7-7）。

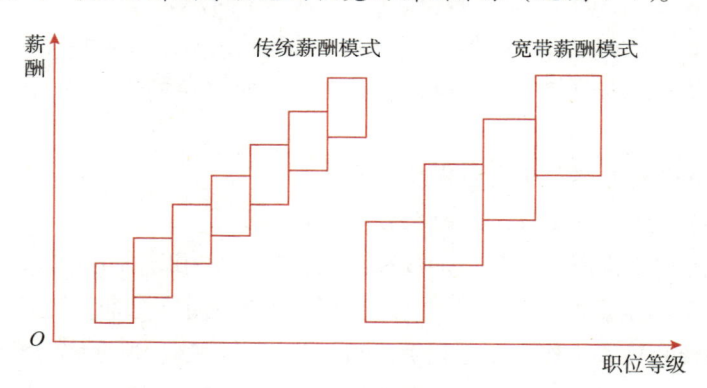

图7-7 传统薪酬模式与宽带薪酬模式对比

宽带薪酬模式的主要特点是将原来十几甚至二十几个薪酬等级压缩成几个级别，并将每个级别对应的薪酬范围拉大，从而形成一个新的薪酬管理系统，以便适应当时新的竞争环境和业务发展需要。

在宽带薪酬模式下，同一个岗位所对应的薪酬浮动范围能达到100%以上。比如，研发岗位的工资是15 000～33 000元/月，那么薪酬浮动范围就能达到120%[（33 000-150 000）/15 000×100%]，这样就能牵引员工持续提升个人能力。

【案例】华为宽带薪酬体系

如表7-12所示，华为基于宽带薪酬体系，确定了不同职级员工的薪酬变动范围。

表7-12 华为的宽带薪酬体系表（部分）　　　　　　　　　单位：元

职级	最低	中间	最高
16	15 000	17 000	19 000
15	12 500	14 000	15 500
14	10 000	12 000	13 000
13	8 500	9 500	10 500

首先，每一个岗位都有它的职级，每一个职级都有对应的薪酬区间，同一职级的岗位不论属于哪个部门，对公司的贡献与回报大致一致；每一个部门的管理者，可以根据自己的员工绩效表现，在对应的带宽里面进行薪酬调整。

其次，不同级别之间的薪酬区间存在重叠，员工即使不升级，只要持续贡献，绩效足够好，薪酬也可以有提升空间，甚至超过上一级别的工资下限，这样有利于引导员工在一个岗位上做实做深做久，有助于保证岗位稳定性。

由此可见，宽带薪酬不仅能保持薪酬管理的灵活性，还能让员工找到新的"波段"，适当调整员工薪酬浮动"振幅"，更能激发员工的工作积极性。但是宽带薪酬体系并不适用于所有企业，当前只是在研发创新型或创业企业中有良好的应用，中小企业要结合自身实际情况来考量。

7.5 多元化激励机制

通过战略解码确定组织目标、部门目标、个人目标后，还需要建立相应的考核与分配机制。正如任正非所言："一个企业的活力，除了机会和目标牵引之外，在很大程度上取决于利益驱动。一个企业的经营机制说到底就是利益驱动的机制。"利益驱动机制是促使全员将战略落实到极致的驱动力。

7.5.1 打通持续激发组织活力的价值创造链

一切成功的企业，就是建设好合理而先进的利益驱动机制，以吸引优秀员工并激发其活力，"管好干部，分好钱"是企业领导者最重要的工作。薪酬激励打通企业价值创造、价值评价、价值分配链条，以客户为中心全力创造价值。

【案例】华为价值创造管理循环

如图 7-8 所示，华为在内部建立了打通价值创造的管理链，并实现了价值创造、价值评价、价值分配的正向循环，促使华为成为一个充满效率、活力和战斗力的高绩效组织。

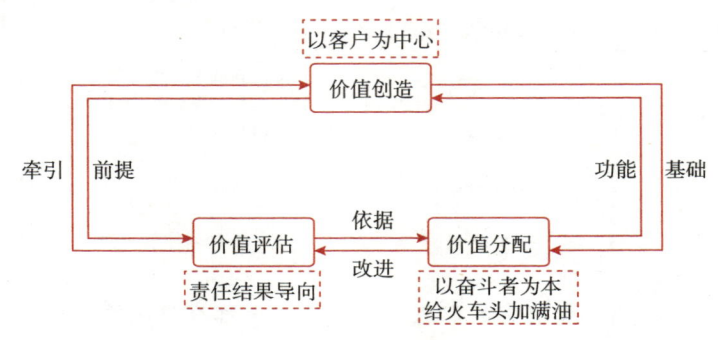

```
              以客户为中心
                  ↓
              价值创造
    牵引  前提          功能  基础
              ↓           ↑
            价值评估 —依据→ 价值分配
                   ←改进
          责任结果导向    以奋斗者为本
                         给火车头加满油
```

图 7-8 价值创造管理循环

价值创造、价值评价、价值分配是三位一体的。企业只要把价值创造、价值评价、价值分配这个循环打通了，就能持续激发组织活力。

全力创造价值

全力创造价值的前提条件是清晰认识价值，在清晰认识价值的基础上，华为会团结一切可以团结的力量、聚焦各要素为客户全力创造价值。客户需求是华为前进的最大动力，随着华为成为行业领先企业后，在《华为公司人力资源管理纲要 2.0 总纲》中对全力创造价值进行了重新阐述。

全力创造价值主要包括五个方面：

一是实施"技术创新＋客户需求"双轮驱动，把握好业务发展的方向，构建产业竞争与控制。随着技术进入"无人区"，华为强调在产品创新中要坚持以客户需求为中心和以技术为中心，两者要像拧麻花一样，共同驱动企业发展。

二是基于信任，简化过程管理，在内外合规下，牵引公司作战力量聚焦多产粮食，增加土地肥力，而不是过度消耗于内部运作。

三是适应不同业务及发展特点，差异化组织队形与运作管理，提高组织敏捷性和运作效率。企业在应对新老业务、成熟业务、传统业务上，要用差异化组织队形支持业务发展。各家运营商的需求各不相同，靠"一招鲜吃天下"的方式已然行不通了。

四是对内打造具有企业家精神的主管队伍和高度激发的精兵队伍；对外汇聚英才，培育优质的生态资源。

五是由职业化管理的职员，构成面向确定性稳定运作的平台支撑；由能上能下的主官和专家，构建面向管理不确定性创新创造的牵引力量，"让创造的力量在稳定的平台上跳舞"。企业做大了以后，要向IBM学习，让组织在规模很大的情况下还能在平台上跳舞。

健全价值评价体系

在全力创造价值的基础上，华为需要正确地评价价值，为下一步合理地分配价值提供可靠的依据。在对价值评价的探索和实践过程中，华为逐步形成了一元的、清晰的价值评价标准，即价值评价只与贡献结果相关，而与学历、能力、态度和品德等因素无关；无论谁为实现公司战略做出了直接的、间接的贡献，都应得到与其贡献对等的财富以及晋升。

如图7-9所示，在坚持结果导向的绩效评价体系上，华为对于不同层级的员工设置了不同的绩效评价关注点，以进一步完善价值评价体系，为实现价值分配的合理化和科学化提供客观公正的依据。

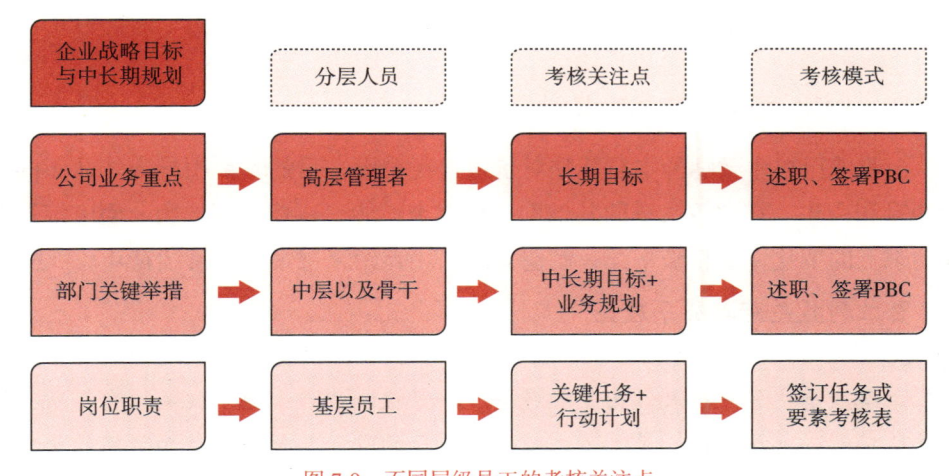

企业战略目标与中长期规划	分层人员	考核关注点	考核模式
公司业务重点	高层管理者	长期目标	述职、签署PBC
部门关键举措	中层以及骨干	中长期目标+业务规划	述职、签署PBC
岗位职责	基层员工	关键任务+行动计划	签订任务或要素考核表

图 7-9　不同层级员工的考核关注点

华为制定分层的考核指标，在高层、中层、基层之间形成短期和长期均衡的"拧麻花"的考核方案；牵引高层在关注当期经营目标的同时，更多地关注长期目标。通过年度考核和中长期考核相结合，上岗述职与离任"快照"相结合，主管评价与委员会评价相结合等改进措施，避免高层主管的短期行为。

通过研究制定职位管理、奖金激励和荣誉激励等方面的针对性方案，优化高层主管的激励机制，牵引其关注长期目标，同时完善高层主管的责任回溯机制。

优化价值分配

经过数十年探索与实践，华为已经逐步构建了科学的价值分配制度。华为的价值分配有一个最基本的准则：绝不让"雷锋"吃亏。员工为公司做出了贡献，公司就给你体面的回报。

国内很多企业的管理者总是给员工讲"吃亏是福"，也就是多干活少拿钱。这其实是在害人害公司。华为通过构建不让"雷锋"吃亏的机制，让奋斗者得到合理的回报，让更多员工愿意做"雷锋"，持续为企业奋斗，创造更多价值，这样企业就会出现更多的"雷锋"。

得益于构建了科学合理的价值分配制度，各路英才汇聚华为，为华为发展注入了强大生命力，使得华为的组织力量脱颖而出，最终支撑华为成长为ICT领域的领导者。华为轮值董事长郭平在2016年的新年内部致辞中说："华为未来将继续优化激励机制，让全体员工及时分享公司的发展成果，鼓励大家去冲锋。"

有效的利益驱动机制，就在于拥有科学合理的价值创造链条。价值评价是价值分配的前提，价值评价做好了，有了客观公正的评价，价值分配才会更加科学合理。价值分配合理了，员工才会充满动力地去创造更大的价值。

7.5.2　价值分配要向奋斗者倾斜

企业进行人才激励的本质就是对价值进行分配，目的是要引导人才队伍的持续冲锋和奋斗。在利益共享的基础上，企业也不能一味地强调均衡，而应该强调有动态上的变化，要打破平衡，制造差距，用差距来鞭策员工持续奋斗。

员工利益差距与公平理论

20世纪60年代，美国心理学家斯塔西·亚当斯提出了公平理论。公平理论的基本观点是：当一个人做出了成绩并取得了报酬以后，他不仅关心自己所得报酬的绝对量。也就是说，员工不仅会思考自己的收入与付出的劳动之间的比率，还会将自己的收入和付出之比，与相关人员的收入和付出的比率进行比较。当人们把自己的报酬与做同样工作的他人报酬相比较，发现二者是相等的，他会感到这是正常的、公平的，因而心情舒畅地积极工作；当他发觉二者不相等时，内心就会产生不公平感，于是有怨气、发牢骚，继而影响工作积极性。

21世纪初，德国社会行为学家弗雷·莱纳德在亚当斯公平理论的基础上指出，如果企业能够合理利用这种"相对"差距，并且让员工充分意识到产生这种差距的根源不是管理者的失误，而是两个比较对象之间确实存在价值创造能力上的不同，那么，这种差距就会成为低报酬一方努力追逐的动力。

企业必须用实际行动证明劳动者所得与价值分配制度是一致的，让多劳者、贡献者"发财"，这也是企业重视人才、以人为本的具体体现。

华为以"奋斗者"对企业的贡献和自身的人力资本为尺度，通过利益分配制度的创新，让员工分享企业成长的收益，从而使员工与企业发展产生真正的密切关联，形成了"高能力、高报酬、高绩效"之间的良性循环。而事实上，这种循环之所以能够得以顺利实现，一个重要的保证因素就是"差距"的存在。

华为强调，薪酬分配必须倾向于"拉车人"，并且是车拉得越久，拿得就越多。毕竟"车子"之所以跑得快，主要是依靠"拉车人"。华为的股票为什么这么值钱？主要还是因为华为"拉车人"为公司做出了贡献，创造了价值。如果没有他们，"坐车人"或许会立马抛售股票，因为它们逐渐失去了价值。

当然，"拉车人"中也会有"拉"得不好的人，对于这一类人，华为同样也会想办法降低他们的薪酬回报。任正非曾在华为内部讲话多次提到："分钱不是排排坐吃果果。我们应该对'最佳角色'的'最佳贡献'，在'最佳贡献时间段'给予合理报酬。"让拉车的人比坐车的人拿得多，在激发老员工拉车的能动性、积极性的同时，也能让新来的员工保持冲锋的干劲，共同推动公司的长期健康发展。

（1）华为的激励分配会向组织中的绩优者倾斜，逐步打破分配的过度平衡，强调激励资源向一线倾斜、一线关键岗位职级要高于支撑服务岗位、一线获得更大的价值分配比重等。

（2）华为为承担重大业务和管理责任的人员建立了重大责任岗位津贴、高管奖金方案等机制，体现了"给火车头加满油"的导向。

（3）华为激励资源分配强调向艰苦地区或艰苦岗位的员工倾斜，提高了在海外艰苦地区工作员工的外派补助和生活补助标准，并实施艰苦地区的职级高于非艰苦地区职级1~2级的倾斜政策。

任正非曾说："要把奖励和机会向成功者、奋斗者、业绩优秀者倾斜，大胆倾斜。我们要拉开差距，后进者就有了奋斗的方向和动力，组织才会被激活。"要让奋斗者有动力、持续不断地为公司做贡献，企业应发挥价值分配的杠杆与导向作用，绩效激励要向创造更多价值的绩优者和奋斗者倾斜，多劳多得，让干得好的人拿高收入、干得差的人拿低收入，避免出现劣币驱除良币的现象。

7.5.3 以贡献定薪酬，牵引员工持续创造价值

我们的待遇体系是以贡献为准绳的。我们说的贡献和目标结果，并不完全是

可视的，它有长期的、短期的，有直接的、间接的，也包括战略性的、虚的、无形的结果。

——任正非

任正非在华为曾专门强调，以奋斗者为本就是与奋斗者分享利益，让贡献多的人拿到更多的钱，这是华为一大战略。华为要有自己的评价体系，不能以固有观念评价员工的业绩，而是要看员工的实际贡献，让那些干得好的人真正得到利益，"绝不让雷锋吃亏"。如果这些努力贡献者没有得到利益，那就是华为的战略失败。

曾有人向任正非反映："好几年没涨了，是否要涨一点工资？"任正非立即回复他说："我们从来不强调按工龄拿待遇，要涨工资，先要看这几年他的劳动质量是否进步了？该承担的责任是不是承担了，贡献是否大了？如果没有，为什么要涨工资？我们有的岗位的职级要封顶。有的岗位的贡献没有变化，员工的报酬是不能随工龄增长而上升的。只要你的贡献没有增大，没有承担好责任，就不应该多拿。"

在华为，员工给公司做出了什么样的贡献，就能够取得什么样的回报。即使是在一线奋斗的普通员工，只要他能做出巨大的贡献，那么他的薪酬待遇完全有可能超越业绩平平的高级主管。

华为曾经用40万元的年薪聘请了一位从事芯片研发的工程师。来到华为以后，这位工程师凭借自己的努力，为华为攻破了一道道难关，明眼人都能看出，他为华为做出的贡献远比40万元多。公司得知此事以后，立即给他加薪，并且一次性将他的年薪涨到了50万元。对于这件事，任正非说："拿下'狮子'周围那些领地，会有你们各自的份额。"

可见，华为强调按贡献拿待遇，而与按贡献拿待遇对应的是华为差异化的薪酬策略。具体来讲，就是高贡献者与低贡献者在工资、奖金、利润分红与福利上，都会存在较大的差距。

如表7-13所示，一方面，华为是在充分考虑员工的贡献和绩效结果的情况下来调整员工薪酬的。确切地说，在相同工资水平下，绩效越好，调幅越高；另一方面，华为的薪酬调整是以员工现有的工资水平为依据来调整的。确切地说，在相同的贡献和绩效结果前提下，员工薪酬水平比率越低，调幅越高。意味着当员工的现有工资水平与其所在级别的平均工资水平相差越多时，员工能够获得更高的调幅。

表 7-13 华为调薪激励矩阵（示例）

绩效水平	薪酬水平较低	薪酬水平居中	薪酬水平较高
A	2.2%～2.5%	1.8%～2.0%	1.2%～1.5%
B+	1.8%～2.0%	1.2%～1.5%	1.0%～1.2%
B	1.0%～1.2%	0.5%～1.0%	0～0.5%
C/D	0～0.3%	0	-0.5%～0

由于不同企业的薪酬理念和实际情况不同，薪酬策略并没有完全统一的标准。强调内部公平性的企业倾向于采用趋同的薪酬策略；强调业绩导向的企业，则会突出人的贡献，采取差异化的薪酬策略。

华为差异化的薪酬策略体现了华为"效率优先，兼顾公平，可持续发展"的价值分配基本原则，在激励员工努力成为奋斗者的同时，给予奋斗者更为公平的待遇，形成"高能力、高绩效、高报酬"的良性循环。

7.6 塑造具有激发性的组织氛围

文化是一个黏合剂，它能够把大家的力量联合在一起，使大家减少内耗，更多地聚焦于客户、聚焦于业务去创造价值，所以文化和氛围的建设非常重要。只有好的文化和氛围，才能保障员工去实现关键任务，这是战略执行的一个主要的模块。虽然文化和氛围是软性的，但是它对公司的组织结果还是起了非常大的作用，好的文化可以弥补流程的不足。

7.6.1 组织氛围是复杂的综合体

一个脏乱不堪的社区环境会造就一批恶劣的居民；反之，生活在一个良好的社区环境里，居民也会约束自己，变得更加适合这个好的环境。在心理学上，这种现象被称为"气氛效应"。

同理，在一个组织中，好的氛围也会在无形中影响身处其中的员工。如果组织能够为员工营造良好的氛围，让他们充分发挥自己的优势，就能使员工产生一种归属感，使自己真正地融入团队，从而提高员工的敬业度。

马云强调，伟大团队的定义是平凡的人在一起做不平凡的事，并且不要让团队中的任何一个人失败。在团队氛围建设方面，阿里巴巴为了打造一个有温度的团队，让团队成员之间彼此共情，在生活团建中采用了"五个一工程"的落地工具,即管理者在一年时间里需要和团队的每一位员工进行一次深度沟通、做一次感人事件、和团队成员做一次体育活动、做一次娱乐活动、进行一次集体聚餐。

组织氛围是组织文化的一个重要组成部分,也是组织文化建设的一个重要内容。良好的组织氛围能够激发成员的工作积极性和创造力,相反,沉闷的组织氛围不仅会让成员觉得非常压抑,而且不利于成员的能动性发挥。

任正非十分重视华为的企业文化建设,在一次讲话中,任正非提出:"资源是会枯竭的,唯有文化才能生生不息。"企业必须重视文化建设工作,透过文化的影响力,强化组织成员的执行力。对于任正非而言,在华为他并不是凭借技术来领导企业,而是凭借他的思想来引领华为人。而思想,正好是文化的重要表现形式。

在一次国外媒体的采访中,任正非曾坦言:"我对公司的管理其实是思想上的管理,我的思想总是倾向于告诉任何人的,我希望知道的人越多越好。比如,我希望公司的数万员工都能去读一读我的邮件,我猜有相当一部分人是不读的,但如果大家都不读,华为很容易逐渐走向灭亡。幸亏有少数人是愿意读的,这部分人成长的速度会很快,对公司的帮助也会更大。我认为自己没有任何秘密,都是开放的,至少我的思想是开放在公司网站上的。"

那么华为是如何进行企业文化建设的呢?

一是搭建文化体系。企业文化体系应该包括愿景、使命、核心价值观。华为的文化体系在前文中我们已经介绍过,这里就不再赘述了。

二是完善制度建设。《华为公司基本法》是华为早期进行制度建设的标志性成果,它包含了经营政策、人力资源政策等。它将企业文化以制度的形式固定下来,使得企业文化不再是停留在墙上的口号,它促进了员工对企业文化的认知与认可,同时也为公司的发展提供了方向指引。

三是做好文化落地工作。华为通过长期的、持之以恒的文化教育培训,让员工的思想态度跟上华为发展的步伐。有些从其他企业跳槽过去的员工可能最初无法理解华为的企业文化,但是在一次次的"思想洗礼"和实践中,很多人最终都被华为的奋斗文化打动。

在构建企业文化落地激励机制方面,华为灵活运用"胡萝卜加大棒"的方式,使华为的奋斗文化深入人心。华为为员工提供高福利、高工资、高奖金,甚至是公司股份,这是华为给员工的"胡萝卜"。与此同时,华为也引入了残酷的竞争机制即华为"大棒",促使员工艰苦奋斗。"胡萝卜加大棒"的激励方式,让所有华为人始终保持艰苦奋斗的激情,持续为企业创造价值。

组织氛围是一个复杂的综合体,包括影响个人及群体行为模式的规范、价值观、期望、政策、流程等。但同时，组织氛围是在员工之间的不断交流和互动中逐渐形成的，没有人与人之间的互动，氛围也就无从谈起。组织氛围的营造说简单也简单，说困难也确实并不容易做到，外部环境和条件是由多种因素构造的有机整体，因而领导者在实施管理的时候要考虑全面。

7.6.2 营造良好的组织氛围

战略解码帮助各部门、各岗位落实绩效目标，导入行动计划，在管理工作中还需要借助企业文化和氛围进一步强化组织执行力。组织氛围是打造高绩效团队的前提，是企业文化宣传与发扬的必要条件，是组织行为建立的根本。华为重视企业文化建设，希望用自己独特的文化与氛围去激发组织执行力。

由于华为不仅员工数量众多，而且分布范围非常广，这就要求华为在组织氛围建设上必须更加规范化、职业化、国际化。因此，华为引入了组织气氛问卷调查，以此作为组织氛围建设的主要机制和工具。

组织气氛问卷调查用来使人们了解组织氛围或工作环境，以及组织氛围是如何产生又是怎样对人们的工作产生影响的。组织气氛问卷调查是一项非常便捷而有效的工具，它不仅便于员工理解和指出问题，也便于华为管理层能更直观地了解基层组织的内部状况。由于整个调查过程严格保密，因此员工也不必担心反映问题会被自己部门的主管"穿小鞋"。

华为公司组织气氛问卷调查由华为公司道德遵从委员会统一发起，所有调查数据将汇总到系统进行分析。调查结束后，所有被调查的员工和团队将获得整体分析报告（当部门反馈人数少于5人时，报告不生成；当各个维度下的反馈人数小于5人时，该维度的数据不显示），供本部门或团队作为管理改进参考，不应用于个人及团队绩效。员工原始反馈信息也将严格保密，任何组织、个人无权查看。

华为的组织气氛调查问卷通常分为两个部分。第一部分针对被调查员工所在部门的组织氛围，包括该员工的上级和同事，上级不单单指直接上级，而是包括下列四种情况：①直线汇报关系；②非直接汇报关系，在这种情况下，该员工可能被要求向非直线领导、但可能是组织结构中虚线或矩阵关系的一些人汇报，在考虑产生组织氛围时可认为是该员工的领导；③正规团队领导；④事实领导。第二部分针对整个公司的组织气氛，包括任何影响被调查员工与其有工作交流的人员和部门的公司政策、程序等。

组织气氛问卷调查的结果分为四个等级，第一个等级叫作高绩效团队，团队成员工作得都很开心，对自己部门的业务目标都很清晰，分工也很明确，有了困难求助也有人提供支撑，主管对员工有及时的辅导等；第二个等级叫作高激发团队，比第一个等级差一点，有个别方面还不好，但是大部分是不错的；第三个等级叫作中性团队，可能团队成员不太清楚业务目标，没有得到好的激励，有困难时支持也不够充分等；第四个等级叫作消极性团队，团队成员不清晰任务，团队分工不明，没有激励，没有协同，出了问题也没人解决。

　　目前，组织气氛问卷调查已经成为华为组织氛围建设的长效机制，有效地推动了组织文化建设，解决了许多组织内部存在的问题，一些不称职的干部得到了处理。组织气氛问卷调查也得到了广大员工的广泛支持与肯定，认为对改善内部工作氛围大有裨益。

　　总的来讲，什么叫好的组织氛围？大家的目标是清晰的，具体任务是明确的，责任也是明确的，绩效标准是可量化的，激励机制是能实现的，团队成员之间能够互相帮助，这些加起来就是一个好的组织氛围。这种组织氛围使大家能够有明确的愿景，能够互相协同，进而能够助推公司战略的实现。

第 8 章
熵减下的企业领先周期循环

企业像任何有机体一样，是有生命周期的。企业处于不同生命阶段的决定因素在于企业是逐渐走向有序还是逐渐走向混乱，而描述物质有序程度的"熵"能合适地表达企业生命的特征，企业经历不同的生命阶段时，其熵也会逐渐变化。想要突破生命周期的发展规律，长期保持活力，企业可以借鉴 SDBE 领先模型对组织进行改革、创新，用熵减思维来对抗组织向消极变化的趋势。

8.1 突破企业成长的生命规律

生命周期是企业的发展与成长的动态轨迹，生命周期各阶段都遵循大致相同的规律。在生命周期的每一个阶段，企业都可能出现重大转折点，如果不及时进行内部变革来突破这个极限，让企业能够继续发展，企业就会逐渐走向下坡路。

8.1.1 企业在周期曲线上的位置

企业发展轨迹体现为 S 形曲线，其生命周期可以划分为初创、成长、成熟、衰退四个阶段。根据企业在不同的生命周期阶段的发展特点，组织内部可以进行适时的管理变革，以改变企业的发展轨迹，让企业持续性、长期性发展，促进基业长青。

但是如何确定企业在生命周期曲线上的位置，却不是那么简单。常见的方式就是根据企业的发展特点和实际情况从企业内外部进行分析判断。

企业外部

（1）行业成熟度：成熟度高的行业中，企业成长速度往往会快一些。不同行业中情况差异很大，传统行业的企业可能几十年发展下来，还在成长期，新兴行业的企业可能初创期就是成长期，成熟期就是衰退期。

（2）行业特性：行业的一些特性会影响所属行业的企业的成长速度，比如集中度、门槛、跨界、上下游产业相互边缘化等。

企业内部

（1）规范性：规范性差往往不是成熟期企业所具备的特征。

（2）业务发展速度：发展期的企业往往有高于行业均值的发展速度；而进入成熟期的企业因基数较大，发展速度进入瓶颈期，难以明显提升甚至下滑；而能在成熟期找到替代方案或转型模式的企业，往往借助新产品进入新一轮生命周期。

（3）产品体系（产品、渠道、客户等）：初创期的企业往往有一款或几款单一产品，因缺乏足够多的客户接触和研究，产品无法形成真正有效的体系性价值；成熟期企业的产品体系较为完备，主营收入主要依赖一个或几个产品及其迭代产品，新产品的研发往往因对成熟的产品体系的依赖而遭遇瓶颈。

企业生命周期理论的创立者，管理学家伊查克·爱迪思曾在《企业生命周期》一书中指出，正如我们人体各个部分并非以相同的速度在变老，企业的某些部门也会比其他部门老得更快一些。例如，财务部门可以在短时间内从婴儿期步入青年期，而营销部门则可能会很久都停留在学步期。

可见，我们不可能将企业的发展简单地归到生命周期的某个单一阶段上去，因为企业内不同的部门可能正处于不同的位置上，而一个企业在某一个生命周期范围内也可能有着不同阶段的表现。因此，在考察企业的生命周期阶段时，应该将其视作一个整体，看它在大部分的时间里，其行为表现是怎样的。

伊查克·爱迪思还指出，在判断一个企业处于生命周期曲线上的什么位置时，其复杂性主要体现在以下两点：

（1）在遭受到压力时，它会退回到生命周期的前一个阶段去；

（2）而当企业由于集体意识的作用感到很有信心时，它又会展现出下一个阶段的特征。

第一种情况下企业由于处在异常的阶段，显示不出朝着生命周期所希望的方向前进的苗头，为了摆脱这种不稳定、不安全的状态，它会倒退到先前的阶段中去，回归到自己的舒适区中，就好像把后退当成了前进。但这种做法会使企业陷入眼前问题而无法得到解决，就此停留在目前的生命周期位置上，"逆水行舟，不进则退"，如果长期下去，企业所面临的形势只会一步步恶化下去（见图8-1）。

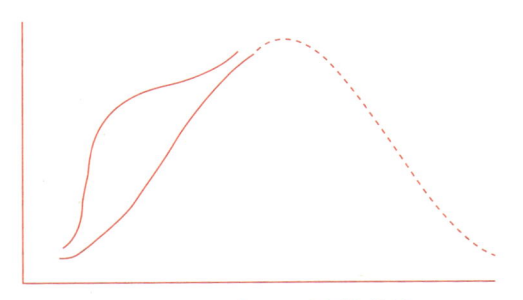

图 8-1　不健康的生命周期曲线

第二种情况则属于健康的企业发展，是沿着生命周期钟形曲线的正态分布（见图8-2）。这样发展的企业，有时候其行为表现好像是生命周期前一个阶段的特征，有时候则又反映了下一个阶段的特点。然而，绝大多数时候，其行为表现都处在当下的那个周期阶段上。

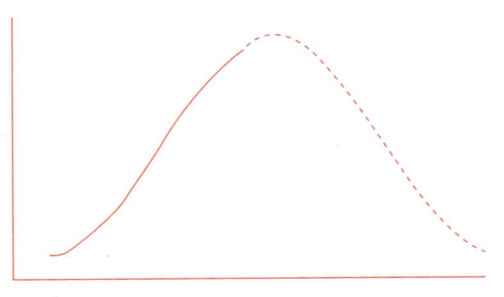

图 8-2　健康的生命周期曲线

注：图8-1和图8-2引用自管理学家伊查克·爱迪思所著《企业生命周期》一书，中国人民大学出版社，2017年出版。

8.1.2 各阶段的预测及风险管理

"凡事预则立，不预则废。"由于企业的规模、发展阶段迥异，所面临的风险也不尽相同，纵使是同一个企业在生命周期的不同阶段，所面临的风险也是各不相同。为此，通过对企业生命周期各阶段进行风险识别与分析，在企业生命周期的各阶段建立各有侧重的风险管理策略，能够起到未雨绸缪的作用，以保持企业健康持续的发展。

企业生命周期各阶段的风险管理策略[①]

（1）初创阶段

初创期的企业热情高涨，做出各项决策时往往过于乐观，对风险损失危害估计不足，容易造成决策失败。这个阶段的企业在做各种决策时要进行风险识别并评估可能产生的损失。在项目启动时，不仅要考虑可行性报告，更要考虑不可行性报告，只有把风险的思想贯彻在各项决策之中，才能避免或减少决策风险的发生。管理者可以根据这一阶段的风险特征和发展水平，采取风险识别评估/风险决策的初级风险管理策略，促进企业迅速成长。

（2）成长阶段

成长期企业已步入高速发展的快车道，企业发展的各项要素都已有了一定基础，运营风险、市场风险和投资风险等重大风险将成为企业发展壮大的阻碍。因此，企业需要实行重大风险解决方案的风险管理战略。在这一阶段中，企业不能有抓住机会就要上的冲动思想，要充分识别影响企业成长的重大瓶颈和风险，运用现代化的风险管理工具，采用定性和定量相结合的方法识别并评价风险的可能性和影响性，在此基础上针对特定的风险设计相应的风险解决方案，在单独考虑重大风险的同时，也要综合考虑各风险的相关性，用风险组合观的原则优化重大风险解决方案。

（3）成熟阶段

成熟期的企业管理日臻完善，规模空前巨大，建立全面风险管理体系成为企业管理发展阶段的必然。企业必须识别出对企业不利的所有风险点，对所有的风险通盘考虑：

①建立风险管理流程体系，对风险管理进行标准化、制度化管理；

②建立风险管理制度体系，使风险管理工作渗透到所有的工作环节中，从上至下，从总部、分部到各业务单元，把一切风险暴露都纳入制度之内；

③保证风险管理体系的有效实施，建立全面风险管理的职能体系，明确风险管理的责任人和组织机构，明确各岗位的风险管理分工；

[①] 张庆.基于企业生命周期的风险管理策略［J］.经济论坛，2009（1）:94-96.

④形成固定的风险管理报告体系，使领导及各部门及时了解企业的风险状况，为企业决策和战略发展提供参考。

（4）衰退阶段

只有变革才能给企业带来新生机会。在这个阶段，企业需要对原有的风险管理策略进行创新和变革，识别出企业衰退的原因及新的成长机会，考虑企业的蜕变问题，这个阶段的风险管理应主要集中在蜕变方向和形式的选择上，保证企业经济形体、实物形体和产品发生革命性的、脱胎换骨的变化，从而使企业获得新生，新生企业要根据企业风险特点，重新调整风险管理相关策略。

不论企业处于生命周期哪个阶段，规模大小如何，都必须有风险意识，进行风险管理。然而不同生命周期阶段、不同规模的企业面临风险的特征不同，因此，企业管理者必须采用不同的风险管理策略，进而有针对性地解决问题。

8.1.3　利用管理科学助力企业领先

当企业从一个生命周期阶段过渡到下一个阶段时，往往会出现各种问题和困难（见表 8-1），而对于企业而言，这些困难和问题却是无法避免的，它们既是机遇也是挑战。如果能够在问题中学习并解决它们，企业就能够继续稳步前进。为此，企业必须放弃过去的旧模式，学习新的行为模式。

表 8-1　企业发展阶段中面临的问题

序号	问题
1	企业发展已经进入平缓期或者进入迷茫期，管理层不知道如何进行业务或管理变革，为企业提供新的发展动力
2	行业发展已经进入平缓期或出现了重大危机，企业如何设计新的商业模式或调整业务模型，以规避或利用危机
3	宏观环境、行业变迁和竞争所带来的冲击非常大，原有业务流程已不适合，如何根据业务变化实现流程重组
4	在新形势下，业务模型发生了巨大变化，但企业不知道如何进行组织的调整或变革、适配和进化，以促进业务的增长
5	企业的管理和运营效率下降，活力衰弱，如何通过综合变革，在战略方向大致清晰的情况下，激发组织活力，并创造价值

为解决企业可能面临的问题，企业有必要进行内部管理变革，利用管理科学来助力企业实现持续性发展。内部变革过程主要是对企业进行战略变革、组织变革、流程再造、文化再造、管理创新、技术创新等的过程。

但在这一过程中,企业所面临的问题可能是正常的,也可能是异常的。正常的问题往往是过渡性质的,企业凭借自身的内部能量(领导者、管理层等)就能解决,即判定出良好运行的流程并做出能够解决问题的决策就可以了;但异常问题却如同进入死胡同,同样的问题将一次又一次地重复出现,管理层不断地遇到已经解决过的问题,但是同样的问题却不断地以新的面孔或者新的表现形式再次出现。

长此以往,如果一个问题得不到恰当的干预,企业的发展将受到威胁。不仅管理者们对自己的能力产生怀疑,企业本身也因此而受困于生命周期的某个特定阶段,陷入"中年陷阱",阻碍企业能力的发展,使企业逐步走向没落。企业如果不没落,就要不断活下去,必须用创造性思维主动去变革,以变求生。尤其是随着信息技术的突破,企业生存环境的变化速度更是呈几何级数上升,应变力已经成为企业生存的关键要素。

"管理体系的建立和提升决定了公司长期的存亡和发展",这句话充分体现了管理体系的重要性。作者所在团队通过梳理与总结多年的管理咨询案例,基于搭建管理功能、建立执行体系、战略与执行的协同体系、业务与人的协同体系、变革习惯与主动进化以及文化和核心基因的内化等维度,将企业的管理水平划分为直觉级、功能级、体系级、组合级以及价值级五个等级(见图 8-3)。

	直觉级	功能级	体系级	组合级	价值级
管理特征	创始人做出好产品,进入好市场。但企业无管理流程,无发展战略	具备一定管理知识,建立营销、人力等管理职能。但功能分割严重,缺乏核心战略的牵引	发展战略清晰,目标客户明确形成一套围绕战略执行的管理体系	有意识优化产品组合,淘汰旧产品,沿核心能力进入新产品和新市场,找到新空间	战略变革、管理创新的价值观及生存逻辑已内化为公司的本能和文化,公司失败的风险极低
市场特征	抓住市场机会,获得一席之地,但追随者开始进入	存活几十家,面临激烈竞争	剩下3~5家,现金流好,但现有产品和市场已经到顶	1~2家独大,沿核心能力向新产品、新市场延伸,但变革失败风险仍较大	形成不断变革创新的企业文化,成为跨越时代的大型企业
典型特征	早、中期创业型企业	达到规模以上的中型企业	大行业的龙头企业,如格力、美的	全球化、跨若干大行业的龙头企业,如华为	世界级百年老店,如IBM、可口可乐
产业阶段	单一产业培育期	单一产业发展期	单一产业成熟期	全球市场一体化,跨产业融合	产业衰落——兴起循环往复
竞争能力	满足需求	产品、营销、成本优势	品牌/技术领先战略执行组织体系	无形资产网络效应组合管理	价值观与文化理念

图 8-3 企业管理水平分级

通过借鉴与参考，企业可以对自身管理体系进行评估，以确定管理体系所处的等级，进而找到需要进一步改进的方面，为企业的管理改进指明方向。企业的管理变革历程是循环不断、没有终结的。只要企业存在，它的管理就需要基于行业与环境的持续变化而不断改进，这样企业才能够实现持续的健康增长。

8.2 成熟度模型的认知与应用

成熟度概念有两个方面的理论来源：①关于软件企业能力成熟度的研究。这一领域的奠基研究成果是美国卡纳基·梅隆大学软件工程研究所开发的能力成熟度模型（Capability Maturity Model，CMM）；②有关企业生命周期的理论，"成熟"的概念作为企业生命周期的一个阶段被学界认可。[1]

8.2.1 企业成熟度模型的认知

根据成长理论，在企业成长过程中，首先会依据内外部环境洞察行业整体发展趋势，评估竞争对手并选择正确的进入时机和竞争方式，即表现为洞察力；进而有效率和有效果地执行战略目标、构筑竞争优势，则表现为执行力[2]。正是洞察力和执行力的协同匹配，推动了企业成长。

洞察力是企业把握整体发展方向，使自身业务活动与行业未来趋势一致的能力。洞察力的高低将影响企业是否能够识别环境的变化，进而影响企业战略决策与其运行环境的吻合程度，影响企业的战略效果。

执行力则是指企业实现战略目标的能力。企业的战略执行力要有刚性，即能够有效执行既定战略；同时也要有柔性，即随着环境的变化进行迅速有效调整，以便抓住时机或避免挑战。[3]

据此，上海财经大学王玉教授围绕洞察力和执行力两个维度，对我国企业的战略成熟度进行了初步测量，并据此建立了战略成熟度的概念模型（见图8-4）。同时指出这两者并非相互独立，而是相互影响，即洞察力的高低会影响企业的战略能否有效执行，执行能力的大小又会影响领导人对企业内外环境的洞察。

---

[1] 王玉，张化东.战略成熟度因素探索：基于中国经验的实证分析[J].财经研究，2006（11）:105-114.
[2] Venkatraman N.The Concept of Fit in Strategy Research:Toward Verbal and Statistical Correspondence[J]. Academy of Management Review，1989，14（3）:423-444.
[3] 王玉，王丹.企业战略成熟度评价指数的构建[J].统计与决策，2007（22）:175-177.

SDBE 战略六力

龟型	猴型	鹰型	牛型
低洞察力	高洞察力	高洞察力	低洞察力
低执行力	低执行力	高执行力	高执行力

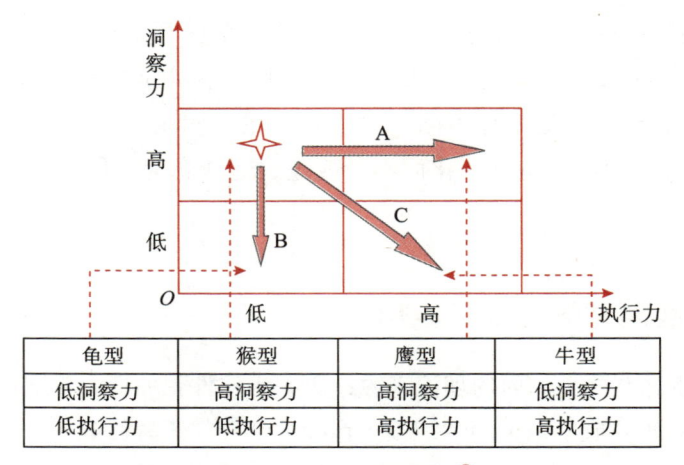

图 8-4　战略成熟度模型[1]

如图所示，根据两个维度的高低情况，战略成熟度可以划分为四种不同的类型：①龟型（低洞察力，低执行力）；②猴型（高洞察力，低执行力）；③鹰型（高洞察力，高执行力）；④牛型（低洞察力，高执行力）。

基于战略成熟度模型，研究发现我国企业的战略成熟度主要处于"高洞察力，低执行力"的状态。针对我国企业战略成熟度所处的状态，研究指出可能存在的三条演化路径：

（1）路径 A：由猴型（高洞察力，低执行力）向鹰型（高洞察力，高执行力）转化。这是我国大多数企业在战略上的最优选择，要求企业在执行力方面有质的提高，同时在洞察力方面至少要保持原有水平不变，从而达到高执行力、高洞察力的战略成熟状态。

（2）路径 B：由猴型（高洞察力，低执行力）向龟型（低洞察力，低执行力）转化。这一路径反映的是企业所处的外部环境在企业未能有效提高执行力的情况下发生了重大变化，而企业却未能适应这一变化，从而陷入了低洞察力的状态。

（3）路径 C：由猴型（高洞察力，低执行力）向牛型（低洞察力，高执行力）转变。与路径 B 相反，路径 C 反映的是企业所处的外部环境在企业努力提高执行力的同时发生了重大变化，而企业未能使提高了的执行力与环境的改变达成一致。

路径 B 和路径 C 都不是绝大部分企业所刻意追求的，但却是由于企业不及时进行战略调整所造成的战略能力上的不适配状态。

---

[1] 王玉，张化东. 战略成熟度因素探索：基于中国经验的实证分析 [J]. 财经研究，2006（11）:105-114.

在数字经济发展的时代潮流下，5G、云计算、物联网、人工智能等新兴数字技术的飞速发展引起了环境的高度不确定性，各行各业都感受到了竞争压力，为寻求新的竞争优势来源，绝大多数企业开始采取一系列组织模型和管理方法来应对变革。而变革的成功与否则取决于企业战略的实现效果。

因此为提高企业战略效果，企业必须从注重内部活动管理转向注重战略管理。企业的成熟度反映了企业战略意识及战略行为有效性的程度，体现了企业的持续性市场竞争能力，因而是衡量企业竞争力的一个重要方面。

8.2.2 企业成熟度与SDBE领先模型的匹配

企业的战略能力由战略成熟度指数来衡量，战略能力又分为战略洞察力和战略执行力。参照保罗·赫塞和肯尼·布兰查德对成熟度的概念和衡量方式，以及成熟度对行为效果的影响，王玉教授将战略成熟度定义为企业的战略意识及战略行为的有效性程度[1]，并用产业选择能力指数来测量企业的战略洞察能力，用任务执行能力指数来测量企业的战略执行能力，用两个指数的乘积反映企业的战略能力，即：战略能力 = 战略洞察力 × 战略执行力。

其中，战略洞察力包括战略认知和战略共识，战略执行力包括战略协同和战略控制。

（1）战略认知主要体现在企业领导人能够发现高盈利性的行业或是发现高协同性的业务组合；

（2）战略共识主要体现在领导人是否能够将其发现的新机遇在全企业进行充分沟通，达到形成战略共识的目的，为战略执行做好准备；

（3）战略协同是企业各项活动与战略相衔接的效果，分为运营协同和组织协同；

（4）战略控制是企业在战略执行过程中对信息和行为的控制能力，以保证执行活动不偏离既定的轨道并得以及时调整。[2]

在过去的几年中，作者辅导了几十家企业学习和应用BLM，并在实际应用与落地的过程中基于中国企业的战略实践经验，提出了帮助企业从战略规划到业务执行的整体管理框架——SDBE领先模型。

---

[1] 王玉，赵涛.中国企业的战略成熟度分析[J].财经研究，2004（8）:122-133.
[2] 王玉，王丹.企业战略成熟度评价指数的构建[J].统计与决策，2007（22）:175-177.

SDBE 领先模型从 IBM 的 BLM 发展而来，是一个帮助企业从战略规划到业务执行的整体管理框架，也是一个创造性地帮助企业实现愿景和使命的工具。模型共包括六个部分（分别对应企业六大能力要素），其中战略与执行这两个部分共同形成了企业现状与期望值之间的差距，是指导企业实现从小到大、由弱至强转型升级的关键所在。

（1）领导力：企业领导力的建设是最终决定战略规划和执行落地的最关键要素，包含文化与价值观、干部与领导力、领导技能、变革管理、数字化转型五个板块的内容。

（2）战略力：战略力关注的是宏观和长远的发展，包含整体 SP 框架、价值洞察、战略构想、商业设计、创新组合等板块的内容。

（3）洞察力：洞察力需要透过现象来看清企业发展的本质，包括标杆管理、技术洞察、市场洞察、竞争洞察、知识管理五个板块内容。

（4）运营力：卓越的战略运营力才能保证战略到执行的落地和闭环，包含战略解码、质量管理、流程管理、项目管理、卓越运营五个板块的内容。

（5）执行力：执行力的终极目标是建立为客户创造价值的流程管理机制，对效率负责，包含研发创新、品牌营销、采购供应、服务与制造、财经与风控、行政与客服等若干个板块的内容。

（6）协同力：协同力的目标是让使命、行动与结果协同起来，包含 HR 管理、组织发展、绩效管理、目标管理、薪酬激励等若干板块的内容。

SDBE 领先模型涉及的组织系统要素特别全面，在能力要求上与企业的战略能力有相当大的重合。它给各级管理层提供了系统思考和务实分析的框架及相关工具，使其能够有效地进行战略规划和执行跟踪，从而帮助企业在发展过程中进行转型变革并突破企业生命周期的束缚，进而实现基业长青。

8.2.3 企业发展阶段与管理体系的匹配

如图 8-5 所示，管理学家伊查克·爱迪思在《企业生命周期》一书中将企业的生命周期同生物的生命周期类比，将其详细划分为八个时期，分别为：孕育期、婴儿期、学步期、青春期、盛年期、稳定期、贵族期、官僚期。其中，孕育期、婴儿期对应企业的初创阶段；学步期、青春期对应成长阶段；盛年期、稳定期对应成熟阶段；贵族期、官僚期则为企业的衰退阶段。

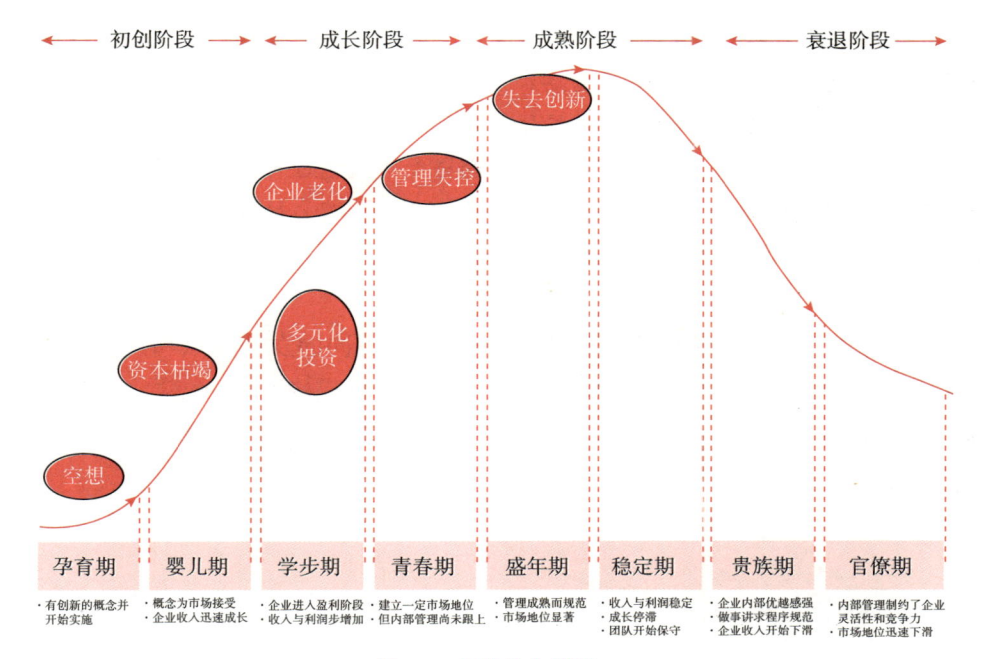

图 8-5　企业生命周期 1

（1）孕育期：孕育期是指企业诞生之前的阶段，此时它还只是表现为一个想法。在这一阶段，投资回报率是一个控制因素，没有投资回报率会导致公司死掉。

（2）婴儿期：处于婴儿期的企业关注产品，但在销售方面的投入还远远不够，很少有政策、制度、流程或预算。其主要问题是忽略现金流，对应收账款和库存管理不善。

（3）学步期：此时企业领导者关注的是销售、是机会，而不是企业运作的细节，因此，这一阶段往往出现因盲目扩张、进入多个不相关的领域而分散企业资源的问题。

（4）青春期：由于复杂性的增加，企业面临一系列冲突，因此在这一阶段，领导者必须下大力气为公司未来的发展建立制度、流程、政策，以扭转学步期的混乱状况。

（5）盛年期：企业生命周期的最佳阶段，也是企业自控力和灵活性达到平衡的一个阶段。此时的企业不再以某个人的意志为转移，不仅形成了职业管理层，还拥有了成熟的企业文化。

（6）稳定期：这时的企业不愿再冒任何风险，销售额虽然在继续增长，但是由新产品（如三年内新开发的产品）创造的收入却在下降，并且往往不再有突破性的新产品，创业精神日益消失。

（7）贵族期：处于贵族期的企业，其大量的决策都需要得到众多委员会的同意和批准，还有太多的利益集团需要加以照顾并时常需要向它们妥协。因此，贵族期公司不是通过创新，而是通过花钱收购那些有活力的公司来获得发展。

（8）官僚期：随着公司逐渐衰退，利润会变成决定性目标，而销售则变为约束性目标，经理人的行事方式让人觉得公司在市场上存在的主要目的就是获取利润，他们会削减广告、促销以及研发的开支，在这个过程中，企业清除了激发公司灵活性和活力的因素，进入官僚期。

在企业或业务发展的不同生命周期阶段，有不同的发展特点和规律（见图8-6），为实现熵减，保持企业的长期发展，企业必须保持不断的变革，通过不断调整管理机制和方法，以应对企业在不同生命阶段所发生的变化及可能遭遇的风险。

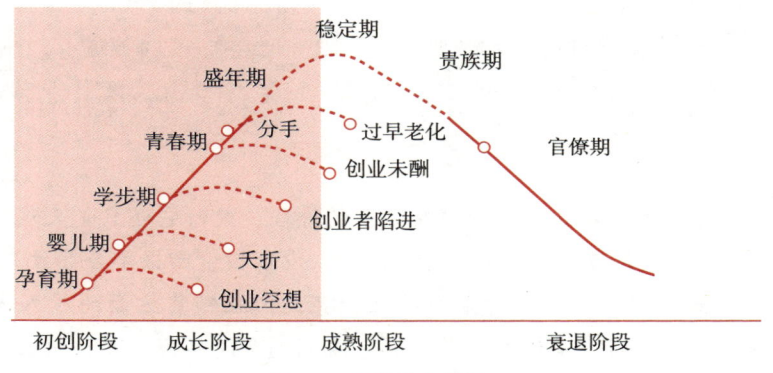

图 8-6　企业生命周期 2

企业可以通过对自身生命周期的有效管理，快速改变企业的发展轨迹，使企业或业务尽快进入成熟领先的阶段，并尽可能通过各种"熵减措施"，延长企业或业务在成熟期的时间阶段，进而延长企业的生命周期，使企业能够"基业长青"，实现"活得久"和"活得好"的经营宗旨。

基于这一理论基础，德石羿团队构建了 SDBE 领先模型，为处于不同生命周期阶段的企业，找到能够与其特点相适应并能不断促其发展延续的特定组织结构和管理形式，以避免无谓的损失和弯路，加速其成为领先者的步伐。

8.3　六力模型的建设与应用

SDBE 领先模型揭示了一个领先企业发展过程中的生存、发展、进化、领先等阶段。一个企业只有不放弃任何战略机会，并且不断学习、进化，加强战略管理过程中六大能力的建设与应用，实现有效增长，才能成为一个领域中的王者。

8.3.1 发展阶段、战略行为与管理建设

如果是一个行业领先者，就要做两件事：第一，如何防范别人追赶；第二，如何持续保持领先。如果是一个跟随者，如何找到领先者的软肋，去攻击它；如何在市场上、在规模上尽量接近，进而超越对手。如果是一个模仿者、后进者，如何构建差异化，与领先者做得不一样，才能赢得生长的机会。这就是企业处于不同发展阶段的战略选择。

借用生命周期理论，我们能看到企业在不同的成长阶段管理建设的重点是什么，及其是如何实现螺旋向上发展的（见图8-7）。

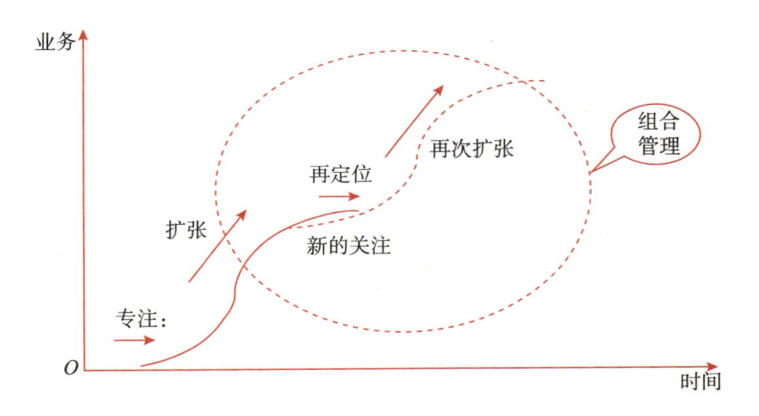

图 8-7 企业不同成长阶段的战略行为与管理建设

在初创阶段，企业还谈不上是正规组织，但是开始有了组织的胚胎，孕育了基本治理、利益结构以及文化基因。组织建设的主要任务是建立商业模式、构建核心创业团队以及制定基础的组织规则。当创业成功之后，接下来会进入快速扩张阶段。此时，要靠企业心智模式、"资源—流程—利润"目标、"使命/愿景/价值观"，才能进行有效管理。

许多企业在创业期的管理能力、资源基础是比较薄弱的，能够超越创业期、摆脱生存风险，关键在于获得了好的市场机遇。不过在进入快速扩张阶段后，企业需要在巩固业务模式的同时，集聚关键资源以构建关键能力和管理机制。

当企业成长到一个顶峰，成为行业领先时，在需要保持高利润的情况下，业务增长的空间已经很难挖掘，管理者预期的增长速度和实际的增长速度之间就会存在差距。要想实现再成长，企业需要进行战略重构，重新出发，探寻新的市场机会，选择新的业务领域。

到了衰退阶段，高度的不确定性和残酷的市场竞争环境对组织提出了多个方向的进化要求。因此，企业的组织结构会呈现出"叠加"状态：既能激活个性，又能实现联合；既有组织边界，又无组织边界……由此可见，企业的成长，就是专注、扩张、再定位发展的循环过程。

【案例】华为的成长路径

如图 8-8 所示，从 1987 年到 1993 年，华为的销售额从 0 元做到了 1 亿元。在这个阶段，华为找准了自己的定位：专注通信设备市场，依靠技术领先来扩张市场。

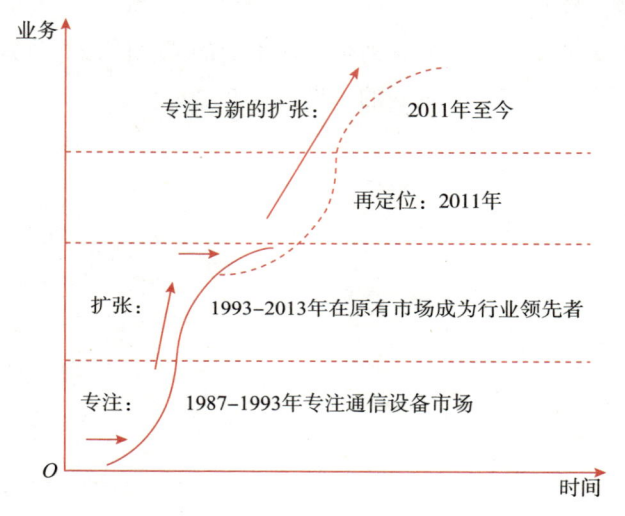

图 8-8 华为的成长路径

第二个阶段是从 1993 年到 2013 年，该阶段是华为扩张阶段。其中，从 1993 年到 2000 年前后是国内扩张阶段。华为在该阶段成长为国内最大的通信设备制造商；从 2000 年到 2013 年是全球扩张阶段。在该阶段，华为沿着选定的业务范围去扩张，同时构建管理体系，以提升企业的管理效率。在 2011 年，华为实现营收 300 亿美元，占有通信设备市场的份额达到了 20%。

然而，通信设备的市场空间是有限的，华为不可能一直保持持续增长。要想保持持续增长趋势，华为就需要寻找新的空间，这就是企业的再定位。华为选择了什么？通信设备行业上的两个市场：企业市场和消费者市场。找到新的空间之后，继续保持专注和进行新的扩张。

在华为的成长历程中有两个比较显著的特征：

（1）战略和组织两个维度始终是在动态调适中齐头并进；

（2）变革是一种常态，始终存续于企业成长的全部过程之中。

由此可见，企业的成长是一个漫长的且没有终点的航程。一家企业不可能完全沿着别人的航标前行，但是可以别人的发展作为一面镜子，照出自身发展过程中的问题，然后结合自身实际情况，探索适合自身成长的发展路径。华为便是通过这样的方法来摸索并找到符合自身的成长道路。

8.3.2 领先模型六力框架的应用场景

在使用SDBE领先模型进行从战略规划到执行的管理闭环时，要注意加强企业六大能力要素：领导力、战略力、洞察力、运营力、执行力和协同力的建设和应用。

领导力

大胆的战略常常要求在多条战线上取得突破。在SDBE领先模型中，来自各层级的领导力是企业抓住战略机会、赢得市场的核心竞争力。因此企业想要获得战略成功，必须重视各级领导力的培养与发挥。

【案例】通用电气的"中子弹杰克"

20世纪80年代初，通用电气受到日本明星企业的竞争压迫，主要业务中仅有照明、发动机、电力这三个事业部在各自领域处于行业领导地位，并且营收的2/3来自增长缓慢或是根本没有增长的老业务。

"新官上任三把火"，在经过了8个月的思考以后，杰克·韦尔奇提出了著名的"数一数二"战略：任何事业部门存在的条件就是在市场上"数一数二"，否则就要被整顿、出售或者关闭。

在接下来的五年里，通用电气卖出了价值110亿美元的业务，解雇了1/4的员工。大刀阔斧地执行整顿、关闭、出售，不仅让通用电气12个事业部处于各自市场数一数二的地位（如果单独排名，其中九个能入选《财富》500强），也让杰克·韦尔奇在公司内部有了"中子弹杰克"的绰号。

战略力、洞察力

战略决断力是制定战略的能力，也可以称为战略力；洞察力则是审查与优化战略，确保战略正确性的能力。设计企业的发展路径即制定企业的战略规划，是一项面向未来进行提前布局的工作，存在着很大的不确定性，做好这项工作离不开企业的战略力和洞察力。战略力和洞察力作为企业谋局定篇的核心能力，二者缺一不可，相辅相成。

【案例】阿里巴巴经营的顶层设计

2019年9月，在阿里巴巴20周年年会上，阿里巴巴董事局主席兼首席执行官张勇提出了公司未来五年的新目标：服务全球超过10亿消费者，通过平台继续成长，实现超过 10 万亿元的消费规模。在同月举办的阿里巴巴全球投资者日大会上，张勇的压轴演讲宣布阿里巴巴数字经济体中国用户达 9.6 亿，服务了约 70% 的中国人口。未来五年也将进一步推进全球化、扩大内需、大数据云计算三大战略。

据 2022 年 7 月阿里巴巴发布 2022 财年报告数据，阿里巴巴服务的全球活跃消费者约 13.1 亿，其中中国超过 10 亿。已然实现了 2019 年定下的服务超 10 亿消费者的目标，离全球 20 亿消费者更近了一步。

【案例】伊士曼柯达：胶卷时代的终结

自柯达于 20 世纪末期成立，其所在的胶片行业得到了空前的发展。1999 年，柯达的民用胶片营业额达到了 74.11 亿美元，而 2000 年的营业额却比 1999 年少了 500 万美元，企业开始出现负增长，其后下滑趋势更是不可逆。主要原因是 2000 年是数码相机在主流市场开始迅速普及的关键一年，可是在这样关键的时刻，柯达没有针对客户需求的变化做出积极响应，仍是躺在传统利润丰厚的胶片市场"睡大觉"。等到公司高层被迫开始做出改变，转向数码产品市场时，已经错过了最佳的战略转型期，数码市场已经被佳能、三星和索尼等公司的产品占据，传统胶片行业已经日落西山。最后，在 2012 年 1 月 19 日，拥有 131 年历史的传统胶片巨头柯达正式申请破产保护。

运营力

正如一台发动机是一辆汽车的核心一样，在一个企业组织中，运营职能是组织的核心。在竞争激烈且复杂多变的市场环境中，企业想要稳定发展，需要不断加强自身的运营能力，将自身与客户、供应商以及其他相关方建立一个全方位、多角度的一体化战略管理体系，以满足企业生存与未来长远稳定经营的需求。

【案例】华为：大刀阔斧的供应链变革[①]

从 1999 年到 2003 年，华为的 ISC 变革项目基本实施完成，成功整合了内部订单处理、采购、制造、物流、交付等流程，华为供应链系统的效率得到了极大的提升，华为的响应能力、灵活性、客户服务能力都得到了极大的改善，具体情况如下：

客户满意度提高了 15%～30%；

库存周转率提高了 60%，从原来的 3.6 次/年上升到 5.7 次/年；

订单履行周期缩短了 30%，从原来的平均 25 天缩短到 17 天；

成本降低了 25%；

订单准时交付率从变革前的 50% 上升到 65%。

[①] 辛童. 华为供应链管理［M］. 杭州：浙江大学出版社，2020.

通过 ISC 变革，采购与供应链团队学会了用全流程的眼光看待、分析和解决问题，学会了相互间理解与团队合作，建立了华为的采购理念和采购准则——选择和管理供应商的三阶九步法，有了从管理需求、执行采购到供应商评审的端到端的采购流程，也有了与之相配套的组织模式。

执行力

高效的执行力最终体现在业务流程是否能顺畅地运行，是否能为客户带来价值创造，满足客户的价值需求。在主业务流程的背后还需要依托强大的服务支撑体系。SDBE 领先模型的执行力终极目标是建立为客户创造价值的流程管理机制，对效率负责。通过建立规范的业务流程体系，定期评估流程的运作绩效，建立流程持续优化的机制，实现强有力的执行力。

【案例】海尔集团：张瑞敏的时间管理

一次，万科地产董事长王石约见张瑞敏。因工作行程排得很紧密，接待任务也很重，张瑞敏只能空出 30 分钟的时间。前 20 分钟基本在寒暄中过去了，后 10 分钟才开始进入正题。刚说到兴头上，10 分钟的时间就到了。

依照王石的性格，话到投机处才不管什么时间不时间的，谈得再久都没事，其他事情往后推推就得了。但张瑞敏却不是这样做的，他对王石说："王董事长，实在对不起，不想扰你的兴致，但是时间到了，我们下次再聊吧！"说着就起身送王石出了大门，车也早就备好了，只等王石上车，就立即开走了，没一点耽搁。王石上车后，心里一顿发毛，感觉自己就像是海尔装配线上的一个零件，一切都精准无比。

协同力

有人的地方就有江湖，有江湖必有"山头"。一旦山头林立，组织的内耗就会严重，战斗力就会削弱。只有充分发挥团队的作用，打造组织协同力，从而提高企业的市场竞争力，为企业在激烈的市场竞争中赢得更多的市场份额。

【案例】华为协同一致的项目团队

2016 年 9 月 27 日，Mobilis 系统部主任收到 CTO 的一封紧急邮件，客户决定于 10 月 1 日商用 LTE，届时阿尔及利亚电信部长将亲自出席发布会。客户要求华为进行端到端的 LTE 商用保障，并在当日现场演示 4T4R。

接到任务后，代表处迅速联合机关研发、网络监控中心、现场保障小组，成立了强有力的保障团队。团队通过 Checklist 自检的方式对各产品进行例行监控、风险识别。同时对于非华为网络设备，提醒客户对友商网络关键项进行检查。

9 月 28 日，技术保障小组兵分三路：一队负责对电信部长和 VIP 路线进行测试和优化，二队负责对电信部长停留的 VIP 站点进行测试和优化，三队负责在发布会现场进行 4T4R 的测试。经过多轮测试，最终找到了信号最佳点，网络下载速度快，还首次实现了现网下载。

10 月 1 日，保障小组所有人提前进入工作。最后，电信部长成功宣布 Mobilis 4.5G LTE 网络正式商用。

SDBE 领先模型给各级管理层提供了系统思考和务实分析的框架及相关工具，使其能够有效地进行战略规划和执行跟踪，从而帮助企业在发展过程中进行转型变革，突破企业生命周期的束缚，实现基业长青。

8.3.3 马克利曲线与变革时机

盛极则衰，物极必反。当企业的核心业务业绩领先或增长放缓的时候，就需要未雨绸缪，开始考虑新的产业机会，通过不断的创新和变革来优化业务组合，重构企业核心竞争力，推动企业走向持续发展。

一次旅行时，管理思想大师查尔斯·汉迪向一个当地人问路。

当地人告诉他："一直往前走，就会看到一个叫 Davy 的酒吧，在离酒吧还有半里路的地方，往右转，就能到你要去的地方。"

当地人走了之后，汉迪才明白过来，当他知道该从哪儿拐的时候，他已经错过了那个地方了。

查尔斯·汉迪把从拐点开始的增长线称为"第二曲线"，并认为任何一条增长曲线都会滑过抛物线的顶点，即增长的极限。而一家企业想要保持持续增长的秘密，就是在第一条曲线消失之前开始一条新的 S 曲线。

然而，实践告诉我们，很少有企业领导人能在企业业务恰好接近顶峰的时候投入充分的资源来开辟一项短期内没有收益的新业务，通常的情况是知道现有的成长曲线明显下滑时才开始另辟蹊径，但是在拐点以后，不仅企业所能够调动的资源明显减少，市场也可能出现更多新的竞争对手。

因此，在现实的商业实践中，由于惯性思维躺在温水中的现象普遍存在，而做出创新决策并长期执行，最终突出重围走向第二增长曲线的企业极少。可见，抓住发展企业第二曲线的变革时机，寻求企业转型创新发展的路径并不是一件简单的事情。

如今，伴随着数字化转型的大潮，各行各业的各个企业都处于自己的业务优化过程中。其中，行业专家、企业高管等领军人物则是推动企业转型的关键一环。欧洲管理大师马利克提出的一个曲线，即马利克变革曲线指出，企业可以通过变革获得新的成长路径，而管理者要深刻理解其角色责任，运用好变革的方法，引入先进的数字化技术，对准业务痛点、瓶颈以及业务目标，帮助业务跨越拐点，实现新的增长。

如图8-9所示，白色曲线为原有业务根基，代表过去；灰色曲线为创新业务曲线或第二增长曲线，代表未来。两者在发展过程中将发生相互冲击和融合，并在组织管理者预见性的创新决策实施干预之下，形成一条新的优化发展之路。不过，使用马克利曲线实施创新突围，企业还需注意以下几个关键点：

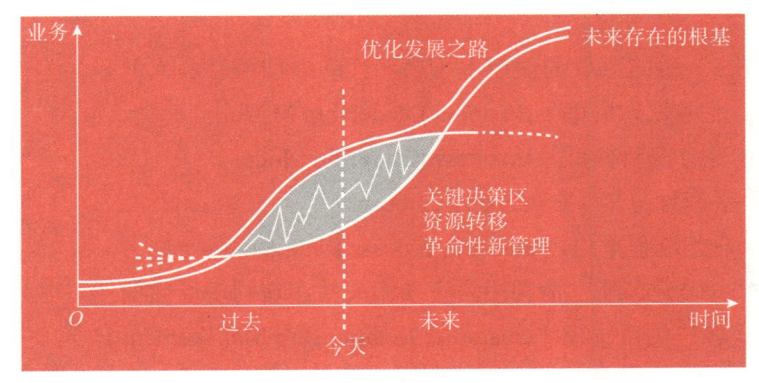

图8-9 马克利变革和业务增长模型

（1）扎实的第一增长曲线：没有扎实的基本盘业务，就没有第二增长曲线展开的基础。所以，当基本盘业务根基不牢靠的时候，管理者的首要任务是打牢业务基本盘，只有在此基础上，才有资格谈转型发展。

（2）现有业务相关联的创新：无论是客户群的复用、核心技术的复用还是组织管理能力的复用，跳开关联做创新，也是死路一条。同时，创新路径不能是多条，一定要有核心的突围方向。

（3）做好管理实施隔离：任何创新都是打破过往管理习惯和突破边界的过程，因此，在管理和组织上要做好隔离。这种隔离，既是管理隔离，也是组织文化隔离，更是风险隔离。

（4）用人要另辟炉灶：要优先用成熟的老人去做创新性的业务。一方面，让有能力的老人有更大的发展空间；另一方面，也保障了新业务更好的落地实施。坚决反对用新人、外人去冲锋。

在当前经济周期的大环境下，无论是对企业的转型突围，还是个体职业发展瓶颈的突破，马利克曲线都有其现实意义。招商银行行长缪建民在2021年招商银行的年报致辞中曾对马利克曲线的重要性给出清晰的表达，认为企业的转型变革一定要及时，要在转型的战略窗口期作出关键战略决策，做决策要具备强烈的危机感和战略眼光，同时要有长期、坚定的战略执行。

附 录

附录 A 专业术语

4G LTE：一般指 4G 通信技术（第四代的移动信息系统）

BLM：业务领先模型（Business Leadership Model）

BEM：业务执行模型（Business Execution Model）

BSC：平衡计分卡（Balanced Scorecard）

BPR：业务流程重组（Business Process Reengineering）

CDMA：码分多址，指利用码序列相关性实现的多址通信

CRM：客户关系管理（Customer Relationship Management）

CSF：关键成功因素（Critical Success Factors）

CTQ：品质关键点（Critical-To-Quality）

CMM：能力成熟度模型（Capability Maturity Model）

DSTE：华为战略管理流程，包括三个二级流程：战略规划流程（Strategy Plan，SP）、年度业务规划（Business Plan，BP）和战略执行与监控

DevOps：Development 和 Operations 的组合词，是一组过程、方法与系统的统称，用于促进开发（应用程序/软件工程）、技术运营和质量保障（QA）部门之间的沟通、协作与整合

DPM：直接部件标示（Direct Part Marking）

EMT：经营高管团队（Executive Management Team），泛指企业内部高级管理者，包括董事长、总裁、总经理、SVP、VP、总经理助理等

ERP：企业资源计划（Enterprise Resource Planning）

FTTx："Fiber To The x" 的缩写，意为"光纤到 x"，为各种光纤通信网络的总称，其中 x 代表光纤线路的目的地

GSM：全球移动通信系统

HRBP：业务伙伴（HR Business Partner），负责解决方案的整合与实施

HRCOE：领域专家（HR Center of Excellence），负责 HR 政策、方法和流程的制定、实施及专业能力提升

HRSSC：标准服务提供者（HR Shared Service Center），流程执行与员工服

务的交付平台

IPD：集成产品开发（Integrated Product Development）

IFS：集成财经服务（Internet Finance Service）

IDP：个人发展计划（Individual Development Plan）

KPI：关键绩效指标

KCP：关键控制点

ODM：原始设计制造商

PDCA 模式：计划（Plan）—执行（Do）—检查（Check）—行动（Act）循环往复的管理模式

PO：产品/业务负责人（Product Owner）

SDBE："S（战略）—D（解码）—B（计划）—E（执行）"领先模型，包含战略规划（Strategic Planning）、战略解码（Decoding）、经营计划（Business Planning）和执行管理（Execution）四大环节

TOP*N*：关键举措

VDBD：价值驱动业务设计（Value Drived Business Design）

VUCA：易变性（Volatile）、不确定性（Uncertain）、复杂性（Complex）、模糊性（Ambiguous）

WCDMA：宽带码分多址（Wideband Code Division Multiple Access），是一种 3G 蜂窝网络，使用的部分协议与 2G GSM 标准一致

附录 B 图表索引

图索引

第 1 章 企业持续发展与战略领先模型

图 1-1 企业生命周期 …… 2
图 1-2 企业"第二曲线" …… 3
图 1-3 SDBE 战略闭环管理基本工作过程 …… 5
图 1-4 华为 2015 年芭蕾舞脚广告 …… 9
图 1-5 华为活力引擎模型 …… 16
图 1-6 华为向世界级咨询公司学习 …… 24
图 1-7 华为 DSTE 战略管理流程 …… 26
图 1-8 BLM …… 27
图 1-9 SDBE 领先模型 …… 29
图 1-10 SDBE 领先模型的执行落地框架 …… 31
图 1-11 SDBE 六力模型 …… 33
图 1-12 基于数据的卓越运营 …… 35
图 1-13 华为四大流程 …… 35
图 1-14 高绩效组织运作机制 …… 36

第 2 章 领导力：点燃自己，带领队伍前进

图 2-1 三层次文化模型 …… 43
图 2-2 华为文化价值观洋葱模型 …… 44
图 2-3 变革管理 …… 60
图 2-4 华为在流程、组织以及 IT 上的变革 …… 62

第 3 章 战略力：从价值洞察到商业设计

图 3-1 战略规划环节四要素 …… 76
图 3-2 PEST 宏观环境分析模型 …… 78
图 3-3 商业模式画布 …… 81
图 3-4 SPAN 模型 …… 84
图 3-5 波士顿矩阵 …… 90

图 3-6　通用电气矩阵 ……………………………………………… 91

第 4 章　洞察力：在变化中找准最佳赛道

图 4-1　洞察力与战略解码紧密联结 ……………………………… 106
图 4-2　差距分析与标杆管理在 SDBE 领先模型中的位置 ………… 107
图 4-3　标杆管理的基本过程 ……………………………………… 108
图 4-4　华为各终端品牌标杆对象 ………………………………… 109
图 4-5　差距分析是 SDBE 领先模型的起点和终点 ……………… 110
图 4-6　差距分析内容及结果输出 ………………………………… 110
图 4-7　技术成熟度曲线（示例）………………………………… 113
图 4-8　技术成熟度曲线上的误区 ………………………………… 116
图 4-9　波特竞争对手分析模型 …………………………………… 120
图 4-10　SWOT 分析矩阵 ………………………………………… 123
图 4-11　华为知识管理体系 ……………………………………… 125

第 5 章　运营力：化战略为年度经营计划

图 5-1　战略解码连接规划和执行两大环节 ……………………… 131
图 5-2　战略解码需遵循的原则 …………………………………… 132
图 5-3　BEM 战略解码模型 ……………………………………… 134
图 5-4　BEM 解码步骤 …………………………………………… 135
图 5-5　战略 KPI 的导出步骤 …………………………………… 136
图 5-6　BSC 解码导出 KPI ……………………………………… 137
图 5-7　项目化重点工作管理 ……………………………………… 142
图 5-8　绩效目标上下承接（示例）……………………………… 144
图 5-9　IPD 组织结构 …………………………………………… 146
图 5-10　PDT 团队结构 ………………………………………… 146
图 5-11　战略运营的定位与作用 ………………………………… 149
图 5-12　企业流程的类别划分 …………………………………… 153
图 5-13　端到端流程的运作过程 ………………………………… 155
图 5-14　华为三大流程：IPD、LTC、ITR ……………………… 155
图 5-15　流程标准化形成路径 …………………………………… 156
图 5-16　流程制度文件的整体架构 ……………………………… 157
图 5-17　以客户为中心的闭环质量管理体系（CSQC）………… 159
图 5-18　华为铁三角组织 ………………………………………… 161

第 6 章　执行力：将能力建在流程性组织上

图 6-1　组织能力 ･･･ 169
图 6-2　华为组织能力发展阶段 ･･････････････････････････････ 171
图 6-3　华为的采购组织架构 ････････････････････････････････ 185
图 6-4　创意驱动型生态组织 ････････････････････････････････ 193
图 6-5　Facebook 技术或产品驱动型生态组织 ････････････････ 193
图 6-6　业务流程分级 ･･････････････････････････････････････ 195
图 6-7　华为数据治理体系框架 ･･････････････････････････････ 199

第 7 章　协同力：发挥人才主观能动性

图 7-1　华为基层干部角色认知与在岗实践检验项目 ････････････ 206
图 7-2　华为人力资源管理发展历程 ･･････････････････････････ 209
图 7-3　华为全球人力资源体系 ･･････････････････････････････ 210
图 7-4　华为"HR 三支柱"模型 ････････････････････････････ 211
图 7-5　HRBP 角色模型 ････････････････････････････････････ 213
图 7-6　分层分级的绩效考核 ････････････････････････････････ 218
图 7-7　传统薪酬模式与宽带薪酬模式对比 ････････････････････ 228
图 7-8　价值创造管理循环 ･･････････････････････････････････ 230
图 7-9　不同层级员工的考核关注点 ･･････････････････････････ 231

第 8 章　熵减下的企业领先周期循环

图 8-1　不健康的生命周期曲线 ･･････････････････････････････ 241
图 8-2　健康的生命周期曲线 ････････････････････････････････ 241
图 8-3　企业管理水平分级 ･･････････････････････････････････ 244
图 8-4　战略成熟度模型 ････････････････････････････････････ 246
图 8-5　企业生命周期 1 ････････････････････････････････････ 249
图 8-6　企业生命周期 2 ････････････････････････････････････ 250
图 8-7　企业不同成长阶段的战略行为与管理建设 ･･････････････ 251
图 8-8　华为的成长路径 ････････････････････････････････････ 252
图 8-9　马克利变革和业务增长模型 ･･････････････････････････ 257

表索引

第1章 企业持续发展与战略领先模型
- 表1-1 企业熵增表现 ············ 12
- 表1-2 负熵的三种形式 ············ 13

第2章 领导力：点燃自己，带领队伍前进
- 表2-1 拉姆·查兰：不同层级的管理者需要的能力 ············ 47
- 表2-2 华为干部素质层级划分 ············ 55
- 表2-3 华为对干部领导力的要求 ············ 56

第3章 战略力：从价值洞察到商业设计
- 表3-1 市场吸引力评分表（示例） ············ 83
- 表3-2 公司的竞争地位评分表（示例） ············ 83
- 表3-3 企业战略控制手段的类型 ············ 101
- 表3-4 风险应对策略 ············ 104

第4章 洞察力：在变化中找准最佳赛道
- 表4-1 显性知识与隐性知识的区别 ············ 127

第5章 运营力：化战略为年度经营计划
- 表5-1 华为研发部门与销售部门的组织绩效考核指标（示例） ············ 147
- 表5-2 组织绩效指标设计牵引目标达成（示例） ············ 148
- 表5-3 非全局视角下流程规划易产生的问题 ············ 153
- 表5-4 项目成员表 ············ 162
- 表5-5 华为铁三角各角色职责 ············ 163

第7章 协同力：发挥人才主观能动性
- 表7-1 华为HRBP的角色定义与关键任务 ············ 214
- 表7-2 业务主管和HRBP的职责 ············ 215
- 表7-3 个人绩效目标责任矩阵分解 ············ 217
- 表7-4 华为铁三角销售团队成员关键绩效考核指标（示例） ············ 217
- 表7-5 华为高层管理者述职内容（示例） ············ 218
- 表7-6 华为基层作业员工的要素考核表 ············ 220
- 表7-7 华为基层作业员工年度综合评议表 ············ 220

表 7-8　绩效考核等级和比例分布 …………………………………… 221
表 7-9　华为绩效结果应用 …………………………………………… 222
表 7-10　华为各层级员工薪酬固浮比 ………………………………… 224
表 7-11　薪酬策略与组织架构相匹配 ………………………………… 225
表 7-12　华为的宽带薪酬体系表（部分） …………………………… 229
表 7-13　华为调薪激励矩阵（示例） ………………………………… 235

第 8 章　熵减下的企业领先周期循环

表 8-1　企业发展阶段中面临的问题 ………………………………… 243

参考文献

[1] 李善友. 第二曲线创新［M］. 北京：人民邮电出版社，2019.

[2] 华为大学. 熵减：华为活力之源［M］. 北京：中信出版社，2019.

[3] 龙波. 规则：用规则的确定性应对结果的不确定性［M］. 北京：机械工业出版社，2021.

[4] 谢宁. 华为战略管理法：DSTE实战体系［M］. 北京：中国人民大学出版社，2022.

[5] 黄卫伟，等. 以奋斗者为本：华为公司人力资源管理纲要［M］. 北京：中信出版社，2014.

[6] 黄卫伟，等. 以客户为中心：华为公司业务管理纲要［M］. 北京：中信出版社，2016.

[7] 黄卫伟，等. 价值为纲：华为公司财经管理纲要［M］. 北京：中信出版社，2017.

[8] 陈雨点，王云龙，王安辉. 华为战略解码：从战略规划到落地执行的管理系统［M］. 北京：电子工业出版社，2021.

[9] 王旭东，孙科柳. 华为组织变革：中国企业转型升级的标本解析［M］. 北京：电子工业出版社，2022.

[10] 周锋，王安辉. 战略执行力：将组织战略转化为经营成果的管理实践［M］. 北京：电子工业出版社，2022.

[11] 辛童. 华为供应链管理［M］. 杭州：浙江大学出版社，2020.

[12] 华为企业架构与变革管理部. 华为数字化转型之道［M］. 北京：机械工业出版社，2022.

[13] 陈雨点，王旭东. 华为绩效管理：引爆组织活力的价值管理体系［M］. 北京：电子工业出版社，2021.

[14] 孙科柳，潘畅，占必考. 组织绩效解码：激发价值创造的绩效体系设计［M］. 北京：电子工业出版社，2022.

[15] 爱迪思. 企业生命周期［M］. 王玥，译. 北京：中国人民大学出版社，2017.